진보의 정치학 강좌

# 발간사

이 책은 진보정치 입문서다. 진보정당이 복원된 지 30여 년이 흘렀지만, 제대로 된 진보정치 입문서 하나 없다는 것이 이 책을 출간하게 된 동기이다.

이 책을 출간하기까지 많은 고민이 있었다.
마치 고구마 10개를 삼키고 못 넘기는 것처럼 답답한 현실이 대한민국 정치다. 대한민국 민중은 무수한 항쟁의 역사를 창조한 주역이고, 천만 촛불과 같은 세계사적 민주주의 항쟁의 개척자다. 하지만, 유독 정치만은 가장 퇴행적이다.
한국 정치의 퇴행은 상상 그 이상이다. 44년 만에 비상계엄이 교과서 밖으로 튀어 나왔다. 청산되지 못한 역사는 반드시 반복된다고 했던가. 그러나 작가 한강의 표현처럼 이 땅의 민중은 '과거가 현재를 도울 수 있고', '죽은 자가 산 자를 구할 수 있다'는 것을 온몸으로 입증했다. 그리고 '반복되는 세상의 아픔을 안녕'하고, '다시 만들어갈 세상'을 꿈꾸고 있다. 집요하게 내란의 성공을 획책하는 수구반동세력을 궁극적으로 창산하고 합리적 개혁세력과 진보세력으로 재편되는 새로운 정치의 세상을 그려보고 있다.

좀비처럼 되살아나는 친외세 수구세력의 부활, 그 위험한 되돌림의 역사에 종지부를 찍는 길은 대안적 진보정치의 성장밖에 없다. '그렇게 되기만 하면 좋지만, 그게 과연 가능하겠냐'는 질문 앞에 서서, 그 대답을 찾기 위한 모색의 결과를 이 책에 담았다.

한국 정치를 '진보'의 눈으로 통찰하기란 매우 힘들다. 진보정치의 주체인 '진보정당'에 접근하는 일은 더욱 힘들다.

한국만큼 정치 지형이 한쪽으로 기울어진 사회는 거의 없다. 진보정치를 파괴, 부정하고 시작한 현대사인 만큼, 진보정치가 시민권을 획득한다는 것 자체가 매우 힘든 과정이었다. 그래서 진보정당은 50년 이상의 기나긴 암흑기를 지나야 했다. 특히 이 땅의 분단구조는 어렵게 싹을 틔운 진보정당을 순식간에 태워버릴 수도 있는 위험한 용광로와 같았다. 때문에 진보운동 내부에서도 진보정치라는 그 용암에 접근하는 것을 두려워하거나 우회로를 찾아야 한다는 식의 내분과 갈등이 심각했다.

한 번 불에 덴 사람은 다시는 불 옆에 가려고 하지 않듯, 지난 시기 진보정당운동의 성공과 저주에서 받은 상처는 많은 사람에게 '진보정치'의 꿈을 접게 만들었다. 그러나 그 좌절과 아픔은 절망의 끝이 아니라 새로운 시작의 디딤돌이었다.

노동자민중이 자기 정치를 못하는 근본원인은 '정치'를 잘못 알고 있기 때문이다. 정치에 대한 왜곡된 관념과 현실 정치의 왜곡된 모습이 악순환을 만들어 노동자민중을 '정치'로부터 멀어지게 만든다. 때문에 이 책은 1장에서 '정치란 무엇인가'라는 아주 당연한 질문을 제일 먼저 던진다. 그리고 지배세력이 '정치'에 대해 잘못된 관념을 뿌리고, 노동자민중이 '반정치주의'의 길을 가도록 얼마나 악착같이 노력했는가를 밝히려고 한다. 독자에게 바라는 바가 있다면 다양한 경험을 통해 정치에 대해 다 안다고 하지 말고, '정치란 무엇인가'에 대해 근본적으로 깊게 생각해보는 계기가 되기를 바란다.

'정치는 욕망'이라고 규정하는 사람은 정치의 주체를 '정치능력이 있는 엘리트 개개인'으로 설정하고 있다. 그러나 정치는 전사회적 활동으로 진행되며, 매우 조직적으로 진행된다. 그 핵심에 정당이 있다. 정치의 성공은 정당의 성공이며, 정치에서 성공하려는 자는 반드시 정당을 건설하고 정당을 통해 성공해야 한다. 아직 집권에 이르지 못한 진보세력은 진보정당을 건설하고 강화하는 과정 자체가 진보정치의 주요 내용을 이룬다. 그리고 새로운 진보정당만이 새정치를 펼칠 수 있는 능력을 갖추게 되고, 민심을 얻게 된다. 이런 점에서 2장에서 '정당이란 무엇인가'에 대해서 근본적 탐구를 함께 하고자 한다.

진보정치, 진보정당운동의 기둥은 간부이다. 진보정치를 앞장서서 실행하는 공직자, 당직자, 정치간부, 당일꾼은 어떤 자질과 능력을 갖추어야 하는가? 하는 것도 중요한 주제이다. 대중은 결국 진보정당의 후보, 당직자, 열성 당원이 하는 실천 활동, 도덕적 수준, 활동기풍을 보고 진보정치가 무엇인지 알게 되고, 참여 여부, 지지여부를 판단하기 때문이다. 특히 오늘날처럼 대통령을 포함하여 온갖 정치인들의 행태가 평균 국민들 수준만도 못하고, 어떤 막장드라마도 현실 정치보다 못하다는 현실 속에서 진보정당 정치간부의 자질과 품성, 활동 기풍이야말로 유일한 희망이다. '민심'에 근거하는 것이 아니라 '주술'에 의존해 정치하고, '민중'을 지키는 것이 아니라 '국가폭력을 사적으로 유용하는 미치광이'들이 권력을 잡지 못하도록 막는 방법은 정교한 제도만으로는 불가능하다. 아무리 좋은 제도를 만들어도 맘먹은 범죄자를 막는 데는 한계가 있기 때문이다. 오직 각성한 민중과 함께하는 참된 정치간부만이 민주주의를 사수할 수 있고, 진보의 세계를 만들어 갈 수 있다. 민중운동 내적으로도 과거에 비해 간부수양, 자기성찰을 조직적으로 진행하는 풍토가 약화되어 가고 있다. 이런 조건에서 진보정당의 정치간부는 누구보다 먼저 '간부수양'의 문제를 진보정치 성공의 중대 문제로 취급하고 전당적으로 강화할 필요가 있다. 3장에서는 '정치간부' 문제를 집중적으로 다룬다.

진보정당사는 매우 민감한 주제다. 지난 진보정당운동의 성과와 한계에 대한 평가가 진보정치세력마다 각기 다르기 때문이다. 현시점에서 진보정당 역사를 진보정치세력의 통일된 관점에서 서술하는 것은 불가능에 가깝다. 4장에서 다룬 진보정당 역사는 최대한 진보세력이 지배세력과 공통으로 맞서온 내용, 노동자민중이 진보정당운동의 주인이 되는 과정에 초점을 두고 서술하기 위해 노력했다. 그러나 특정 관점에 서서 서술했다는 점을 굳이 부인하지 않는다. 짧은 지면에 많은 내용을 과감하게 생략했다는 점도 고백한다. 추후 보다 완성된 진보정당운동사를 새롭게 발간할 것을 약속드린다.

5장 정치운동론은 아직 전면적이고 체계적으로 다루지 못했다. 진보정당의 정치운동 역사가 일천하기 때문이다. 그러나 촛불혁명 이후 진보정당을 재건하는 과정에서 수많은 진보정치의 모범 사례, 승리의 기록이 존재한다. 모두 진보정당 당원들이 흘린 소중한 땀과 헌신, 정성과 치열한 투쟁의 결과물이다. 이 모두를 담아내지 못한 것이 두렵고 미안하다. 일부 일반화한 정치운동이론 역시 당원과 지지자의 투쟁을 온전히 담았다고 할 수 없다. 그러나 진보세력이 정치운동에 대한 풍부한 이론과 전략전술을 갖추어야 한다는 점만 분명하게 공유되어도 좋겠다는 심정으로 일독을 권한다.

진보의 대안사회 역시 매우 시론적이다. 무엇보다 최근 급변하는 세계사적 움직임과 한국사회 현실을 반영하여 진보의 대안을 모색하는데 방점을 두었다. 미국 일극패권이 약화되고, 주권기반의 다극화의 세계가 다가온다는 점, 인공지능, 기후위기, 저출산 고령화 등 급격한 인구변동이 미치는 영향 등을 고려하여 진보의 대안을 마련해 가야 한다는 점, 주권과 평화, 기본권과 민주주의, 공공성, 체제전환의 문제의식을 담아 진보의 대안을 제시해야 한다는 점 등을 강조했다. 진보의 대안을 만들어 가는 상상력과 과학성, 정책력을 높이는데 약간의 도움이 되길 바란다.

마지막 보론에서는 해외진보운동사례로 최근 확산되고 있는 남미 핑크타이드 사례를 담았다. 보통은 남미 핑크타이드라고 하나로 묶어서 부르지만 세밀하게 들여다보면 나라별로 서로 다른 특징도 뚜렷하다. 이런 특징을 몇 가지로 유형화하여 진보정치운동의 여러 측면을 해외 경험에서 참고할 수 있도록 정리하였다.

출간을 앞두고 윤석열의 비상계엄과 친위쿠데타에 맞선 역사적인 '빛의 혁명'이 전개되고 있어 감개가 무량하다. 보이지 않는 곳에서 외롭게 투쟁해 왔던 20·30세대는 자신이 가장 귀중히 여기는 '나의 빛'을 들고 '연대의 광장'으로 나왔다. 이들이 만든 '광장 정치'는 민주주의의 새로운 역사를 쓰고 있다. 노동자, 농민 등 조직된 대오가 내란세력의 장벽을 뚫어내고, 항쟁의 중심에 정당의 깃발이 나부낀다. 미완의 촛불혁명을 넘어 '빛의 혁명'을 완성하려면 궁극적으로 항쟁의 주역이 정치의 주역이 되어야 한다. 그 찬란한 과정을 충분히 담지 못해 못내 아쉽다.

책 표제를 '가장 유능한 정치인은 민중'으로 잡았다. 진보정치가 광장을 만나야 민심을 얻고, 광장의 외침을 실천해야 대세로 등장할 수 있다고 보았기 때문이다. 새로운 공화국과 진보집권의 길이 열리기를 간절히 염원한다.

이 책을 발간하기까지 함께 참여한 집필자들, 취재와 자료정리를 도와주신 분들, 인터뷰에 응해 주신 진보정치인들, 도움말과 격려로 힘을 주신 모든 분께 감사드린다.

2024.12.20.
대표집필자 민플러스 교육원 원장 김장호

# 목차

## 1장 정치란 무엇인가

01 정치에 대한 인식 · 16
02 정치란 무엇인가 · 21
03 진보정치란 무엇인가 · 32
04 정치권력 · 42
05 정치를 한다는 것 · 56
06 나가며 · 62

## 2장 정당이란 무엇인가

01 집권한다는 것 · 66
02 정당이란: 정당의 정의, 탄생, 유형 · 70
03 어떤 진보정당을 만들 것인가 · 100
04 분회가 당이다 · 115

## 3장 진보정치는 내 삶의 영예

- **01** 정치간부란 어떤 사람인가 · 124
- **02** 정치철학을 튼튼히 세우자 · 134
- **03** 정치활동 능력을 키우자 · 143
- **04** 정치활동 기풍을 혁신하자 · 164

## 4장 한국 진보정당 운동사

- **01** 들어가며 · 186
- **02** 해방의 환희, 두 개의 권력 두 가지 정당 · 190
- **03** 조봉암 진보당과 국가보안법 체제 · 196
- **04** 잠깐의 불꽃, 4.19 혁명과 혁신정당 · 199
- **05** 유신체제, 진보정당운동의 암흑기 · 202
- **06** 87항쟁, 초기 진보정당운동의 실험과 좌절 · 206
- **07** 민주노총과 정치총파업, 마침내 민주노동당 · 211
- **08** 민주노동당 돌풍과 성공의 저주 · 215
- **09** 신자유주의 몰락과 통합진보당의 해산 · 222
- **10** 새로운 진보정당, 어제의 우리가 아니다. · 229

## 5장 정치운동론

- **01** 직접정치운동 · 240
- **02** 대중정치투쟁 · 253
- **03** 승리하는 선거투쟁 · 264
- **04** 당중심운동으로의 발전 · 279

## 6장 진보의 대안 사회

- **01** 선진국이라는데 살기가 더 힘들어 · 290
- **02** 위기의 대한민국 · 318
- **03** 진보의 대안사회 · 339

## 보론 남미 핑크타이드 사례

- **01** 라틴아메리카 핑크타이드의 주요 특징 · 369
- **02** 중남미 신좌파 운동 : 베네수엘라, 볼리비아, 에콰도르 · 378
- **03** 칠레와 브라질 : 사회정치적 노동조합주의와 신노조운동 · 391
- **04** 쿠바와 니카라과 : 전통 혁명노선의 성공과 좌절 · 411

# 정치란 무엇인가

정치에 대한 인식

정치란 무엇인가

진보정치란 무엇인가

정치권력

정치를 한다는 것

나가며

# 1. 정치에 대한 인식

"저 사람 너무 정치적이야"
사람을 평할 때 간혹 쓰는 말이다. 들었을 때, 기분 좋은 말은 아니다. 왜 그럴까? 그것은 '정치적'이란 말은 계략적일 때, 처세가 뛰어날 때, 기회주의적일 때 사용하기 때문이다. 계략, 처세, 기회주의. 우리에게 정치는 딱 이 정도의 이미지이다.

마키아벨리는 『군주론』에서 "효율적인 통치를 위해 군주에게는 사자의 용맹과 여우의 교활함이 함께 필요하다"라고 말한 바 있다. 도덕적 이상과 현실은 엄밀히 다르기에, 정치는 도덕적 이상 추구가 아니라, 맞닥뜨린 현실을 해결해나가야 한다는 것을 강조하면서 한 말이다. 그러면서 마키아벨리는 선한 군주가 아니라 강한 군주가 필요하다고 역설한다. 물론 그렇다고 마키아벨리가 폭력, 잔인함을 무자비하게 사용해야한다고 한 것은 아니다. 그럼에도 불구하고 이런 말은 '현실정치'라는 이름 아래, 정치의 '권모술수'와 '타협'을 당연하게 받아들이게 한다.

그런 탓인지 여론조사를 하면 가장 신뢰할 수 없는 직업 1위는 정치인이다. 여기에 '돈봉투', '정쟁국회' 등의 언짢은 현실은 사람들로 하여금 정치에서 더 멀어지게 만든다. 그래서 사람들 입에서 "그놈이 그놈이다.", "나는 정치 싫어한다.", "정치에 관심 없으니까, 노조에서는 우리이야기만 했으면 좋겠다. 정치 이야기는 하지 말라."는 말이 나온다.

그러면 정말 사람들이 정치에 관심이 없을까? 아이러니하게도 그렇지는 않다. 단적인 예가 명절 밥상에서의 모습이다. 명절이 다가오면, 각종 뉴스는 명절 밥상에 올라갈 정치 이슈가 무엇이 될 것인지를 예측하며, 다투어 보도한다. 정치인들도 마찬가지다. 자신이 혹은 자기 정당이 주도하는 이슈가 명절 밥상에 올라갈 수 있도록 정치행보를 강화한다. 그리고 명절이 끝나면 이런 이야기가 들린다. "명절 밥상에서 정치 이야기 하다가 싸웠다.", "우리 집은 명절 밥상에서 정치 이야기하는 게 금지이다." 등등. 그만큼 명절 밥상에서 정치 이야기가 많이 오고간다는 방증이다. 그것은 미워도 버릴 수 없는 게 정치임을 사람들은 알고 있기 때문이다. 입으로는 정치에 무관심하고, 정치를 싫어한다고 하지만, 귀를 쫑긋 세우며 정치 소식들을 듣고 있다.

그럼에도 불구하고 왜 사람들은 정치를 싫어한다고 말할까?
첫째, 정치가 노동자, 민중의 것인 적이 없었기 때문이다. 유권자라면, 대통령 선거, 총선, 지방선거, 각종 선거에 한 번 이상은 투표했을 것이다. 하지만 우리의 삶은 어떠한가? 크게 달라지지 않았다. 오히려 어려워지지 않으면 다행이다. 민의와 상관없이 돌아가는 정치에 대해 회의가 드는 것은 당연한 일이다.
둘째, 우리 사회가 국민의 정치 혐오와 냉소를 조장하기 때문이다. 정치는 전 사회를 움직이는 힘이므로, 그 힘은 대단하다. 정치권력을 가진 기득권들은 당연히 정치를 놓을 생각이 없다. 그런데 정치의 바깥에 있던 노동자, 민중이 정치에 관심을 가진다고? 기득권에게는 별로 반가운 일이 아니다. 그래서 정치권력을 가진 이들은 국민들이 정치를 불신하도록 조장한다. 정치를 혐오하고, 냉소하는 '반정치주의'를 확산하기위해 노력한다. 심지어 '탄압'이라는 물리적 무기도 활용한다. 왜 민주노총이 윤석열 정권에게 잦은 압수수색, 공안탄압을 받았는지 잘 생각해보면 된다.

'반정치주의'는 '반노조주의'와 연동해보면 잘 이해할 수 있다. 우리 사회는 노동조합을 하지 말라고 한다. 노동조합에 대한 안 좋은 인식을 유포한다. 그래서 노동조합을 하기 전까지 대다수는 노동조합을 부정적으로 인식한다. 하지만 막상 노동조합 활동을 해보면 어떤가? 자본가와 기득권들이 자신의 이익을 위해, 노동자들을 더 잘 착취하기 위해, '반노조주의'를 유포했다는 것을 알게 된다. '반정치주의'를 이데올로기를 유포하는 것도 같은 이유다.

그러면 어떻게 해야 할까? 생각해보면 우리에게 주어진 정치는 '밥상머리 정치', '투표하는 정치' 딱 그만큼이다. 그것을 뛰어넘어야 한다. 그리고 우리가 직접정치를 해야 한다. 그를 위해서 먼저 해야하는 것은 '정치'가 무엇인지부터 제대로 배우는 것이다.

> "알면 곧 참으로 사랑하게 되고,
> 사랑하면 참으로 보게 되고,
> 볼 줄 알게 되면 모으게 되니,
> 그것은 한갓 모으는 것이 아니다."
> – 조선시대 유한준이 그림을 수집하는 의미를 표현한 글

이 말처럼 정치를 잘 알면 정치를 사랑할 수밖에 없게 될 것이다. 당연히 '밥상머리 정치', '투표하는 정치'를 넘어, 진정한 정치의 주인이 되고 싶을 것이다. 정치에 대한 배움을 시작으로, 직접정치시대라는 대장정을 이끌어가는 주인공이 되어 보자.

## 2. 정치란 무엇인가?

### 1) 기성정치가 본 정치의 본질

기성정치는 정사 정(政), 다스릴 치(治)라는 한자의 어원 그대로 정치를 '나라를 다스리는 활동'이라고 보았다. 다스린다는 말은 왕 혹은 그 사회의 지배계급이 백성을 통치하거나 부양하는 것이었다. 이러한 정치는 정치의 주체가 해당 사회의 지배계급이며, 피지배계급은 정치의 대상이었음을 명확히 보여준다. 그리고 정치의 주체가 지배계급이라는 인식은 정치가 등장한 순간부터 오늘날까지 지속적으로 이어져오고 있다.

정치는 인류가 사회를 구성하는 단계에서 등장하게 되었다. 사회 속에서 집단생활, 공동생활이 유지되기 위해서는 정치가 필요했기 때문이다. 역사적으로 정치는 생물학적 인류가 동물의 군집생활 같은 집합생활을 넘어, 사회를 구성하는 단계인 원시공동체 말기, 고대사회의 여명기에 등장했다. 그리고 고대사회에서 정치는 본격적으로 꽃피기 시작했다. 그 시기 정치의 주체는 군장, 왕이었다. 중세사회에서도 사회지배계급이 정치의 주체였던 것은 달라지지 않았다. 중세사회에서 정치의 주체는 국왕, 귀족, 성직자였다. 근대사회에 들어서서 변화가 생기기 시작했다. 근대사회 자체가 정치혁명과 함께 등장했기 때문이었다. 부르주아와 노동자, 농민들은 왕을 권좌에서 끌어내리고 왕정을 공화정으로 바꾸었다. 인민주권의 개념이 등장했고, 정치에 참여할 수 있는 사람들의 폭이 확장되었다. 의회제도가 도입되었으며, 시민들은 투표에 참여할 수 있었다. 정당에 가입할 수도 있으며, 정치인이 되어서 본격적으로 정치활동에 뛰어들 수도 있었다. 하지만 실질적 정치의 주체는 정치인, 행정관료였고, 그 사회의 엘리트, 자본가들이었다. 인민주권이라고 하지만 민중들에게 주어진 것은 투표할 수 있는 기회 뿐이었다. 민중은 투표하는 단 하루, 그 순간만 정치의 주인이 될 수 있었다. 그러다 보니 민중에게 있어서 정치는 지배계급의 지시에 따르는 것이었고, 수탈과 약탈을 당하는 것이었으며, 그러다가 간혹 시혜를 받는 것이었다.

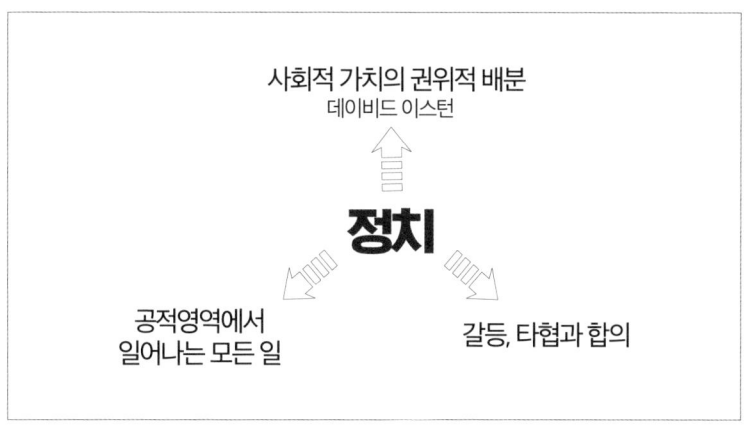

정치의 본질을 '다스리는 것'으로 인식한 것에 기초해서 현대사회에서는 정치의 개념이 다양하게 등장했다.

혹자는 공간적 개념을 가미하여, '정치는 공적영역에서 일어나는 모든 일'이라고 하기도 하고, 혹자는 정책의 결정과 집행의 측면을 강조하여, '정치는 가치의 권위적 배분'이라고도 한다. 혹자는 정치 결정이 이루어지는 과정과 방법을 강조하여, '정치는 타협과 합의'라고도 말한다. 이러한 정치

개념은 강조하는 부분이 조금씩 다를 뿐, 정치의 본질을 다스리는 것으로 보는 것은 동일하다, 좀 좋게 보면 통치는 곧 목민, 백성에 대한 부양 정도가 된다. 게다가 특정 측면을 강조한 개념이다 보니 정치를 온전히 다 설명하지도 못한다.

정치를 '공적영역에서 일어나는 모든 일'로 정의할 때 공적영역은 '정부와 국가의 구성 및 운영에 관련된 일'이다. 하지만 돌봄, 교육 등 사회의 공공성은 확대되고 있는 현대사회에서 공적영역이 어디까지인가 하는 범위 자체가 애매한 개념이 아닐 수 없다.

정치를 '가치의 권위적 배분'이라고 보는 개념은 시카고대학의 정치학 교수 데이비드 이스턴이 내린 정의로, 일반적으로 가장 많이 쓰이는 개념이다. 정치는 부, 자원, 권력, 명예와 같이 희소성 있는 사회적 가치를 적절하게, 모든 공동체의 구성원들이 수긍할 수 있는 수준으로 배분하는 일이라는 것이다. 예를 들면, 예산을 두고, 비정규직 노동자들의 정규직화에 그 예산을 쓸 것인가, 재벌 지원 정책에 그 예산을 쓸 것인가의 문제이다. 정치에는 분명 이러한 기능이 있다. 하지만 앞서 말한 것처럼, 정치를 정책 결정과 집행하는 기능으로만 국한시키는 한계가 있다.

'타협과 합의'로 정치로 인식하는 개념은 정당정치가 발달한 서유럽 사회를 모델로 하고 있다. 정치에 이런 측면이 있는 것은 분명하다. 하지만 정치를 이러한 개념으로만 설정하게 되면, 노동자민중의 이익을 대변하기 위한 원칙적인 정치투쟁을 부정하게 되고, 양보협상만 강요되어 중대재해처벌법의 누더기 법안 통과, 예산안의 누더기 통과와 같은 현실을 매일 목도할 수밖에 없게 된다.

## 2) 정치의 본질에 대한 올바른 이해

정치의 본질은 사람을 중심에 두고 이해할 때, 제대로 이해할 수 있다. 정치는 그 자체가 '사람에 대한 사람의 활동'이기 때문이다. 정치는 사람이 행하는 활동이자, 사람을 다루는 활동으로, 주체도, 대상도 모두 사람이다.

사람은 사회적 존재이다. 달리 말하면, 사람은 사회적으로 조직화된 존재라는 뜻이다. 사람은 다양한 형태로 조직된다. 가족, 학교, 기업, 향우회 등 다양한 형태로 조직된다. 더 큰 조직으로 민족과 국가도 있다.

다양한 조직들은 다양한 이해관계를 가진다. 사회가 유지, 발전되기 위해서는 다양한 이해관계를 공동의 이해와 요구, 공동의 목표로 만들 수 있어야 한다. 그리고 이를 달성하기 위해 사람들의 일을 조정하고, 관계를 유기적으로 결합시켜야 한다. 이러한 사회적 기능을 우리는 '정치'라고 한다.

정치는 한마디로 말해서, "사람의 활동을 통일적으로 조직하고 지휘하는 사회적 기능"이다. 여기에서 '통일적'이라는 것은 한 영역만이 아니라 전체 사회의 여러 영역에 걸쳐 실현된다는 말이고, '조직하고 지휘한다'는 것은 사람에게 일정한 분담을 주고, 지시한다는 말이다.

이 말의 의미를 코로나 방역을 두고 생각해보자. 코로나 예방 및 치료는 국민의 생명, 안전과 관련된 영역이다. 정부 차원에서 코로나 감염 확산을 저지하고, 빠르게 치료해내는 것이 필요하다. 정치가 제대로 작동하게 되면 이것이 잘 수행되게 되고, 제대로 작동 하지 않으면 이것이 잘 수행되지 않을 것이다. K-방역이 초기에 나름 성공적이라고 했는데, 그것은 사회구성원에 대한 통일적 조직과 지휘가 잘 진행되었기 때문이라고 할 수 있다. 국민이 정부의 방역 지침에 잘 따랐기 때문이었다. 전 사회적으로 마스크 착용을 의무화하고, 사회적 거리두기 정책을 펼쳤고, 국민들이 그러한 조직과 지휘에 잘 따랐다. 그래서 감염, 확산이 빠르게 통제될 수 있었다. 물론 이러한 과정에서 그동안 정치가 제대로 작동하지 못했던 의료정책에서의 문제점도 확인할 수 있었다. 그럼에도 불구하고 정치가 작동함에 따라, 코로나 감염과 확산의 시기를 잘 넘어갈 수 있었다. 이러한 상황에서 정치가 없었다면 사회는 대혼란으로 더욱 빠져들었을 것이다. 이렇게 정치는 사람의 집단생활, 공동생활을 보장한다.

## 정치란 : 사람을 조직하고 지휘하는 활동

**사람**의 활동을 **통일적**으로 **조직하고 지휘**하는 사회적 기능

⬇ 　　　　⬇ 　　　　⬇

사람에 대한　　누구의 이익을 위한　　정치권력을 가지고
사람의 활동의 의미　통일적 활동인가　　조직하고 지휘하는 활동

정치가 "사람의 활동을 통일적으로 조직하고 지휘하는 사회적 기능"이라는 것의 의미는 정치가 제대로 작동하지 않는 상황을 살펴보면 더 잘 이해할 수 있다. 2023년에는 안타까운 죽음들이 많았다. 그중 하나가 '충북 청주시 오송 궁평 지하차도 참사'였다. 큰 하천의 홍수는 예고되었지만, 지하도를 책임지는 충청북도청에는 홍수 예고가 제대로 전달되지 않았고, 결국 교통통제는 이뤄지지 않았다. 재난상황실 전체직원이 총 4명이었는데 1명만 근무했다고 한다. 경찰은 출동지시가 있었지만, 궁평 2지하차도가 아닌 다른 곳으로 출동하였다. 여기에다 임시로 만든 제방은 부실하게 공사됐고, 홍수를 감당하지 못해 터졌다. 결국 14명의 주민이 안타깝게 목숨을 잃었다. 이 사고의 원인은 무엇인가? 단순히 자연재해라고 할 수 있는가? 아니다. '인재'이다. 그

렇다면 왜 '인재'가 발생한 것인가? '인재'가 발생한 핵심적 요인은 '정치'의 부재이다. 사람들의 활동을 통일적으로 조직하고 지휘하는 사회적 기능이 부재했고, 결국 이런 참사가 만들어졌다. 정치가 제대로 기능했다면 14명의 주민들이 이렇게 허망하게 사망하는 일은 없었을 것이다. 그만큼 정치는 중요하다. 사람을 살리기도 하고, 사람을 죽이기도 하는 것이 바로 정치이다.

"사람의 활동을 통일적으로 조직하고 지휘하는 기능"을 정치라고 할 때, 이러한 정치는 일정한 방향성, 일정한 목적에 따라 작동한다. 사람을 통일적으로 조직, 지휘하려면, 사람들의 다양한 이해와 요구를 공동의 이해와 요구, 공동의 이익으로 모아내야 한다. 그래야 공동이익을 실현하는 방향으로 사람을 통일적으로 조직, 지휘할 수 있게 된다. 그런데 문제는 다양한 계급이 존재하는 계급사회에서 각 계급의 이해관계와 요구는 대립된다는 것이다.

최저임금 결정과정만 보아도 그렇다. 고물가, 저임금에 시달리는 노동자들은 최저임금을 올려달라고 하지만, 자본가들은 격렬하게 반대한다. 이렇게 배치되는 상황에서 어떻게 하나로 모아낼 수 있는가? 그리고 결정 이후 그대로 집행될 수 있는가? 제도적으로는 최저임금위원회 위원들의 다수결이라는 방법으로 채택하게 되는데, 그러한 제도의 설계 또한 누군가의 이익이 관철되는 방향성을 갖는다. 바로 정부와 자본가들의 의도가 관철되는 방향이다. 2024년 최저임금의 경우 여전히 1만원은 실현되지 못한 채 9,860원으로 결정되었다. 그렇게 결정하고 나면, 정부는 이를 실현할 권한을 가지고 있기 때문에 2024년 최저임금을 알리고, 이에 근거하여, 2024년도 각 사업장, 공공기관 등의 임금이 책정될 수 있도록 조직, 지휘한다.

여기에서 우리는 알게 된다. 다른 이해와 요구가 존재하는 계급사회에서 정치는 특정한 계급의 이익을 사회공동의 이익으로 만든다는 것이다. 그리고 이 이익이 실현될 수 있도록 사람을 통일적으로 조직, 지휘한다는 것이다. 따라서 정치는 "특정 계급 혹은 사회의 공동의 이익에 맞게" 작동하는 사회적 기능이다.

정리하면, "정치는 특정 계급 혹은 사회공동의 이익에 맞게, 사람들의 활동을 통일적으로 조직하고 지휘하는 사회적 기능"이라고 할 수 있겠다. 그리고 이를 가능하게 하도록 하는 사회적 권한이 존재하는데, 그것을 우리는 '정치권력'이라고 부른다. 정치를 하게 하는 사회적 권한이 '정치권력'인 만큼 그 힘이 매우 세고, 중요하다. 그런 만큼 이 부분은 뒷부분에서 별도 주제로 더 다루겠다.

사회는 정치권력을 가진 집단의 이익이 관철되는 방향으로 운영되지만, 정치권력을 가지지 못한 계급에게도 정치는 있다. 정치권력을 가진 이들과 다른, 자기 계급의 이익을 옹호하기 위해, 계급의 성원들의 활동을 통일적으로 조직, 지휘하는 활동 또한 정치이다. 이들의 정치는 주로, 정치투쟁 및 정치활동과 같은 정치운동의 형태로 드러나게 된다. 예를 들어 윤석열 정권의 반민족적, 반민중적 행태에 대항하는 거리의 투쟁도 정치이고, 12.3내란 사태 이후 윤석열 탄핵을 촉구하는 응원봉시위도 정치이다. 하지만 정치권력을 가진 것과 아닌 것의 사회적 힘과 영향력은 차이가 날 수밖에 없다. 그것은 정치권력은 전 사회적 지휘권이기 때문이다. 따라서 정치권력을 가지지 못한 계급의 정치운동은 궁극적으로 정치권력을 쟁취하기 위한 것으로 나아간다.

## 3. 진보정치란 무엇인가?

### 1) 사람에 대한 견해와 관점이 중요하다.

정치는 '사람에 대한 사람의 활동'이라고 했다. 따라서 '어떠한 정치를 펼칠 것인가'하는 것은 '사람을 어떻게 바라보는가'를 기초로 한다. 사람에 대한 견해가 중요하다.
오랜 기간 사람들은 "인간 팔자는 타고나는 것이다.", "인간 팔자는 신이 정하는 것이다."라고 생각해왔다. 숙명론이 사람들의 생각을 지배했다. 이러한 사람들의 세계관을 뒷받침하는 것이 바로 왕권신수설이었다. 왕권신수설은 왕의 정치 독점을 정당화했다. 왕정이 무너지고 공화정을 수립했지만, 현대사회에서도 이런 인식은 여전히 통용된다. 그래서 정치는 정치인의 것이라고 많은 사람들이 인식하는 것이다.

이런 인간관을 가지면, 노동자, 민중은 역시 돌보거나 다스려야 하는 대상, 목민과 통치의 대상이 된다. 2016년, "민중은 개·돼지로 취급하면 된다."라고 말해서 파문을 일으켰던 교육부 나향욱 정책비서관의 발언은 개인의 일탈, 개인의 망발이 아니다. 노동자, 민중은 개, 돼지와 같다는 생각은 오랜 기간 우리 사회의 지배자들이 가졌던 인식이다. 오늘날, 신분제가 무너졌다고 하지만 여전히 이런 인식은 남아있다.

하지만 노동자, 민중이 과연 그런 존재인가? 노동자, 민중은 사회와 역사의 주인이다. 노동자, 민중은 생산의 주역, 역사발전의 주체였지만, 억압받고 착취 받아왔다. 하지만 오늘날, 노동자, 민중은 자신을 억압하고 구속하던 굴레를

던져버리고, 사회의 주인으로 등장하고 있으며, 자기의 운명을 자주적이고, 창조적으로 개척하고 있다.

한국 근현대사에서 만나는 수많은 항쟁의 역사들이 그 방증이다. 다들 알다시피, 4.19혁명을 통해서 부정한 정치권력을 끌어내린 것도 민중이었고, 87년 6월 항쟁을 통해서 대통령 직선제를 따낸 이들도 민중이었으며, 지난 촛불혁명을 통해서 국정농단을 한 박근혜 정권을 끌어내린 것도 민중이었다.

촛불혁명의 공간은 민중의 힘과 가능성을 보여주었다. 적폐청산 및 사회대개혁의 목소리, 정치개혁, 재벌개혁, 검찰개혁, 언론개혁, 공안기구개혁, 노동개혁 등 다양한 목소리가 쏟아져 나왔다. 새로운 나라에 대한 열망, 민중들이 꿈꾸는 새 세상이 펼쳐졌다. 그리고 이 과정에서 우리는 민중이 해결해야하는 문제를 제일 잘 알고 있다는 것도 알게 되었다. 몇 명의 엘리트 정치인보다 민중의 단결과 행동이 더 유능하다는 것도 확인했다. 그래서 우리는 "민중이 가장 유능한 정치인이다."는 것을 확신했다.

이처럼 진보정치는 노동자, 민중을 사회와 역사, 자연의 주인으로 대하는 견해와 관점에서 시작된다. 그러하기에 진보정치는 정치의 주체를 생산의 주역이자 역사 발전의 주체인 민중으로 교체하는 것에서 시작되며, 진보정치는 민중이 가장 유능한 정치인임을 입증해내는 것을 자신의 사명으로 한다.


## 2) 진보정치의 본질

정치의 본질이 "특정 계급 혹은 사회공동의 이익에 맞게, 사람들의 활동을 통일적으로 조직하고 지휘하는 사회적 기능"이라고 할 때, 진보정치의 본질은 "민중의 이익에 맞게, 사람의 활동을 통일적으로 조직하고 지휘"하는 것이라고 할 수 있다.

진보정치의 본질을 잘 이해하기 위해서는 우선 올바른 민중관을 가지는 것이 필요하다. 진보정치는 앞서 살펴본 것처럼 민중은 이 세상에서 가장 귀한 존재이며, 민중이 이 세상에서 가장 지혜롭고 힘있는 존재라는 민중관에 기초한다. 민중을 어떻게 바라보고 대하는가가 진보정치를 하고 있는가, 아닌가를 가르는 기준이다.

다음으로 '민중의 이익'을 잘 이해해야 한다. 민중의 이익이란 무엇인가? 사회적 집단인 민중은 자주적으로, 창조적으로 살며 발전하려고 한다. 따라서 민중의 이익은 자주적 요구, 창조적 요구를 실현하는 것이다. 진보정치는 민중의 자주적 요구, 창조적 요구 실현을 목적에 두고, 이를 실현해나가는 정치이다. 따라서 진보정치는 민중의 자주성과 창조성을 가장 높게 발양하는 정치가 된다.

노동자 민중의 직접정치는 진보정치의 본질을 잘 표현하는 말이다. 직접정치라는 말을 낯설게 느끼거나 노동자 민중 출신의 정치인의 탄생으로 협소하게 보는 것은 기성의 관념에서 정치를 바라보았기 때문이다. 노동자 민중의 직접정치는 "노동자 민중 자신이 자신의 이익에 맞게, 스스로를 직접 조직하고 지휘하는 것"으로, 진보정치의 본질에서 이해하면 잘 이해할 수 있다.

### 3) 진보정치는 어떻게 구현되는가?

진보정치는 올바른 민중관, 즉 민중이 정치의 주인이라는 견해에 기초한다. 따라서 진보정치는 민중의 이익, 민중의 활동을 기본으로 하는 정치, 민중의 힘에 기초하는 정치이다. 진보정치는 크게 ▲민중중심의 정치 ▲민중사랑의 정치 ▲민중단결의 정치 ▲자주의 정치로 나눠서 이해할 수 있다.

① 민중중심의 정치
첫째, 민중중심의 정치는 민중의 이익을 중심으로, 민중의 힘으로 해내는 정치이다.
민중중심의 정치는 민중의 요구, 즉 자주적 요구와 이익을 실현하는 것을 목적에 두고 전개하는 정치이다. 민중의 자주적 요구와 이익을 파악하기 위해서 민중들 속에 깊숙하게 들어가야 한다. 그들의 목소리에 귀 기울여야 한다. 그것에 기초하여 정책을 작성하고 시행하는 것이 필요하다. 나아가 정치인, 정치활동가가 대행해주려고 할 것이 아니라, 민중의 힘으로 해내도록 해야 한다. 이 과정에서 민중의 힘은 더욱 커지고, 민중이 바꾸어낼 수 있는 세계는 더욱 확장되게 된다.

민중의 자주적 요구는 정책과 노선으로 체계화되는 것만큼, 어떠한 정책과 노선을 채택하고 실행하는가는 민중중심의 정치가 실현되는지 아닌지의 징표가 된다. 아무리 선진적이라고 해도, 민중의 자주적 요구와 이익에 부합하지 않는 것은 올바른 정책과 노선이 아니다. 농촌파괴형으로 드러난 신재생에너지 사업이 대표적 사례라고 할 수 있겠다. 신재생에너지는 선진적인 정책이었지만, 농촌을 파괴하는 방식으로 진행되었다는 점에서 반민중적이었다.

둘째, 민중중심의 정치는 민중을 중심에 두고, 민중주도로 정치가 될 수 있도록 하는 정치이다.

민중을 정치의 중심에 둔다는 것을 민중을 정치의 대상으로부터 정치의 주인이라는 지위에 올려 세운다는 것이며, 정치가 민중 자신의 것이 되도록 한다는 것을 의미한다.

민중주도로 정치가 될 수 있도록 한다는 것은 정치적 문제들에서 결정권을 민중이 쥐고, 민중의 의사에 맞게, 민중에 의거하여 일들을 처리해나간다는 것을 의미한다. 민중이 정책을 결정하고 시행하고, 자신의 의사에 맞게, 민중의 힘으로 해나가는 방식을 확장해나가면서 민중주도로 정치가 될 수 있도록 나아가도록 해야 한다.

셋째, 민중중심의 정치는 민중을 하늘같이 여기고 민중에게 배우고 헌신하는 정치이다.

민중중심의 정치는 자선, 동정, 시혜와 다른 정치이다. 민중이 이 세상에서 가장 귀한 존재이며, 민중이 이 세상에서 가장 지혜롭고 힘있는 존재라는 민중관에 기초하고 있는 만큼, 정치인, 정치활동가들은 민중에게서 배우는 자세로 임하게 된다. 또한 이들의 정치는 민중을 진심으로 위하고, 민중을 위해 헌신하는 정치로 드러나게 된다.

② 민중사랑의 정치

진보정치는 민중에 대한 사랑과 믿음의 정치이다. 사랑과 믿음이라고 생각하면 흔히 추상적 개념이라고 생각하는데, 그렇지 않다. 구체적으로 표현되고 실천된다. 우선 민중에 대한 사랑과 믿음은 동정이나 자선으로 해결되는 것이 아니다. 민중이 자주적이고, 창조적인 생활을 누릴 수 있도록 사회를 만드는 것으로 표현된다.

다음으로, 사회적 존재인 사람에게서 육체적인 생명보다 더 귀중한 것은 사회정치적 생명이므로, 사랑과 믿음의 정치는 민중이 사회정치적 생명을 귀중히 여기고, 이를 빛내어 가는 정치생활을 할 수 있도록 보장하고, 가꾸어 나갈 수 있도록 하는 것으로 표현된다.

끝으로, 사랑과 믿음의 정치는 민중에게 행복한 생활을 마련해주는 것으로 표현된다. 작은 것이라고 해도 민중이 고통받고 있는 것이 있다면 해결하고, 민중들이 기뻐할 수 있도록 해야 한다.

③ 민중단결의 정치

진보정치는 단결의 정치이다. 민중중심의 정치, 사랑과 믿음의 정치는 단결의 정치가 구현되는 토대가 된다. 아무리 훌륭한 목적과 이상이 있다고 해도 그것을 실현할 힘, 원동력이 없이 그것은 허황된 꿈일 뿐이다. 진보정치의 목적과 이상을 실현하는 힘은 단결에 있다.

단결의 정치라는 것은 진보정당 내부에서 지도부와 당간부, 당원들의 단결, 진보정당 밖에서 진보정당과 민중과의 단결을 모두 의미한다. 이러한 단결이 굳건해질수록 진보정치의 힘은 커지게 될 것이다.

④ 자주의 정치

진보정치는 자주의 정치이다. 민중의 자주성을 옹호하는 것을 정치의 목적으로 두고 있는 것만큼, 정치 또한 자주를 중심에 두고 전개된다.

자주의 정치를 한다는 것은 정책과 노선을 민중의 이익에 기초하여 자주적으로 규정하고 집행한다는 것을 의미한다.

또한 자주성은 나라와 민족의 생명인 만큼, 대외 정책에서 자주권을 행사하는 정치를 실현해나간다는 것을 의미한다.

## 4. 정치권력

정치는 정치권력을 가진 계급의 이익을 사회공동의 이익으로 만들고, 이를 실현하는 방향으로 사람을 통일적으로 조직하고 지휘한다. 따라서 정치에서 가장 중요한 문제는 정치권력(정권)에 관한 문제이다.

### 1) 정치권력의 본질
권력(權力, Power)이란, "타인을 복종시키거나 지배할 수 있는 공인된 권리와 힘"으로, 상대방의 행동을 강제하는 능력이다. 쉽게 말하면, 남이 내 말을 따르게 하는 것이다. 권력은 사회적 집단 속의 사람과 사람 사이의 관계, 사회관계

속에서 발생하고 작동한다. 직장생활에서는 사용자와 노동자, 가정생활에서는 부모와 자녀, 학교생활에서는 교사와 학생 사이에 어떤 형태로든 권력이 작용한다. 사용자와 노동자 사이의 관계에서 알 수 있듯이 경제와 사회에서도 권력이 작동한다. 정치생활에서의 권력을 정치권력, 경제생활에서의 권력을 경제권력이라고 한다.

정치권력은 문자 그대로 정치를 하는 사회적 권한이다. 앞에서 정치를 "계급 및 사회의 공동이익에 맞게 사람의 활동을 통일적으로 조직하고 지휘하는 사회적 기능"이라고 정의한 바가 있으므로, 정치권력은 이를 실현하는 사회적 권한이라고 할 수 있다. 사람을 조직하고 지휘하는 활동에는 조직활동도 있다. 조직활동에는 정치적 권한이 있을 수도 있고 없을 수도 있다. 그러나 정치에는 반드시 정치권력이 존재하게 되며, 정치권력을 통하여 정치를 실현한다. 이것이 일반적 조직활동과 정치의 차이이다. 정치권력 없이 정치는 구현될 수 없다. 정치권력 없이 사회는 유지, 발전될 수 없다. 이것이 정치의 독특한 역할이다. 사람이 존재하고, 사회가 성립하며, 정치가 수행되는 곳에서는 언제나 정치권력이 존재한다.

정치권력은 사회적 인간에 대한 권한, 전체 사회에 대한 권한이다. 다시 말해서 정치권력은 사회적 인간의 생존과 생활, 활동에 대한 조직적 지휘권이고, 사회 일부가 아니라 전 사회에 대한 지휘권이다. 사회에 대한 지휘권은 정치조직과 떼어놓고 생각할 수 없다. 그중에서 정치권력은 사회의 포괄적인 정치조직, 국가의 지휘권이다. 그래서 정치권력을 국가권력이라고도 부른다.

### 정치권력이란?
1. 정치를 할 수 있는 사회적 권한
2. 사람을 조직 지휘하는 권한
3. 사회에는 정치권력보다 더 강하고 더 큰 권한은 존재하지 않는다

정치권력은 지휘권뿐만 아니라, 처분권도 가진다. 사람의

운명을 좌지우지할 수도 있고, 한 나라의 운명을 좌지우지 할 수 있다. 사람의 운명을 결정하는 것이 정치권력이다.

정치권력은 민족의 운명을 결정한다. 일제 식민지를 생각해보자. 일제는 전쟁 수행이 쉽지 않자 1938년 국민총동원령을 내리고, 전쟁으로 조선 민중들을 동원했다. 어떤 이는 외지의 위험한 곳으로 끌려가 전쟁물자를 생산하는 노동자가 되었고, 어떤 이는 군인이 되어 원하지 않는 전쟁의 총알받이로 끌려갔다. 그리고 어떤 이는 일제의 '성노예'가 되어야 했다. 원치 않지만, 창씨개명을 해야 했고, 조선총독부가 제정한 맹세인 '황국신민서사'를 읽어야 했으며, 놋그릇, 수저, 대야 등 기초적인 생필품도 전쟁 물자로 수탈 당해야 했다. 조선 민중이 자신의 뜻대로 살지 못하고, 원하지 않는 삶을 살았던 이유는 다른데 있지 않다. 일제가 정치권력을 가지고 있었기 때문이다.

정치권력은 계급의 운명도 결정한다. 폭염 아래에서 건설노동자들이, 배달노동자들이 제대로된 보호조치를 받지도 못한 상황에서 노동을 할 수 밖에 없는 이유는 정치권력은 노동자를 보호하지 않기 때문이다.

정치권력은 계층의 운명도, 개인의 운명도 결정한다. 평범한 부모를 둔 평범한 청년은 아무리 노력해도 금수저를 따라잡을 수 없는 현실, 교권의 추락 속에서 서이초 교사가 목숨을 던진 현실, 집중호우 때 구명조끼도 없이 수색하다가 해병대원이 목숨을 잃은 현실은 다 개인의 탓이 아니라 정치권력이 어떻게 정치를 하느냐에 달려있는 것이다. 정치권력은 이렇게 사회구성원의 운명을 결정한다.

정치권력이 없는 사회는 없다. 사회에는 정치권력보다 더 강하고 더 큰 권한은 존재하지 않는다. 인간이 존재하고, 사회가 성립하며, 정치가 수행되는 곳에서는 언제나 정치권력이 존재한다. 그래서 정치권력의 주인이 될 때, 사람은 사회의 주인이 된다. 정치권력을 가질 때, 진정으로 정치의 주인이 되었다고 할 수 있다. 그래서 정치권력을 주권이라고도 한다. 그래서 결국 정치를 한다는 것은 정치권력을 가지는 것이다.

혹시라도 정치권력에 대한 부정적인 인식을 가지고 있다면 버려야 한다. 그동안 노동자 민중은 세상을 바꾸기 위해 수많은 투쟁을 해왔지만, 변화의 속도가 더딘 이유는 무엇인가. 우리 삶을 규정짓는 것은 정치이고, 정치는 정치권력문제인데, 정치권력이 노동자민중의 것이었던 적이 없었기 때문이다. 정치권력이 부정적이고, '폭력'적으로 인식되는 것은 정치권력이 민중의 것인 적이 없었기 때문이다. 지난날 정치권력은 사회의 지배계급, 기득권의 것이었다.

지금도 그러하다. 윤석열 정권은 일본의 후쿠시마 방사능 오염수 방류에 동의 수순을 밟았다. 국민들의 생명과 안전을 내다버리는 정권에 민중은 분노하였다. 그럼에도 불구하고 이를 저지하는 것은 쉽지 않다. 또 얼마나 많은 사람이 서명운동을 하고, 캠페인을 하며, 집회를 개최해야 민중의 목소리가 관철될지 알 수 없다. 정치권력에 대한 부정적 인식을 가질 수밖에 없는 이유이다.

하지만 정치권력이 민중의 것이 된다면 이야기는 달라진다. 우리 사회에 만연한 비정규직 문제, 각종 노동문제를 쉽게 해결할 수 있다. 노동중심의 자주평등공화국도 건설할 수 있다. 정치권력 자체가 부정적 의미를 갖는 것이 아니다. "누구의 정치권력인가", "누구의 이익을 실현하는 정치권력인가"가 문제의 핵심이다. 정치권력은 부정할 것도, 기피할 것도 아니다. 오히려 새로운 세상을 바란다면, 정치권력을 가지기 위해 투쟁해야 한다. 더 나아가 정치권력을 가지게 되면, 정치권력은 사람들의 자주성과 창조성을 관리하므로, 정치권력의 지휘 속에서 민중의 자주성과 창조성을 더욱 꽃피게 될 것이다.


2) 정치권력의 구성 요소

정치권력은 다음의 3가지를 가질 때, 형성된다고 할 수 있다. 첫째, 정치권력은 완전한 자주성을 필요로 한다. 정치권력의 본질적 속성은 자주성으로, 자주권이 없는 정치권력이란 있을 수 없다. 완전한 자주성을 가져야만 진짜 정치권력이라고 할 수 있다. 식민지 대리권력은 정치권력의 형태를 띠지만 완전한 자주성이 없으므로 온전한 정치권력이라고 할 수 없다.

둘째, 정치권력은 일정한 영토와 주민을 기초로 하여 수립된다. 그것은 정치권력이 일정한 영토에 거주하는 주민을 포괄적으로 망라한 정치조직의 지휘권이기 때문이다. 일부의 계급계층을 망라한 당의 지휘권도 영토의 일부분을 포괄한 지방자치권도 그런 측면에서 완전한 정치권력은 아니다. 한 나라 안에는 그 영토와 주민을 관리하는 통일적인 정권은 하나밖에 없다. 국토와 영토가 없으면 망명정부나 임시정부가 된다.

셋째, 정치권력은 일정한 강제력에 의거한다. 지휘권은 지휘하는 사람의 책임과 더불어 지휘를 받는 사람의 복종을 전제로 한다. 각각 다른 요구와 능력, 다양한 개성을 가진 수많은 사람들의 자주성을 존중하면서도 그들을 통일적인 지휘에 복종시키기 위해서는 일정한 강제력이 있어야 한다. 흔히 이것을 공권력이라고 한다. 공권력에는 군대를 비롯,

경찰, 행정기관 등 강제력을 동원하는 다양한 국가조직들이 있다. 여러 계급과 계층으로 구성되어 있는 사회의 포괄적인 정치조직인 국가의 지휘권은 이들 강제력을 통해 사회의 전 구성원을 효과적으로 복종시키기도 하고, 외부의 침략과 간섭으로부터 주권 자체를 지키기도 한다.


3) 정치권력의 구조

우리는 그동안 국민들에게 위임된 정치권력의 남용을 막고, 상호견제와 균형을 위해 삼권분립을 도입해왔다고 배워왔다. 정치권력의 구조를 입법권, 행정권, 사법권으로 배운 것이다. 그런데 이러한 설명은 절반만 맞다.

정치권력을 지도권-집행권-참정권이라는 구조로 접근해보면

어떨까.

먼저 정치권력의 정점에는 지도권이라는 것이 있다. 지도권이란 사람들의 활동을 어떤 방향으로 조직하고 지휘할지를 결정하는 권한이다. 따라서 지도권은 정치권력의 중심이다. 정치권력을 장악한다는 것은 이 지도권을 장악한다는 말이다. 일반적으로는 집권정당이 이러한 지도권을 행사한다. 자본주의 사회에서 여당의 힘이 약하면 여러 정당이 모여 연립정부를 수립한다. 사회를 어떤 방향으로 이끌어 갈 것인지를 타협하고 절충하는 것이다. 그러나 이것도 자본가 계급의 이익을 대변하는 유사정당들 사이에서 연립정부가 가능하다. 자본가와 노동자가 연립정부를 수립하는 경우는 없다. 서로 다른 계급은 지도권, 정치권력의 중심권력을 나누어 가지려 하지 않기 때문이다. 서로 다른 방향을 가지고 있는 정당이 연립한 경우, 예를 들어 좌우동거 정부는 언제나 붕괴하고 말았다.

집행권은 지도권을 구체화해서 정책을 실행하는 집행권이다. 한 마디로 국가사회를 다스리는 권한은 국민들에게는 집행권으로 다가온다. 입법,행정, 사법 3권은 집행권에 속하고 그것도 집행권의 일부이다. 국가 집행권은 크게 수직적, 세로로 보아 중앙집행권과 지방집행권으로 나눌 수 있다. 중앙정부와 각 부처, 지방정부와 각 부처가 그것이다. 수평적, 가로로 보면 입법권, 행정권, 사법권 여기에 군통수권 등을 들 수 있다. 여기에서 일상적으로는 3권이 중요하지만, 결정적인 것은 역시 군통수권이다. 군통수권을 가지지 못하면 자주권을 완전하게 행사하지 못한다는 것은 역사가 증명한다. 현실의 정치권력은 지도권, 집행권으로 움직이는데, 대다수는 삼권분립만 민주주의인 것처럼 강조한다. 이래서 정작 중요한 정치권력에 무엇인지 모르는 착시현상이 발생하고, 마치 정치권력을 입법, 행정, 사법부로 나누어 잘 견제하면서 민주주의를 실행하고 있는 것 같은 착각이 일어난다. 참정권은 모든 사람들에게 정치를 할 수 있도록 하는 권한이다. 선거권과 피선거권, 탄핵권과 파면권, 기안권과 가결권 등이 그것이다. 현실에서 참정권은 온전하게 보장되지 않는다. 현대 민주주의는 참정권의 확대를 실현해

오는 과정이었다. 유산자, 백인, 남성 중심에서 더 많은 민중의 참정권으로 확대되는 과정은 지난한 투쟁의 연속이었다. 그리고 보통선거권을 제도화해냈다. 하지만 제도적으로 보통선거권이 보장된다고, 실질적으로 모두에게 보장되는 것은 아니다. 장시간 노동자들의 경우, 투표권은 있지만 행사하기 어려운 조건에 놓여있다. 한때 투표시간 연장 운동 등이 전개된 것도 이러한 맥락에 있다. 제도의 사각지대에서 여전히 참정권이 보장되지 않는 사람들이 있고, 실질적으로 참정권을 보장하기 위한 시도와 노력이 필요하다. 참정권하면 보통 선거권만 생각하거나 일부 피선거권을 생각하는데 참정권은 이보다 더 포괄적이고 광범위하다. 대중에게 선출권이 있으면, 소환권, 탄핵권이 마땅히 있어야 한다. 그러나 탄핵권을 행사하는 것은 잘못 구매하거나 불량상품을 반납하는 것보다 더 힘들다. 한국에서 국회의원 탄핵권은 아예 없고, 대통령 탄핵권은 국회만 가지고 있다. 국민투표는 개헌 정도의 사안이 아니면 해 본적이 없고, 주민투표는 최근 진보정당이 주도하며 일부 활성화된 정도이다. 지도권, 집행권이 그 기능을 제대로 할 수 있는가 없는가를 결정하는 것은 참정권이다. 따라서 참정권의 확대와 활성화가 정치권력 쟁취의 가장 중요한 공정의 하나로 된다.

나아가 정치권력을 쟁취하려면 정치권력의 지도권-집행권-참정권에 이르는 모든 방면에서의 입체적인 접근이 필수적이다.

### 4) 국가권력

정권에 관한 문제란 현실적으로는 국가권력에 관한 문제이다. 그것은 사회의 포괄적인 정치조직이 국가라는 형태를 취하는 한 정권은 늘 국가권력의 형태를 취하기 때문이다.

국가권력은 정치적 지배권이다. 일정한 계급이 전 사회를 정치적으로 지배하는 데 이용하는 권력이다. 이것은 지배계급의 의사와 이익에 맞게 사회의 전 성원을 관리, 통제하는 권한이다. 따라서 정치적 지배권은 계급적 지배권이기도 하다. 어떠한 계급일지라도 국가권력을 쥐고 정치적으로 지배하는 계급으로 되어야 비로소 완전한 지배계급으로 될 수 있다. 이렇게 국가권력을 쥔 계급은 지도권만은 단독으로 행사하려고 한다. 이러한 의미에서 정치적 지배권은 한 계급의 독재권으로 볼 수 있다.

사람의 사회적 지위와 역할은 국가권력의 소재와 생산수단의 소유권에 따라 달라진다. 그 가운데서도 결정적인 것은 국가권력이다. 국가권력의 견지에서 보면 정치란 바로 권력을 다투고 유지 운영하는 사업이라고 할 수 있다. 사회가 계급으로 분열하고 국가가 발생한 이래로, 정치의 역사는 국가권력을 둘러싸고 전개된 계급, 사회적 집단, 민족의 투쟁으로 일관하고 있다. 국가권력을 장악하여야 나라의 독립도 민족의 자주권도, 계급의 해방도 실현할 수 있다.

이러한 측면에서 대한민국의 국가주권은 누가 가지고 있는가? 대한민국에 있지 않다. 최근 벌어지는 윤석열 정권의 기이한 행태는 개인의 일탈이 아니다. 미국 정보기관인 CIA(중앙정보국)가 대통령실을 도청했다는 사실이 알려져도, 사과를 요구하기는커녕, 한미동맹을 강조하면서 앞장서서 사건을 무마시키고, 100년 전 일로 무릎을 꿇으라고 하는 것을 받아들일 수 없다며 일본의 입장을 옹호하는 발언을 하며, 한미일 동맹으로 인해 대중교역이 급감해서 경제적 타격을 받아도 실리를 찾으려고 하지 않는 이유는 다른 데 있지 않다. 국가주권을 우리가 가지고 있지 않기 때문에 벌어지는 일이다. 그래서 우리는 국가주권을 사실상 가지고 있지 않기 때문에, 본질에서 대한민국을 미국의 식민지라고 부른다.

## 5. 정치를 한다는 것

지금까지 정치가 무엇인지, 진보정치가 무엇인지, 정치권력은 무엇인지 살펴보았다. 다음으로 살펴봐야 할 것은 정치를 한다는 것의 의미이다. 정치를 한다는 것은 다음의 3가지를 하는 것이다.

## 1) 사회조직, 특히 정치조직을 만든다

정치의 시작은 사회조직을 만드는 것에서부터 시작한다. 사회조직은 공동의 목적을 달성하기 위해 구성된 집단이다. 학교, 회사, 군대, 시민단체, 정당과 같은 공식조직도 있고, 동호회, 동아리 등 비공식조직도 있다. 사회조직은 사회구성원의 자주적 요구를 통합하여 하나의 공동요구로 전환하는 역할을 한다. 또한 각자의 창조적 능력을 통합하여 하나의 조직적인 힘으로도 전환한다. 따라서 사회조직이 없이 사회 안에서 공동이익의 실현, 사회구성원의 통일적 활동이란 있을 수 없다. 이러한 사회조직에는 정치조직도, 경제조직도 있으며, 문화조직도 있을 수 있다. 어떠한 형태이든 조직을 만들고 개편하는 일은 정치에 속하는 일이다.

사회조직 중에서 가장 중요한 것은 정치조직이다. 정치조직 없이는 어떠한 공동의 정치목적도 달성할 수 없고, 사회를 바꾸거나 발전시킬 수 없다. 정치조직은 사회를 바꾸고 발전시키는 수단이자 주체이다. 정치조직을 만들고, 강화하면 사람의 사회적 지위와 역할은 그만큼 향상된다. 그것은 조직의 지휘 아래에서 전개되는 통일적 활동을 통해 구성원들의 공동의 이익을 더 잘 실현할 수 있게 되기 때문이다. 정치조직의 형태는 다양하다. 정당, 국가, 노동조합, 대중조직 등 다양하게 있으며 이러한 단체를 조직하고 개편하는 일 역시 정치이다.

정치조직 중에서 노동자 민중의 사회적 지위와 역할을 가장 높여낸 것은 바로 정당이다. 시민혁명 이후, 노동자계급은 가장 강력한 정치조직인 정당을 가지게 되었다. 정당은 다른 사회단체와 달리 정치권력 획득을 목표로 하는 만큼, 정치권력을 향해 직진하도록 했다. 그리고 그만큼 노동자계급의 지위와 역할은 높아지게 되었다. 노동자계급의 정당의 존재 여부, 그리고 그 당의 사회정치적 영향력과 활동에 따라 노동자 민중의 사회적 지위와 역할은 차이가 생긴다.

따라서 정치를 한다고 할 때, 제일 핵심적인 것은 당을 건설하는 일이다. 노동조합과 같은 사회조직도 물론 중요하다. 하지만 정치권력 획득 그 자체를 목적으로 하는 조직은 정당밖에 없다. 정치를 한다는 것은 결국 정치권력을 잡겠다는 것이고, 그러려면 정당을 건설해야 한다. 정치를 한다면서 정당을 건설하지 않는 것은 정치권력 잡지 않겠다는 것과 동일한 말이다.

정치조직을 만드는 것이 정치의 시작이기 때문에 민중이 정치의 주인이 되길 바라지 않는 기득권은 정치조직을 파괴하는 것으로 민중의 정치적 진출을 차단했다. 해방 직후 미군정이 들어가서 가장 먼저한 것은 인민위원회를 파괴하는 것이었다. 5.16 군사쿠데타 직후, 박정희 정권이 한 것은 정당 및 사회단체의 해산이었다. 이러한 사건들은 역설적으로, 정치조직 건설의 중요성을 보여준다.

## 2) 정책을 결정하고 실행한다

사회구성원 각자의 지위와 역할은 일상적으로는 사회활동으로 나타난다. 사회활동에는 정치활동, 경제활동, 문화활동 등이 있고, 그중 가장 중요한 것은 정치활동이다.

따라서 정치를 하려고 정당을 만든 다음에 하는 일은 사람들의 사회활동을 일상적으로 조직하고 지도하며 통제하는 것이다. 이를 규정하는 것이 바로 정책이다. 따라서 정치에서 기본은 정책을 결정하고 실현하는 것이다.

기후환경 문제에 대한 대안 정책을 연구하고, 다른 정책을 제안하며, 그것을 실행하기 위한 다양한 활동을 하는 것 모두가 정치를 하는 것이라고 할 수 있다.

정치의 계급적 성격은 정책을 결정하고 실행하는데 그대로 반영된다. 윤석열 정권의 노동조합 탄압은 극에 달했다. 노동조합 활동을 불법으로 몰아갔고, 조합비 회계장부 공개를 강요하는데까지 나아갔다. 건설노조의 양회동 열사는 이러한 노동탄압이 만들어낸 사회적 타살이다. 진보정당은 이에 반대하는 정책을 낸 바 있다. 진보정당 대선 후보들도 "노동조합을 권하는 대통령"이 되겠다고 밝혔다. 헌법 1조에 노동중심성을 명시하고, 비정규직을 정규직으로 전환하는 특별법을 만들고, 최저임금을 대폭 올리겠다고 했다. 정치권력이 누구에게 있느냐에 따라 정책은 이처럼 다르게 제안되고, 결정된다.

### 3) 사회제도를 수립하거나 개편한다.

사회제도는 사람의 사회적 지위와 역할을 포괄적으로 규정하는 강력한 사회적 관계와 질서의 체계이다. 사회제도에는 가족제도, 교육제도, 종교제도, 경제제도, 정치제도 등이 있다. 사회제도 가운데서 가장 중요한 것은 정치제도이다. 정치제도는 정권의 성격, 사람들의 관계와 활동을 규정하기 때문이다. 정치제도가 바뀌고, 민중이 정치권력의 주인이 되어야 노동자를 중심으로 한 경제제도가 수립될 수 있다. 그런데 정치제도를 수립하고 개편하는 것은 선거만으로 안된다. 거리의 투쟁만으로도 쉽지 않다. 그래서 선거와 항쟁을 하나의 과정으로 인식하고 의회-광장-현장을 연결하는 정치를 실현하면서, 정치권력을 쟁취로 나아가야 사회제도의 변경이 가능해진다.

우리는 지난 12.3 윤석열의 내란 이후 11일만인 12월 14일 국회에서 윤석열 탄핵 소추를 의결해 낸 의회와 광장이 결합된 힘을 확인한 바 있다.

## 6. 마무리

사회에는 정치도 있고, 경제도 있고, 문화도 있다. 그러나 여기에서 가장 주도적이고 결정적인 역할을 하는 것은 정치이다. 정치에 따라, 경제발전, 문화발전도 달라진다. 정치는 그만큼 중요하다. 또한 정치에서 제일 중요한 것은 정치권력을 잡는 것이다. 정치권력을 가져야 정치적 힘을 제대로 쓸 수 있다.

윤석열 정권 아래에서 안타까운 일들이 너무 많다. 잃지 않아도 될 생명을 많이도 잃었다. 그런데 안타까워해서는 이 현실이 바뀌지 않는다. 진정으로 이 현실을 해결하고 싶다면, 안타까워할 것이 아니라, 정치를 하면 된다. 집권의지를 세우자.

권력의지를 가지자고 하면 정치를 권모술수, 교활, 계략적인 것으로 인식했던 것의 연장선에서 좋지 않게 생각하는 경우가 많다. 하지만 진보정치를 꿈꾸는 사람에게 권력의지는 민중사랑의 의지이다. 민중집권의 꿈을 현실로 만들겠다는 의지이다. 민중사랑의 마음이 큰 사람은 지금의 현실을 깨뜨리고 민중이 주인된 세상을 만들고 싶을 것이고, 권력의지를 키울 수밖에 없다. 이제 정치를 새롭게 배운 만큼, 달라지자. '반정치주의'와는 단호히 결별하고, 정치를 사랑하자. 권력의지를 가지자. 집권을 향해 나가자.

## 토론주제

1. 민중의 직접정치를 구현하기 위해 할 일은 무엇일지 이야기 나눠봅시다.

2. 정치에서 가장 중요한 것은 정치권력을 쟁취하는 것입니다. 그럼에도 불구하고 개개인을 돌아보면 집권의지가 그렇지 높지 않은 경우가 많습니다. 집권의지를 높이기 위해 필요한 것은 무엇인지 이야기 나눠봅시다.

# 정당이란 무엇인가

집권한다는 것

정당이란: 정당의 정의, 탄생, 유형

어떤 진보정당을 만들 것인가

분회가 당이다

## 1. 집권한다는 것

### '정권을 잡으려면 정당을 만들어야 한다'

정당을 정확히 이해하려면 먼저 집권의지가 있어야 한다. 집권의지를 세우려면 정치권력에 대한 이해가 필수적이다. 정치권력은 사회적 인간에 대한 조직적 지휘권이자 전 사회에 대한 지휘권이며, 처분권이다. 그래서 정치권력은 한 사람의 운명을 좌지우지할 수도 있고, 한 나라와 민족의 운명을 좌지우지할 수 있다. 사회에는 정치권력보다 더 강하고 더 큰 권한은 존재하지 않는다. 정치권력의 주인이 될 때, 정치의 주인이 되고, 사회의 주인이 된다. 당연히 민중의 자주성을 실현하고자 하는 진보운동은 정치권력을 쟁취하는 운동으로 나아갈 수밖에 없다.

하지만 지금, 한국의 노동운동은 어떠한가? 여전히 노동자의 진보적 가치를 설명하는 것에 머물러있지는 않은가. 정치권력을 가지면 좋겠다는 바람은 있을지 몰라도, 정치권력 쟁취를 운동의 목적으로 명확히 두고 전개하고 있지는 못하고 있다. '집권을 위한 노동운동', '당 중심의 노동운동'을 천명했지만, 여전히 획기적 전환이 이루어지지는 못했다. 노동자들이 진보정당운동의 참가하고 그 역할을 높이는데서 어려워하는 현상들이 그 방증이라고 할 수 있다.

정치권력을 잡으려면 가장 먼저 해야하는 일은 정당을 건설하는 것이다. 근대 국가가 형성된 이후, 각 계급계층의 요구와 이익을 실현하는 정치의 직접적인 주체는 정당이 되었기 때문이다. 대한민국 헌법에 명시된 유일한 '자발적 정치조직'도 '정당'이다(헌법 제8조). 선거라는 대의민주주의제도 속에서 합법적으로 정치권력을 장악할 수 있는 유일한 조직도 '정당'이다. 오늘날 정치의 조직적 주체는 '정당'이다. 따라서 노동자민중이 정치권력의 주인이 되려면, 노동자민중의 자기 정당을 건설하고 발전시켜야 한다.

그런데 왜 우리의 정당활동은 노동조합, 농민회 등 대중단체 활동의 후순위에 있는가?

그것은 우선, 많은 노동운동가, 대중운동가들이 노동조합, 대중단체와 진보정당의 차이를 구분하지 못하고 있기 때문이다. 노동조합과 진보정당의 차이를 보지 못하고, 둘 다를 동질의 '정치조직'으로 분류하는 것이다. 노동조합은 노동자계급의 이익을 실현하는 과정에서 정치투쟁에 나서기도 하는데, 많은 노동운동가들은 그러한 정치투쟁을 중심으로 두 조직을 비교한다. 그러다 보니 둘의 차이를 잘 구분하지 못하고, 오히려 소수의 정당운동보다는 광범위한 대중들과 함께하는 노동조합운동을 더 잘하는 것이 필요하다는 식의 논리까지 만들어진다. 노동조합이나 정당이나 다 정치투쟁을 한다. 그런 면에서 모두 정치조직이다. 그러나 노동조합, 농민회, 학생회 등은 저항의 의미로 정치투쟁을 전개한다면, 정당은 정치권력장악을 직접적 목표로 삼고 정치투쟁을 전개한다. 정치투쟁의 질이 다르다.

다음으로, 집권에 대한 생각이 관념적인 것이 그 이유이다.

정치권력의 중요성도 알고, 정치권력을 잡으면 참 좋겠다고 생각은 할 것이다. 하지만 꼭 집권해야 한다고 생각하고 있는지는 의문이다. 집권이 절박하지는 않거나, 혹은 집권을 어떠한 경로로 어떻게 실현할지에 대해 깊이 생각해보지 않았거나, 혹은 현실에서는 사실상 쉽지 않다고 생각하고 있는 경우가 많다고 본다. 사상은 실천으로 검증된다. 노동운동이 집권을 실현하는 운동으로 발전한다는 것은 그저 소망사항을 높인다는데 있는 것이 아니다. 운동의 과녁이 정확히 맞추고 집권의 주체인 강력한 노동자민중 자신의 정당을 건설하는데서부터 시작해야 할 것이다.

이에 그간 노동운동, 농민운동 등 대중운동의 한계를 극복하고 정당, 진보정당에 대한 올바른 견해, 관점과 입장을 확립함으로써 노동자민중이 주도하는 진보정당건설과 강화에 대한 열망을 더욱 뜨겁게 나누고자 한다.

## 2. 정당이란

### 1) 정당이란

**정당이란**
사상과 이념의 공통성에 기반하여 정치권력 획득을 목표로 조직한 자발적인 정치조직체

대한민국 정당법 제1항 제2조(정의)에서는 '정당이라 함은 국민의 이익을 위하여 책임있는 정치적 주장이나 정책을 추진하고 공직선거의 후보자를 추천 또는 지지함으로써 국민의 정치적 의사형성에 참여함을 목적으로 하는 국민의 자발적 조직'이라고 정의하고 있다. 이 정의는 정당의 보편적인 역할을 기술하고 있다는 점에서 틀린 것은 아니다. 하지만 정당의 근본특성을 규정하는 사상과 이념의 문제를 간과하고 있다는 점, 정치권력을 쟁취라는 자신의 목적을 명시하지 않았다는 점에서 한계가 분명하다.

정당에 대한 다양한 견해가 존재하지만, 크게 다음의 3가지 정도로 정의내릴 수 있겠다.

첫째, 정당은 '사상과 이념의 공통성에 기초한 정치조직'이다. 어떤 사회에서는 로봇이 등장하면 노동자가 직장에서 쫓겨나고, 어떤 사회에서는 로봇이 노동자의 일을 덜어주고 생산성도 높이는 사람중심의 협업이 이루어진다. 왜 똑같은 로봇이 등장했는데 이런 차이가 날까. 그 사회의 가치체계가 다르기 때문이다. 정당은 가치체계가 같은 사람들이 모여서 만든 조직이다.

정당은 사상과 이념의 공통성을 중심으로 건설되고, 발전하며, 자기 정당의 사상과 이념을 실현하기 위해 정치를 하는 조직이다. 따라서 사상과 이념이 다르면 당을 함께 할 수 없다. 이것이 다른 사회조직과 구별되는 정당의 근본특성이다.

노동조합을 비롯한 각계각층 대중조직이나 연대조직도 일정하게 공통의 정치적 지향을 가지고 있다. 하지만 그것이 단일한 사상과 이념, 통일적인 정치적 목적을 가진 것이라고 보기 어렵다. 계급계층별 조직은 사상과 이념이 아니라, 해당 계급계층의 요구와 이해관계를 중심으로 조직되며, 해당 계급계층의 이익을 실현하는 것이 자신의 목적이기 때문이다. 오직 정당만이 통일적인 사상과 이념에 기초해서 조직된다.

사상과 이념에 기초한 정치조직이라는 점에서 정당은 가장 높은 수준에서 단결하고 투쟁하는 조직이라는 특성을 가지게 된다. 정치조직은 기본적으로 단결하고, 투쟁하면서 자신의 정치적 요구를 실현해 나간다. 단결의 힘이 커질수록 조직의 힘은 커진다. 많은 쪽수가 결집하는 단결도 위력적이다. 하지만 더 큰 위력은 사상의지적 단결에서 나온다. 하나의 사상으로 뭉친 단결은 어떠한 단결보다도 위력적이다. 사상적 공통성에 기초한 단결, 사상의 실현을 지향하는 투쟁을 지향하기에 정당은 어떠한 정치조직보다 큰 힘을 발휘한다. 각종 선거에서 승리한 당은 거의 예외없이 해당 시기 다른 당에 비해 상대적으로 강력한 사상과 이념의 일치성과 통일성을 발휘하는 당이다.

정당이 사상과 이념에 기초한 정치조직이라는 점 때문에 정당은 계급적 성격을 가지게 된다. 사상과 이념은 계급사회에서는 '계급적 성격'을 가진다. 따라서 정치가 계급적 성격을 가지는 것처럼, 정당도 계급적 성격을 가진다.

그런데 현대정치에서 많은 정당은 이러한 계급적 성격을 은폐하고, '국민'을 내세운다. "국민을 위해 일하겠습니다."라고 이야기하며, 각자의 정당이 제일 국민을 위한 정당이라고 홍보한다. 기만적인 공약을 내놓기도 한다. 그것은 오늘날, 정당이 선거로 선택받는 것과 관련 있다. 현대 자본주의 사회의 다수의 구성원은 노동자, 농민, 빈민 등이다. 이에 보수정당들은 이들의 선택을 받기 위해 자신의 계급성을 은폐하는 것이다. 그렇다면 각 정당의 계급적 성격은 어떻게 구분할 수 있는가? 정치인들의 말이 아니라, 행동을 보면 된다. 사상은 실천으로 검증되기 때문이다.

보수정당이 자신의 계급성을 은폐하려는 현실은 역설적으로 노동자계급의 정당, 진보정당은 자신의 계급성을 적극적으로 선전하는 것이 필요하다는 것을 보여준다. 진보정당은 적극적으로 노동계급의 이익을 대변하는 정당이며, 노동계급의 이익이 전체 민중의 이익, 국민적 이익이라는 점을 적극 설파해야 한다.

정당이 계급적 성격을 가진다고 하여, 계급의 구성원 모두를 포괄한다는 것은 아니다. 사상과 이념의 공통성에 기초한다는 조직의 성격상, 정당은 계급의 모든 성원이 아니라 계급의 일부, 계급의 선진적인 사람들로 조직되는 정치조직이라는 특성을 가지게 된다. 노동자계급의 성원이라도 다 진보정당의 구성원, 즉 당원이 되는 것은 아닌 것을 잘 생각해보면 알 수 있다.

동시에 계급적 성격이라는 것은 사상적 징표이다. 다시 말해 자신의 처지가 해당 계급에 속해야만 한다는 것을 말하지는 않는다. 자산가라 해도 자주적 사상의식을 가지고 있으면 노동자계급의 정당의 구성원이 될 수 있다. 역사에는 자산계급 출신이지만 노동계급의 대의에 평생을 바친 이들이 허다하다. 나아가 정당이 힘을 가지려면, 사상과 이념을 적극적으로 실현해나가면서, 더 많은 다양한 계급 출신의 성원을 망라하는 것이 필요하다.

**둘째, 정당은 '정치권력 장악'을 목적으로 하는 정치조직이다.**
대한민국 정당법 제1장 제2조(정의)*에는 정당의 목적을 정치권력 장악에 있음을 명시하고 있지 않다. 그것은 이 법이 62년에 제정된 것과 관련이 있다. 당시 정당법을 제정했던 박정희 정권은 선거는 하되, 자신이 정권을 놓을 생각은 없었기 때문이다. 그러나 정당법에서 밝힌 정당이 선거하는 목적은 정치권력을 장악하기 위한 것이다.

* 정당법 제1장 제2조(정의) 이 법에서 "정당"이라 함은 국민의 이익을 위하여 책임있는 정치적 주장이나 정책을 추진하고 공직선거의 후보자를 추천 또는 지지함으로써 국민의

정치적 의사형성에 참여함을 목적으로 하는 국민의 자발적 조직을 말한다.

정치권력은 이미 살펴본 것처럼, 경제권력, 문화권력을 포괄하는 가장 강력한 권력이기 때문에 정당을 필요로 한다. 근대국가 등장 이후 모든 정권은 언제나 정당을 통해 장악됐다. 정당을 제외한 개인이나 다른 사회조직도 일정한 정치적 지향을 가질 수 있으나 정치권력 장악을 직접 목적으로 하지 않는다. 이것이 정당이 다른 사회조직과 구별되는 또 하나의 특성이다.

물론 거리의 투쟁, 항쟁의 열기가 정치권력 장악으로 이어지기도 한다. 하지만 이러한 경우에도 정치운동 그 자체가 정치권력 장악에 나서지 않는다. 정치권력을 향한 도전은 정당으로 결속되어 전개된다. 대표적인 예가 스페인의 포데모스이다. 2014년에 창당된 스페인의 정당은 스페인의 긴축 재정에 반대하는 15-M 운동의 흐름 속에서 그 열기에 기초해서 창당되었다. 그리고 2015년 스페인 총선에서는 69석을 획득하며 스페인 사회노동당에 이어 제3당으로 급부상하게 된다. 한국의 사례는 항쟁과 선거, 정치권력의 관계를 더욱 뚜렷하게 보여준다. 박근혜 탄핵촛불을 이끈 것은 다수의 민중이었지만, 그들은 자신을 대표할 정당을 가지지 못했다. 촛불항쟁의 정치적 수혜자는 문재인과 민주당이었다. 이처럼 거리운동의 힘은 반드시 정당으로 결속되기 때문에 정치권력을 장악하려면 운동만 해서는 안되고 정당을 만들어야 한다.

정치권력은 사회적으로 획득하는 사회적 권한이기 때문에 정당이 중요하다. '권한'은 권위, 사회구성원의 동의와 합의, 통치의 정당성을 획득하는 것들이 쌓일 때 주어진다. 오늘날 민주주의 체제 속에서 정치권력 쟁취를 목적으로 하는 정치조직으로 공인된 조직, 사회적 동의와 합의를 획득한 조직은 정당이 유일하다. 그래서 정당만이 정치권력을 장악할 수 있는 조직이 되는 것이다. 드물긴 하지만, 선거라는 합법적인 방법이 아니라, 쿠데타라는 무력의 방식으로 정치권력을 쟁취한 경우도 있다. 그러나 이 경우에도 정당이 필요한 것은 예외가 아니다. 박정희가 5.16군사 쿠데타를 통해 정치권력을 가졌지만, 이후1963년 민주공화당을 창당하고 정치를 한 것도 그러한 이유이다. 정치권력을 잡는 측면에도 그러하지만, 정치권력을 유지, 발전시키기 위해서도 정당은 필수적이다.

**셋째, 정당은 자발적인 조직이다.**
'모든 국민들은 자유롭게 자신들의 의사에 따라 일정한 단체를 결성할 자유를 가진다'(헌법 제21조 제1항)는 것은 잘 알려져 있는 일반 상식이다. 이와 별개로 헌법은 '정당설립의 자유'를 별도로 규정하고 있다. 이는 정당의 헌법적 위상과 함께 정당은 자발적 조직이어야 함을 강조한 의미가 있다.
자발적 조직이 내포하고 있는 의미는 누구의 강요나 강제에 의해서가 아니라 자기의 자주적 선택과 결심으로 정당을 만들거나 가입한다는 뜻이다. 모든 조직이 다 개인이 자발적으로 선택할 수 있는 건 아니다. 일례로 국가는 가장 크게 사람들이 모여 건설한 조직이지만, 모국을 자기가 정하는 것은 아니다. 태어나면서 모국은 정해진다.

정당이 자발적인 조직이라는 것이 내포하고 있는 또 다른 중요한 점은 정당 주체이자 주인은 자주적이고 자발적으로 당을 하고 있는 당원이라는 것이다. 당은 사상과 가치체계를 같이하고 그 가치를 정권을 장악하여 실현하려는 조직이기 때문에 자발성이 없이는 활동이 불가능한 조직이다. 정당은 어떤 가치를 실현하려는 지향이 높은 참가자의 결심에서 시작된다. 그리고 정권장악이라는 목적지향적인 헌신적 활동을 결의하고 실천함으로써 정당활동이 전개된다. 따라서 정당에서는 이런 자발성을 가진 당원의 지위와 역할이 결정적이다. 이는 정당 활동이 자발적 조직 주체인 당원들의 요구와 이익에서 출발해야 한다는 것과 당원들의 힘을 발동하여 수행해야 함을 의미로 이어진다.

결론적으로 정당은 자주적 인간의 자주적 선택과 결심, 드높은 정치적 열의와 열정이 만들어내는 자주적 정치조직이다.

## 2) 정당의 탄생

'정당은 혁명의 무기로 탄생했다'
'정당은 인류가 만든 최고의 발명품이다'

정당은 원래 자주성을 지향하는 민중의 투쟁과정에서 발생하였다. 착취사회가 발생한 이래로, 민중은 자주성을 실현하기 위한 사회개조 수단으로서 자기의 정치조직이 필요하게 되었다. 그렇다고 해서 민중이 처음부터 정당을 조직할 필요성을 명확히 의식하고 있었다거나, 근대적인 의미에서의 정당이 바로 나타났다는 것을 의미하지 않는다. 고대에도 중세에도 여러 가지 비밀결사와 당파는 있었지만, 그것들은 정당으로 발전하지는 않았다. 군주제가 지배하고 전제정치가 실시되는 전근대적인 사회조건 아래서는 근대적인 정당이 탄생할 수 없었다. 봉건왕조시대를 거치며 왕조체제나 절대왕권이 지배하는 의회만으로는 민중의 자주적 요구, 정치적 요구를 담아낼 수 없게 되면서 비로소 정당이 본격적으로 형성되기 시작하였다. 특히 근대시민혁명을 거치며, 국가권력의 탈취를 목표로 하는 분명한 강령과 규약, 고정적인 당기구와 당원을 갖는 완전한 의미에서의 정당이 출현하게 되었다.

근대적 정당을 최초로 결성한 것은 부르주아지였다. 부르주아지는 봉건사회의 말기에 이르러 경제적으로 지배계급을 압도하기 시작하고 정치적으로는 다른 피억압계급을 자기편으로 만들 수 있었다. 부르주아지는 구체제를 유지하려고 저항하는 지배계급에 대하여 스스로의 정당을 만들어 내고, 시민혁명을 승리로 이끌었다. 이처럼 정당은 봉권왕조체제를 무너뜨리고 공화정과 자본주의체제로 교체하는 시민혁명과정에서 혁명의 무기로 탄생했다. 그리고 이후에는 지배체제에 대항하는 반체제적 정당, 민중과 함께 투쟁하는 정당, 진보정당으로 발전하는 것으로 이어졌다.

## ■ 정당의 기원

정당역사는 의회민주주의의 고향이라고 불리는 영국의 토리(Tory)와 휘그(Whig)로부터 시작되었다. 이들은 영국의 시민혁명(청교도혁명)을 거치면서 의회의 권한이 강화되는 과정에서 생겨난 정치조직으로 현대의 정당수준은 아니지만 사상과 이념, 정치적 입장의 차이로 나누어진 준정당적 조직이었다고 할 수 있다.

영국의 민중들과 의회는 1628년 '누구도 함부로 체포, 구금할 수 없고, 국민을 군법으로 재판하지 않으며, 의회 동의없이는 어떤 과세나 증여도 부과하지 않는다' 등의 내용을 담은 '권리청원'을 쟁취했다. 이어진 시민혁명(청교도혁명)을 통해 의회해산과 전제정치를 일삼던 찰스1세를 몰아내고 공화정을 수립한다. 공화정의 수장이었던 크롬웰의 독재에 대한 반발로 다시 왕정이 복고되기도 하였으나 이 과정에서 시민의 정치적 진출과 영국 의회의 발전은 계속되었다.
이런 과정을 거쳐 왕권신수설을 앞세웠던 찰스2세가 죽자

차기 왕위 계승논쟁을 둘러싼 정치적 입장이 갈라지면서 토리와 휘그는 시작되었다. 교회전통을 강조하며 카톨릭 교도였던 제임스2세의 즉위를 추진하던 세력이 토리였고 보수적인 귀족과 농촌의 대토지 지주들의 지지를 받았다. 이에 반해 의회 귀족과 신흥 인텔리나 상인, 비국교도의 지지를 받으며 제임스 즉위를 반대했던 세력들이 휘그였다. 이들의 정치활동은 왕권신수설을 결정적으로 약화시켰던 1866년 명예혁명과 권리장전를 탄생시키는데서도 주요한 역할을 했고, 영국이 전제군주제에서 입헌군주제로 전환되는 과정, 나아가 유럽의 근대 민주주의 발전에도 긍정적 영향을 주었다.

### ■ 소위 '좌파정당', '우파정당'의 기원

18세기 프랑스혁명 과정에서 시작되었다. 1789년부터 전개된 프랑스 대혁명은 국가체제를 전복시키는 정치적 혁명이었다. 전쟁의 왕이라고 했던 루이15세부터 누적된 국가 재정적자가 루이16세 때 극한에 이르자 이를 타개하기 위해 국왕은 삼부회(1신분, 2신분, 3신분의 대표 회의)를 소집하여 평민인 3신분에게만 세금폭탄을 전가하려 하였다. 이에 반발하여 3신분이었던 민중들은 독자적인 '프랑스 국민회의'를 결성하고 봉건왕정체제를 무너뜨리고 공화정체제를 수립하기 위한 프랑스대혁명을 전개한다. 이를 시작으로 1871년 파리꼬뮨까지 근100년 동안 프랑스는 공화제와 군주제를 반복하며 정치적 혁명을 계속했다.

이런 혁명 과정에서 당시 의회를 중심으로 존재하던 정치클럽들이 친목적 성격을 탈피하고 혁명의 목적과 방식 등에 대한 주장을 중심으로 분화되면서 정당조직으로 발전하였다. 대표적으로 자코뱅파와 지롱드파가 있다. 당시 자코뱅파는 노동자, 농민, 상인 등 제3신분과 함께 봉건왕정 타파와 강력한 공화정 수립을 요구하며 투쟁했고, 우파로 불렸던 지롱드파는 왕권 인정 하의 온건한 공화정 수립을 주장함으로써 정치적으로 대립했다. 이때부터 프랑스 정당은 좌파와 우파로 구분되어 통용되기 시작했다. 자코뱅을 좌파로, 지롱드를 우파로 불렀던 이유는 단순하다. 당시 원형구도였던 프랑스 의회장에서 좌편에 앉은 세력이 자코뱅파였고 우편에 앉은 세력이 지롱드파였기 때문이다.

특히 자코뱅은 프랑스대혁명에 맞서 반동세력에 대해 단호한 숙청을 단행하고 프랑스 혁명을 파탄시키려던 주변 열강들에 맞서 혁명적 민중들과 함께 혁명방위전쟁을 치러내면서 실질적인 평등과 경제개혁정책을 밀고나갔다. 평등과 민중의 생존권 문제를 처음으로 정치적 이념으로 제시했던 것이 자코뱅이었다고 할 수 있다.

### ■ 정당으로서의 완전한 형태를 갖춘 정치조직의 등장

정당으로서의 완전한 형태를 갖춘 최초의 정치조직은 노동자계급 내에서 결성되었다. 1847년 〈정의자 동맹〉 최초 대회에서 마르크스와 엥겔스는 그때까지 비밀결사로 되어 있던 이 조직을 〈공산주의자 동맹〉이라는 명칭을 갖는 공개적인 노동자계급의 혁명적 당으로 개편하였다. 1847년 12월 제2차대회는 동맹의 규약을 채택하고 마르크스와 엥겔스에게 동맹의 강령을 작성할 것을 위임하였다. 그들이 작성한

이 강령이 유명한 〈공산당 선언〉이다.

이렇게 뚜렷한 정치강령을 가지고 정권쟁취를 목적으로 하는 정당형태의 조직은 노동계급에서 최초로 등장하였다.

### ■ 현대 대중정당으로 기원

한편 현재와 같은 대중정당 건설은 어떻게 시작되었을까. 프랑스혁명 이후 노동자민중을 배신하고 정치권력을 획득한 자본가(부르조아지)들은 돈 많은 유산자, 남성, 백인 등 극소수 특권층들로만 구성되는 '명사정당' 같은 것을 만들어 노동자민중 위에 군림하는 정치를 강화했다. 자본도, 권력도 없는 노동자들은 노동자 당원을 대규모로 조직해서 노동자의 당을 건설해나갔다. 그 시원은 19세기 노동자의 보통선거권 쟁취 투쟁의 본국이었던 영국에서부터다. 1867년 영국 노동자들은 최초의 정치투쟁이었던 차티스트 운동(보통선거권 쟁취 운동)으로 도시 거주 남성에게 보통선거권이 이루어지고, 이 힘을 기반으로 1874년 당시 자유당과 노동자 연대를 통해 처음으로 광산 노동자 2명을 의원에 당선시킨다. 나아가 영국 노동자들은 더욱 지속적이고 적극적인 정치투쟁을 통해 1893년 '독립노동당'을 창당한다. 이것이 현재 영국 노동당 탄생의 초기 과정이다.

이처럼 소수 특권층 정당이 아닌 현대적인 대중정당 시대를 열어낸 것 역시 노동자였다. 노동자의 정당 탄생은 보통선거권의 확대, 결사의 자유 확대, 대중참여정당 건설 확대를 실현하며 실질적인 대중정치 대중참여 시대로 정치의 질을 바꿔냈다.

정당의 탄생은 두 가지 역사적 의미를 가진다

첫째, 정당은 혁명의 시대, 혁명의 무기로 탄생했다는 것이다.

정당은 태초에 국가권력 교체를 위한 혁명과 항쟁의 불길 속에서 태어났다. 사람이 사람을 마소와 같은 농노로 소유하던 봉건왕조체제를 끝내는 치열했던 혁명의 무기가 바로 정당이었다. 프랑스 혁명 당시 노동자, 농민, 빈민, 자본가가 함께 만들었던 국민의회라는 초기 형태의 정당은 왕정이라는 봉건국가 해체를 목표로 했지, 지금처럼 선거를 위해 만들어진 것이 아니었다. 왕정체제의 지배와 착취의 상징이었던 베르사이유 궁전을 무력으로 습격하고 왕과 왕비를 처단하는 것이 정당의 사명이자, 정치적 성과물이었다. 즉 정당은 낡은 체제, 낡은 체제를 지배하던 지배세력을 타도하는 혁명의 무기로 등장했다.

둘째, 정당은 오랜 인류역사 속에 인간이 만든 최고의 발명품이라는 것이다.

원시공산제를 거쳐 고대노예제 시대로 접어들면서부터 인

류역사는 정치의 역사와 분리되어 설명될 수 없다. 정치가 없이는 사회를 구성할 수도, 운영할 수도, 발전할 수도 없었기 때문이다.

그중에서 현대정치의 주체인 정당은 봉건체제를 해체하고 소수 특권층의 전유물인 정치에서 정당을 광범위한 대중이 정치의 주인으로 될 수 있는 길을 열었고, 오늘날 대중정치는 그 누구도 부정하거나 거부할 수 없는 보편적 상식이 되게 되었다.


### 3) 정당의 유형

'어떤 사상과 이념을 가진 정당인가'
'누구의 이익을 위해 복무하는 정당인가'

정당은 기준에 따라 다양하게 구분한다.
사상과 이념에 따라 자본가정당인가 노동계급정당인가, 변혁지향성에 따라 진보정당인가 보수정당인가. 당의 중심적인 운영방식에 따라 간부정당인가 대중정당인가, 의원의 유무나 활동의 중심점에 따라 원내정당인가 원외정당인가 등이 있다. 정치학계에서는 정당구성과 목표, 운영방식에 따라 명사정당, 대중정당, 포괄정당, 선거전문가정당, 카르텔정당 등으로 나누기도 한다.

정당 구분에서 가장 중요한 두 개의 기준은 '어떤 사상과 이념을 가졌는가'와 '누구의 이익을 위해 활동하는가'라고 할 수 있다.

계급사회에서는 각 계급마다 모든 형태의 사회적 의식과 행위에 일관되게 적용되는 본질적인 특성이 있다. 이를 당파성이라 표현하기도 한다. 지배계급인 자본가와 피지배계급인 노동자민중은 전혀 다른 당파성을 가질 수밖에 없다. 이런 점에서 각 계급이 만든 정당 역시 당파성을 띨 수밖에 없고 이것이 정당 구분의 기준이 된다.

자본주의체제는 크게 두 개의 계급으로 나뉜다. 노동자계급과 자본가계급이다. 그리고 이 두 계급을 사이에서 동요하는 중간층이 있다. 따라서 자본주의체제 하에서 정당은 크게 세 종류로 구분한다. 자본계급 정당(지배계급의 정당), 노동계급 정당(노동자민중의 정당), 소부르조아 정당(중간층 정당)이 그것이다.

첫째, 지배계급의 정당이다. 자본가의 사상과 이념을 공통성으로 조직되는 자본중심의 정당이며, 자본가의 요구과 이익을 관철하기 위한 정치를 한다. 지배계급의 정당은 자신들이 지배하고 있는 자본주의 착취와 억압체제를 지속적으로 유지 강화하는 것을 기본 목표로 한다. 따라서 태생적으로 자신들의 지배에 도전해나서는 모든 정치세력을 결사적으로 배제하고 탄압한다. 자본주의 지배계급의 정당정치가 본격화된 것은 프랑스 혁명 이후이다. 혁명의 성과물을 챙긴 부르주아들이 정당을 만들고, 민중을 배신하고 정치권력까지 장악하게 되면서 본격적으로 자본가의 사상과 이념으로 뭉친 자본가계급 정당정치가 확대되었다.

둘째, 노동자민중의 정당이다. 노동자의 사상과 이념을 공통성으로 조직된 정당이며, 노동자민중의 요구를 실현하고 옹호하는 정치를 한다. 정당의 주체이자, 착취와 억압의 대상이기도 한 노동자민중은 자본주의 착취와 억압체제의 해소와 노동자민중의 정권쟁취를 목표로 하는 체제변혁적 활동을 기본으로 한다.

노동자민중의 정당정치는 19세기 중반 제1인터내셔널을 시작으로, 러시아혁명을 성공시키고 역사상 처음으로 노동자정권(소비에트)을 수립한 러시아 볼세비키당으로 이어졌다. 그리고 현재에도 세계적으로는 공산당, 사민당, 사회당 등의 다양한 이름으로, 노동자의 사상과 이념에 따라 노동자의 이익을 실현하는 노동자민중의 정당정치를 전개하고 있다.

셋째, 중간층 정당이다. 중간층 정당은 자본주의체제가 시작되면서 늘어난 도시 수공업자, 소상인, 소농 등 소자산 계급의 이익을 대표하는 정당을 시작으로, 자본주의 발전에 따라 다양하게 변화되고 분화되어온 사회 중간계층을 대표하는 정당이다. 중간층 정당은 때로는 체제순응적이고 때로는 체제변혁적인 성격을 띤다. 이를 가르는 것은 해당 시기 정치적 역관계다. 노동자민중의 강력한 정치적 진출은 중간층 정당을 변혁적 입장으로 견인하기도 한다. 그러나 노동자민중의 정당이 지배계급 정당을 압도할 수 있는 힘을 갖지 못했을 경우, 중간층 정당은 언제나 지배체제에 순응, 타협하며 노동자민중을 배신하거나 노동자민중의 투쟁 성과물을 가로채왔다. 87년 민주항쟁, 박근혜 탄핵촛불 이후를 떠올려보면 잘 알 수 있다.

식민지(신식민지)체제 하에서 지배세력의 정당과 노동자민중의 정당, 중간층 정당은 선진 자본주의국가의 정당들과 다른 특성이 있다. 식민지 국가 지배계급 정당은 예외없이 친외세정당으로 외세의 식민지 지배체제에 적극 복무한다. 반면 노동자민중의 정당은 외세의 지배체제를 타파하고 국가(민족) 자주권을 쟁취하기 위해 투쟁한다. 중간층 정당은 외세의 지배와 간섭이 강력할수록 지배세력의 정당과 마찬가지로 친외세정당의 성격을 강화하게 된다. 오늘날 한국의 정당 현실은 이를 잘 보여준다.

## 2) 대중조직과 정당

정당은 모든 사회조직들 중에서 유일하게 정치권력 장악을 선명한 자기 목표로 건설되는 조직으로 대중조직 등 다른 조직이 대체할 수 없다.

동학농민항쟁, 87년6월 항쟁, 2016년 촛불항쟁 등 수많은 항쟁의 역사는 항쟁에서 민중이 승리해도 자신의 정당을 갖지 못하면 절대로 정치의 주인으로 될 수 없다는 교훈을 반복적으로 남겼다. 즉 반민중적인 국가체제를 바꾸기 위해서는 항쟁과 함께 반드시 민중 자신의 정당을 만들고 직접 정치의 주체가 되어야 한다는 교훈이다. 오직 정당만이 통일적인 사상과 이념에 기초하여 노동자민중 전체의 자주적 요구와 이익을 실현하기 위해 국가권력 장악을 전면에 내걸고 건설되고 발전하는 정치결사체로 된다.

대중조직은 자기 대중의 계급계층적 이해관계 실현 특히 기본권 획득을 목표로 한다. 대표적으로 가장 강력한 대중적 계급조직인 노동조합도 노동계급의 이익을 추구하고 이를 실현하기 위해 총파업 등 강력한 정치투쟁을 벌이지만 노동조합은 국가권력 장악을 직접적인 목적으로 조직되지 않기 때문에 노동조합이 곧 노동자의 국가권력 장악, 즉 수권체로 되지 못한다. 예를 들어 노동조합은 노동기본권 쟁취, 임금 및 근로조건 개선 등 노동자의 이익 실현을 위한 조직이다. 이런 목표는 정치적 환경에 큰 영향을 받는다. 열심히 임금인상을 해도 아파트값이 폭등하면 말짱 도루묵이 된다. 정성을 쏟아 노조를 결성해도 윤석열 정권 같은 반노동정권이 등장하면 노조탄압, 노조와해가 일상이 된다. 즉 대중조직의 목표는 정치권력의 향배에 따라 노동기본권의 확대인가 탄압에 대한 방어인가로 나뉠 뿐 반노동체제를 근본적으로 뿌리뽑는 정치권력 쟁취로 나아가지는 못한다.
또한 대중조직의 구성원들은 단일한 사상과 이념으로 통일되어 있지 않다. 같은 노조 안에서도 국민의힘, 민주당, 정의당, 진보당, 노동당 등 지지하는 정당이 제각각이다. 조합원이나 대중단체 성원들에게 통일적인 정치적 교양을 일상적으로 전개하고 그들을 정치적으로 조직하는 정치활동을 지속적이며 완강하게 하기 어려운 것도 이런 특성에 기인한다.

대중조직들은 조직의 목표에서 충돌되거나 갈등을 일어나기도 한다. 수많은 대중조직들은 모두 각기 자기들의 목표를 추구한다. 그런데 대중조직들이 추구하는 목표는 서로 일치하는 경우도 있지만, 충돌하는 경우도 많고 사회가 복잡해질수록 그 정도가 심화된다. 세대, 고용형태, 성별, 유사조직간 경쟁 등 다양한 요인으로 매우 복잡한 이해관계로 얽혀있는 것이 대중조직이다. 대표적인 예로 민주노총 내에서도 동일산업 내 정규직과 비정규직 간 갈등은 비일비재하게 벌어진다. 이는 대중운동이 동일한 목표 하에 힘있게 운동을 전개하는 걸 더욱 어렵게 하는 환경으로 되고 있다.

이에 반해 정당은 사상과 이념의 공통성에 기초해서 형성된 조직이다. 이들은 정치적으로 각성되어 있고, 정치권력, 국가권력 장악에 대한 의지가 대중조직 회원들보다 높다. 정치적 각성이 높고 집권 의지가 강하기 때문에 특정 계급계층의 이해관계에 매몰되지 않고 다양한 계급계층의 이해관계를 조절할 수 있는 정치력을 발휘할 수 있다. 대표적인 예로 민주노동당 시절, 민주노총과 한국노총이라는 두 대중조직은 노조운동 차원에서는 서로 경쟁하거나 대립하지만, 민주노동당 당원인 양대노총 조합원들은 동일한 하나의 사상과 이념, 정치적 목표 하에 단결했다.

대중조직과 정당은 모두 정치적 지향을 갖는 정치조직이다. 자본가 조직은 자본 이익을 위해, 노동자 조직은 노동자의 이익이 실현되는 정치적 환경과 조건을 희망한다. 한편 정당은 자신의 사상과 이념의 공통성에 기초하여 특정한 계급 혹은 일정한 사회적 집단의 이익을 실현하기 위한 국가권력 장악을 추구한다. 예를 들어 자본가 이익을 대변하는 정당은 경총과 결탁한다. 노동자, 농민 단체는 진보정당을 배타적으로 지지하며 자신에게 유리한 정치적 환경을 추구한다. 이처럼 대중조직과 정당은 상호보완 관계에 있다.

요약하면 대중조직만으로는 국가권력을 장악할 수 없고 당이 중심이 될 때만 가능하다. 대중조직들이 전개하는 사회운동, 대중운동은 노동자민중에게 유리한 정치적 환경 조성하는데 그치지만, 정당이 전개하는 정치운동, 사회운동은 정치권력에 대한 장악으로 이어진다.

따라서 모든 진보운동은 당중심성을 생명으로 해야 한다. 당중심성이 확고할 때 노동운동을 비롯한 진보운동은 정치권력을 장악하는 운동으로 발전할 수 있다. 위대한 박근혜 퇴진항쟁을 이끌었던 전국적 투쟁연대체인 퇴진운동본부가 항쟁으로 진출한 노동자민중의 정치적 열망을 이후 전개된 대선 등 주요 정치공간으로 안내하고 결집시킬 수 없었던 것도 바로 강력한 진보정당이 없었고 '당중심 항쟁'으로 발전하지 못했기 때문이다. 87년 6월 항쟁 역시 범국민항쟁이었지만 이 항쟁의 중심에는 김대중, 김영삼을 필두로 한 민주당류의 정당이 중심이 됨으로써 모든 정치적 성과는 그들의 것이 되어버렸다. 헌법 개정과 대선 논의는 당시 민정당과 민주당 거대 양당이 주도했고 6월항쟁과 노동자대투쟁의 주역이었던 노동자민중이 만들었던 대중조직들은 완전히 배제되었다.

항쟁이 시사하는 중대한 교훈은 모든 부문운동, 지역운동, 대중투쟁, 정치투쟁은 '당중심 운동'이 될 때 그 정치적 성과물을 고스란히 항쟁의 주역, 노동자민중의 것으로 만들 수 있다는 것이다.

## 3. 어떤 진보정당을 건설해야 하나

지금 시대는 집권을 위한 노동운동, 집권을 위한 진보운동을 요구한다. 그 기본방도는 당중심노동운동, 당중심진보운동을 실현하는 것이다.

모든 진보운동은 사회를 노동자민중의 이익에 맞게 변화발전시키는 것이다. 이 변화발전 운동의 중심에 진보정당이 있다. 사회를 개조하기 위한 사람들의 운동은 다양한 형태와 방식으로 전개된다. 경제적 조건을 마련하기 위한 운동(경제투쟁), 문화적 조건을 마련하기 위한 운동(문화투쟁), 노동자들의 권익, 농민들의 권익을 실현하기 위한 다양한 투쟁(기본권 쟁취투쟁) 등이다. 이러한 모든 변화발전을 지향하는 운동은 노동자민중이 국가권력을 획득했을 때 비로소 그 결실을 맺는다. 사회에는 정치권력보다 더 강하고 더 큰 권한은 없기 때문이다. 따라서 모든 진보운동은 정치권력을 지향했을 때 가장 힘있는 운동을 전개할 수 있고 운동의 결실을 쟁취할 수 있다.

진보정당의 목표는 한마디로 노동자민중 주도의 사회와 국가를 건설하고 발전시키는 것이다. 이는 노동자민중을 통일적 정치역량으로 성장시키고 또 이를 지휘해나갈 핵심기능인 정치권력 획득으로 정립된다. 따라서 진보정당을 제대로 건설하는 것은 노동자민중에게 선택의 문제가 아니라 노동자민중 자기 삶의 문제, 운명의 문제일 수밖에 없다.

우리는 지난 역사의 교훈에 기초하고 새시대를 향해 항쟁의 주체로 떨쳐나서는 대중의 정치적 요구와 힘을 정치적으로 결집시킬 수 있는 강력한 진보정당, 다시는 무너지지 않고 지속발전할 수 있는 '백년 진보정당'을 만들어야 한다. 이런 진보정당의 모델은 무엇일까.

새로운 진보정당은 의회와 선거에만 골몰하는 것이 아닌 민중과 함께 하는 운동정당이어야 한다. 또한 새로운 진보정당은 노동이 중심에 튼튼히 선 진보대단결 정당이어야 한다. 또한 새로운 진보정당은 위탁정치, 대리정치를 일소하고 노동자민중의 직접정치정당이어야 한다. 그리고 무엇보다도 '분회'가 곧 당인 당원주체, 대중주체의 당이어야 한다.

이렇게 건설되는 새로운 진보정당만이 온갖 탄압과 방해를 뚫고 전진할 수 있다. 그리고 집권을 위한 최소역량인 국민 1%의 당원화, 노동자 30%의 조직화, 3%의 독자적인 항쟁역량을 얼마나 빠르게 조직해내는가에 따라 노동자민중의 집권 시간표는 결정된다.


1) 운동정당

진보가 건설하는 정당은 '운동정당'이다.
진보는 사회의 근본모순의 해결을 지향하기 때문에 본질적으로 운동정당일 수밖에 없다. 그런데 진보정당이 선거를 통한 집권의 길이 원천봉쇄되었다가 부분적으로 가능성이 열리고 실제 집권사례가 늘어나면서 '의회주의', '선거주의' 문제가 대두되게 되었다. 진보의 근본인 운동의 실현보다는 선거에 매몰되고 의석수를 늘이는데 몰두하는 현상이 나타난 것이다.

진보정당운동에서 탄압은 상수이다. 지배세력은 자신들의 이익에 정면으로 반하는 진보정당이 집권역량으로 성장하는 것을 결코 그대로 내버려두지 않는다. 이런 조건에서 지배세력이 만들어 놓은 원내활동과 선거제도 안에 갇혀 의석만 늘리면 집권할 수 있다는 생각은 거의 환상에 가깝다. 이런 점에서 대중적인 정치투쟁, 정치운동을 소홀히 하고 의회주의, 선거주의에 매몰되는 것을 철저히 경계해야 한다. 이는 창당 직후 급속하게 발전하다가 결국 탄압과 해산으로 무너진 지난 진보정당 100년사가 알려주는 심각한 교훈이다. 절대로 무너지지 않는 진보정당을 건설하려면 의석수를 늘리는 것보다 노동자민중의 대중속에 뿌리내리고 그들의 투쟁을 대변하는 운동정당으로 건설하는 것이 우선이다. 진보정당은 원내정치에서도 능해야 하지만 광장정치에서도 능해야 한다. 특히 진보정당이 집권가능한 정당으로 성장하기 위해서는 현장과 지역, 광장에서 강력한 대중정치역량, 대중투쟁역량이 당을 중심으로 구축되어 있을 때 가능하다. 이 힘으로 의석도 늘리고, 지지율도 높이며, 탄압은 받아치고 광장에서 승리하는 힘을 가져야 선거를 통해서도 집권의 길을 개척할 수 있다.

진보정당이 의회주의, 선거주의애 매몰되면, 집권역량을 키우는 것이 아니라 오히려 분열과 내리막길로 떨어진다는 것도 중요한 역사의 교훈이다. 진보정당이 노동자민중과 투쟁하는 것을 소홀히 하고 의석수 확대에 매몰되면, 의석수를 둘러싸고 내분이 일어나 분열로 이어진 역사를 잊지 말아야 한다. 노동자민중의 절박한 투쟁광장과 멀어지는 당, 고통의 근원인 분단체제를 끝내기 위한 자주통일 투쟁을 소홀히 하는 당은 지배세력 최고의 탄압수단인 종북이데올로기와 국가보안법 탄압 앞에서 무기력하게 무너진다는 것도 기억해야 한다. 진보정당이 의회주의에 빠지면 원내 의석을 둘러싼 당내 경쟁에 몰두하여 단결력을 약화시키고 끝내 당을 망하는 길로 이끈다. 이런 당은 노동자민중의 이익을 최우선시하는 집권가능한 진보정당으로 결코 성장할 수 없다. 이런 점에서 진보정당은 광장투쟁에서도 능하고 선거에서도 능한 운동정당으로 건설해야 한다.

## 2) 노동중심 정당

노동중심 진보정당이란 노동자를 당운동의 중심에 세우고, 노동자의 역할을 강화해 진보정당의 임무와 역할을 수행하는 정당이다.

노동계급운동은 수많은 계급계층운동 중 하나가 아니다. 노동계급은 인류의 진보적 운동 역사상 최초로 착취와 억압구조를 재생산하는 계급 자체의 철폐를 목적으로 하는 계급으로 탄생했다는 점에서 다른 모든 계급계층운동과 구별된다. 특히 노동계급은 자신을 억압착취하는 자본가 계급까지 해방하지 않으면 해방될 수 없는 만큼 변혁에 대한 높은 요구와 변혁을 실현할 수 있는 힘을 가진 계급이다. 나아가 자본주의 최대 다수인 노동계급의 이익은 곧 전민중적 이익으로 된다. 이런 점에서 노동자민중을 정치권력의 주인으로 세우고자 하는 진보정당은 당연히 노동계급의 정당이어야 한다.

노동중심 진보정당을 건설하기 위한 핵심방도는 노동계급의 주체역량, 정치역량 강화를 무엇보다 우선하는 것이다. 이를 실현하기 위해서는 첫째 노동자당원이 당운영의 주역이 되어야 한다. 둘째 당중심의 노동운동과 노동중심의 당운동을 일체화시켜야 한다.

무엇보다 노동자당원이 당운영의 주역이 되어야 한다.
당원 중에 노동자 당원 비중이 가장 높아야 하며, 분회중에서도 노동자 당분회 숫자가 가장 많아야 한다. 현장위원회는 말할 것도 없고, 지역위원회도 노동운동 출신들이 책임지고 맡아 나서야 한다. 다시 말해 노동자들이 당을 구성과 운영을 책임지고 나가야 한다. 이렇게 하려면 노동자들이 당의 주인이 되고, 당을 책임진다는 관점과 실행력을 높여야 한다.

다음으로 당운동과 노동운동을 창과 방패처럼 한 묶음으로 일체화시켜야 한다.

전투에 나선 투사는 창과 방패를 모두 가지고 있어야 승산이 있다. 자본주의 억압착취체제에 맞서 투쟁에 나서는 노동자는 전투장에 나서는 투사와 다름없다. 이 전투장에서 노동자가 들어야 할 창과 방패가 바로 노동조합과 진보정당이다. 노동조합이라는 방패로 탄압을 막아내고 진보정당이라는 창을 들고 전진할 수 있어야 승리할 수 있다.

노동운동과 당운동을 일체화하기 위해서는 노동은 당중심의 노동운동을, 당은 노동중심의 당운동을 해야 한다. 그 현실태는 민주노총과 진보정당이 공동의 집권전략 하에 그 실현을 위해 공동작전, 공동투쟁하는 전략동맹을 강화하는 것이며, 조합원이 진보정당운동의 실질적 주체가 되도록 하는 것이다. 지난 시기 민주노총이 진보정당을 배타적으로 지지하긴 하였지만, 형식적인 수준이었고 내실이 부족했다. 이런 점에서 민주노총의 진보정당에 대한 배타적 지지를 단순히 복원하는데 그치지 않고 한발 더 나아가 민주노총과 진보정당이 공동의 전략, 공동작전과 공동투쟁체로 전진하여야 조합원들을 당운동의 주역으로 세울 수 있다.

당중심 노동운동은 노동운동 자신을 위해서도 절실하다. 노조건설이나 조합원 확대, 생존권투쟁은 노조가 하고, 정치투쟁과 선거투쟁은 진보정당이 한다는 이분법적 사고는 노동운동과 진보정당운동 지속적으로 발전시키는 것을 가로막는 현실적 장애물이다. 최근 학교비정규직이나 마트, 택배 등 비정규직 전략 조직화사업의 최근 경험만 해도 현장당조직과 지역당조직이 힘을 합쳐야 더 잘 개척된다는 것을 입증한 바 있다. 당면 대중정치투쟁이나 선거투쟁도 당의 정치적 지휘력과 노조의 강력한 조직력이 한덩어리가 되어야 승산을 가질 수 있다는 것을 수많은 경험을 통해 확인한 바 있다.

당중심노동운동, 노동중심당운동이 될 때 노동운동도, 진보정당운동도 지속적으로 상승발전할 수 있다.


### 3) 대단결 정당

노동계급은 자신의 이익 뿐 아니라 지배세력에 맞서 전체민중의 공동이익을 옹호하고 투쟁할 때 정치적 주도력을 발휘할 수 있다. 노동자가 중심이 되는 진보정당 역시 광범한 민중의 요구와 힘을 하나로 모아낼 때 집권도 가능하고, 집권 후 정권을 지켜내고 민중의 요구에 맞는 사회개조도 가능하다.
특히 식민지(신식민지) 자본주의체제 하에서 진보정당은 필연적으로 통일전선적 정당이어야 한다. 이는 미국 등 외세에 예속되어 있는 식민지나 신식민지 나라에서는 외세와 그에 기생하는 지배세력을 한편으로 하고, 식민지 지배체제에 고통받는 절대다수 민중을 한편으로 하는 투쟁전선이 기본이 될 수밖에 없다는 점에서 더욱 그러하다.

무엇보다 진보정당을 대단결 정당으로 건설하기 위해서는 '진보정치세력의 단결'을 우선적으로 실현해야 한다.
민주노동당은 민주노총의 조직적 결의에 따라 노동계급의 정당으로 출발하였으나, 전농의 조직적 결합을 필두로 청년, 빈민 등 진보민중세력이 결합하면서 전국적인 대표 진보정당으로서 면모를 갖추기 시작했고 이 힘에 기초하여 통일전선적 정당으로 발전하였다.
통일전선적 당은 수평적인 집합체나 협의체가 아니다. 통일전선은 강력한 구심력과 그로부터 나오는 통일적인 지도지휘력을 중심으로 공동의 요구와 이익을 실현해가는 운명공동체다. 당을 이렇게 건설하기 위해서는 당의 중심에 변혁지향성을 분명히 갖춘 노동중심의 변혁적 정치세력이 확고부동하게 서있어야 한다. 따라서 당 건설의 첫 공정은 무엇보다 노동자, 농민, 빈민, 청년학생 등 기본계급계층 대중들을 당의 두리로 단단하게 결집시키는 것이다.

또한 진보정당을 대단결 정당으로 건설하기 위해서는 진보적이고 양심적인 지식인, 소상공인과 자영업자, 진보개혁적 시민조직 등 진보적 중간층세력을 당으로 결집시켜야 하고 상층 통일전선도 확대해야 한다. 이는 당을 더욱 폭넓고 튼튼한 대중적 지반 위에 올려세우는 과정이자, 사회정치적 영향력을 질적으로 확대하는 과정과 긴밀히 결합된다. 또한 지배세력의 항상적 탄압에 맞서 진보정당을 중단없이 장성발전시켜가기 위해서도 매우 중요하다.

### 4) 직접정치 정당

직접정치는 특권정치, 대리정치를 타파하고 노동자민중이 직접정치하는 길을 개척하는 정치다. 직접정치는 진보정당이 중심이 되어 대중을 정권쟁취투쟁의 주인, 동력으로 묶어세우는 정치운동이다.
이는 보수정치체제에서는 등장할 수 없는 정치운동이다. 보수정치제도는 정치의 주체(실현하는 자)와 정치의 대상을 엄격히 분리한다. 정치의 주체는 자본가계급 혹은 권력집단이며 정치의 대상은 노동자민중과 서민이다. 지배하는 세력과 지배받는 세력은 분리되어 있다. 당연히 보수정치권력이 노동자민중 혹은 서민을 위해 정치를 한다는 것은 새빨간 거짓말이다.

노동자민중의 직접정치는 정치의 주체와 정치의 대상이 일치되는 정치방식이다.

요구를 가진 자가 스스로가 자기 요구를 실현하기 위해 직접 정치에 나서는 것이 직접정치이다. 따라서 정치를 결정하고 지배하는 자와 그 정치의 지배를 받는 자는 분리되지 않고 일치한다. 스스로가 정치를 지배하고 스스로가 그 정치의 지배를 받는 것이다.

노동자민중의 직접정치는 대중주체의 정치방식이다.
노동자민중이 스스로 주체가 되어, 자신의 요구와 사회공공적 요구를 쟁취하기 위해 현장과 삶터, 투쟁광장, 원내와 정치권력기관 모두를 활동 터전으로 삼고 전개하는 정치방식이다. 이를 통해 노동자민중 자신의 정치역량을 양질적으로 강화하고, 정치적 요구를 쟁취함으로써 정치적 지위와 역할을 상승시켜나가는 정치방식이다.

노동자민중의 직접정치는 민중사랑, 민중자강의 사상과 정신에 기초한 정치방식이다.
따라서 직접정치는 민중사랑 사상에 기초하여 민중을 주인으로 내세우고 섬길 수 있는 당, 민중의 힘을 믿고 그 힘을 키우면 민중집권이 가능하다는 자강의 사상을 가진 진보정당만이 할 수 있는 정치방식이다.

직접정치운동은 진보운동의 질을 바꾸는 운동이다.
국회나 정치권력에 부분적으로 참가하려는 투쟁을 넘어 노동자민중이 통제할 수 있는 정치권력 구조로 전환시켜내는 투쟁으로 나아가는 것이며, 노동운동을 비롯한 대중운동을 실리주의, 조합주의를 타개하고 정치권력 의지를 발휘하는 방향으로 전환시키는 운동이다.

진보정당운동의 주체는 노동자민중이고, 노동자민중의 마음을 잃으면 모든 것을 잃는다.
지난 시절, 노동자민중을 대상화하며 정치의 구경꾼으로 전락시키는 기득권 정치세력과 하등 다를 바 없는 대리정치, 위임정치, 상층 중심 정치를 일소하고 직접 정치하는 새로운 진보정치를 일구어가는 진보정당을 건설해야 한다. 노동자민중이 실질적인 정치의 주체가 될 수 있는 유일하고도 가장 강력한 길, 진보집권역량 구축의 지름길은 노동자민중의 직접정치를 기본사상이자, 기본정치방식으로 삼는 진보정당 건설이다.

## 4. 분회가 당이다

분회는 진보정당의 가장 기초적인 당조직이다.
현장분회는 현장의 당조직이고 지역분회는 지역의 당조직이다.
모든 당원은 분회를 통해 당조직생활을 하고 당의 주인으로서 자신의 정치적 요구를 실현한다. 분회는 당의 주인인 당원들의 정치적 요구와 창조력이 모이고 발휘되는 당사업체계의 가장 기초단위다. 사람도 세포들이 메마르면 살 수 없듯이, 진보정당도 분회가 튼튼하지 못하면 성장할 수 없다. 분회가 곧 당이란 의미는 분회의 생사존망이 곧 진보정당의 생사존망이라는 뜻이다.

분회는 노동자민중이 당 정치활동을 전개하는 가장 강력한 무기이자 거점이다.
분회에 나가지 않는 것은 교회에 신도로 등록해놓고 예배에 나가지 않는 것과 같다. 교회에 나가지 않는 신도는 교회

소식을 전혀 들을 수 없는 것처럼 당 분회에 나가지 않는 당원은 당 소식을 뉴스를 통해서나 가끔 듣게 된다. 이렇게 해 가지고서는 당의 주인이 될 수 없다.

당분회에 나가야 당으로부터 직접 당의 목소리를 들을 수 있고, 당내 상황을 정확히 알 수 있으며, 따라서 당운영에 대한 자신의 입장도 정확하게 세울 수 있다. 집단입당을 통하여 당비를 내고, 가끔 당행사에 나간다든가, 선거운동에 참가하는 것도 중요한 당 활동이며, 이 정도 하는 것도 굉장히 열심히 하는 편이라 할 수 있다. 그러나 기성정당과 달리 진보정당의 경우 자신이 믿고 의지할 뿌리는 당원밖에 없다. 때문에 진보정당이 다른 기성정당과 차이점이 있다면 분회가 많이 건설되고 분회에 참가하는 당원이 다른 정당보다 월등히 많다는 점에서 찾아야 한다. 이것이야말로 진보정당 경쟁력의 원천이다. 분회에 참여하는 당원이 많은 당일수록 강한 진보정당이 된다.

분회가 노동자민중이 직접 정치하는 진보정당의 존립근거

이다.

진보정치의 핵심은 노동자민중의 직접 정치이고, 직접정치는 진보정당이 중심이 되어 노동자민중을 정권쟁취 투쟁의 주인이자 동력으로 묶어 세우는 대중주체의 정치운동이다. 이런 직접정치를 일상적으로 집행하고 점검, 총화하는 집행거점이 바로 분회다. 분회가 없다면 직접정치는 시작될 수도, 강화될 수도 없다. 대중 속에 당의 기초조직인 분회가 더 많이 더 튼튼히 자리잡을수록 당의 정책과 노선을 중심으로 하는 노동자민중의 직접정치도 활성화되고 폭도 넓어진다.

분회는 당원들의 정치역량 강화와 확대의 일상적 거점이다. 당의 힘을 키우기 위해서는 좋은 정책, 훌륭한 후보, 다양한 대중사업 등 많은 것이 필요하지만 가장 중요한 것은 당원의 정치역량을 강화발전시키는 것이다. 진보정당의 힘은 당원으로부터 나오며, 진보정당의 모든 활동은 사람과의 사업이 본질이기 때문이다.

당원의 힘을 키우는 것은 첫째 당원들의 정치역량 강화이고 둘째는 당원 확대, 셋째는 정치실천이다. 분회는 이 세 가지를 동시에 일상적으로 실현하는 거점이다. 분회는 진보정당 당원들이 집단적인 회의, 학습, 총화 생활을 통해 분회원들의 직접정치역량을 일상적으로 강화하는 거점이다. 또한 분회원들의 정치역량 성장에 따라 당원이 더 많은 대중을 당원으로 조직하고 직접정치의 주체를 확대한다. 이와 함께 분회는 당원들이 중앙에서 떨어지는 방침만 기다리는 것이 아니라 자신들의 활동 환경에 기초한 직접정치 활동을 구상하고 실천을 조직하는 곳이다. 분회원 역량 강화, 분회원의 확대, 분회의 직접정치 실천력의 강화가 곧 진보정당의 강화이다.

분회는 애당심과 집권에 대한 열망과 의지를 키우는 거점이다.
애당심은 곧 당의 목적인 정치권력 쟁취에 대한 열망과 의지로 표현된다. 자신의 당을 사랑하지 않고서는 집권에 대한 의지도, 열망도 가질 수 없다. 당원은 분회를 통한 학습과 생활, 투쟁 공동체로 강화될수록 당을 중심으로 한 집단성이 높아지고 당에 대한 이해와 자부심이 높아진다. 이와 함께 자신의 당을 사랑하고 주인답게 헌신복무하고자 하는 사상감정도 커지고 깊어진다. 분회는 애당심을 잉태하고 키우는 산실이다.

진보정당을 강화하려면 더 많은 분회, 더 많은 반반노조 건설에 매진해야 한다.

강력한 진보정당을 건설해가는 시작과 끝은 당원을 더 많이 만들고, 당원들의 정치역량을 쉼없이 강화하는 것이다. 그 지름길은 분회와 반반노조를 더 많이 건설하고 강화하는 것이다.

무엇보다 분회를 의무나 당위가 아닌 당원들의 애당심과 정치적 열의가 가득한 활력있는 자주적 정치공동체로 만들어야 한다.

당을 사랑하고 노동자민중의 집권을 열망하는 당원이라면

누구나 분회원이 되고 분회장으로 나설 수 있는 대중적인 당적 기풍과 문화를 확산해야 한다. 현재의 분회를 활력있는 자주적 정치공동체로 만드는 것은 노동현장과 지역 속에 더 많은 분회를 건설할 수 있는 가장 빠른 방도다. 당원은 분회를 통한 자신의 정치적 경험만큼 진보정당운동의 전파자, 조직가로 거듭난다. 당원이 당원을 조직하고, 분회원이 분회장으로 성장하여 당간부가 되는 당 정치역량의 비약적 성장은 바로 분회에서 나온다.

다음으로 모든 노동자의 반을 노조로 조직하고, 모든 조합원의 반을 진보정당 당원으로 조직하는 반반노조 건설운동에 매진해야 한다.
노동계급의 직접정치역량 강화를 위해서도, 대중주체의 노동중심당운동 당중심노동운동을 구현하기 위해서도, 제2노동자정치세력화를 실현하기 위해서도, 노동중심 진보대연합당을 완성하기 위해서도 가장 절박하게 나서는 과제는 수많은 현장분회 건설이다.

반반노조운동은 열성적인 노조원이자, 정치하는 노동자인 새로운 노동계급이 수없이 많이 탄생하게 하는 운동이기도 하다. 반반노조운동을 통하여 당은 노동계급의 품속에 자리 잡는다.

1. 정치권력을 장악하려면 왜 정당을 건설해야 하는 지에 대해서 근거를 열거하며 토론해 봅시다.

2. 어떤 진보정당을 만들고 싶은지, 한 가지씩 제시하고, 그 이유를 말하는 방법으로 돌아가며 토론해 봅시다.

3. 분회에 적극 참여하고 있는지에 서로 확인해보고 분회를 활성화하기 위해 어떤 노력이 필요한지에 대핵서 토론해 봅시다.

# 진보정치는 내 삶의 영예

정치간부는 어떤 사람인가

정치철학을 튼튼히 세우자

정치활동 능력을 키우자

정치활동 기풍을 혁신하자

## 1. 정치간부는 어떤 사람인가

일반 대중단체, 즉 노동조합이나 농민회, 빈민조직, 청년단체, 여성단체 등 대중조직안에도 간부가 있다. 진보정당의 간부가 일반대중단체의 간부와 비교해 대단한 차이가 있는 것은 아니다. 그러나 정당이라는 조직에 맞는 정치간부가 있어야 한다는 의미에서는 차이도 있다. 그렇다면 정치간부는 어떤 사람인가?

### 정치간부란 정치활동가이자 당일꾼이다.

**1) 정치활동가이다**
정치간부란 곧 정치활동가이다. 세칭 뱃지 하나 달아보자는 야망의 정치가가 아니라 민중에게 복무하는 정치활동가이다.

### 진보정치를 결심한 사람

정치간부는 진보정치, 민중정치를 결심한 사람이다.

노동자민중은 정치의 주인이지만, 현실적으로 정치의 주인이 되지 못하고 있다. 오히려 정치를 불신하고 혐오하며, 나아가서는 진보정치조차도 거부하는 경우가 많다. 따라서 먼저 결심한 사람이 헌신적 활동을 통해서 노동자민중을 진보정치의 주인으로, 직접정치의 길로 불러일으켜야 한다. 설득하고, 호소하고, 필요한 교육사업, 정치사업을 배치하고 조직해야 한다. 이 사업은 노동조합, 농민회 등 대중단체를 조직하는 경로와는 별로도 특별한 노력이 필요하다. 노동조합 같은 대중조직은 자신의 직접적 이해관계와 요구를 가지고 조직하기 때문에 명분이나 당위면에서 상대적으로 용이하다. 직장갑질 반대, 임금인상, 노동조건개선, 차별금지 등으로 현장을 조직하는 것이 기본경로이다.

그러나 진보정치, 민중정치를 하자고 하는 것은 여러 가지 특별한 정치적 장애요인을 넘어서야 한다. 진보정치에 대한 무수한 공격, 노동자민중 속에 팽배한 반정치주의를 극복해야 하기 때문이다. 이 장애물을 뚫고 일상적으로 여기에 활동을 집중하고 앞장서는 실천가들이 필요하다. 이 실천활동, 진보정치활동을 남보다 먼저 결심한 사람. 당신이 바로 정치간부, 정치활동가이다.

진보정치를 결심한다는 실천적 징표는 무엇인가?
노동조합 간부가 당위적으로 진보정치의 필요성을 인정하는 것하고 실천적으로 진보정치를 결심하는 것은 좀 다르다. 예를 들어 노동조합 회의와 당분회 회의가 겹칠 때 우리는 어떤 판단을 하는가. 노동조합 회의를 먼저 하고 당분회 회의는 그 다음에 한다. 이렇게 되면 언제가도 당분회모임을 안정적으로 조직하는 것은 불가능하다. 무슨 일이 있어라도 당분회 모임을 1번 사업으로 정착시키겠다고 노력하는 사람이 바로 실천적으로 진보정치를 하겠다고 결심한 사람이다. 나아가 당과 현장을 대변하여 출마를 결심하고 당선을 꿈꾸는 사람이 정치간부이다.

### 정치적 열망의 조직자

정치간부는 노동자민중의 정치적 열망의 조직자이다.

노동자민중은 사회와 역사의 주인이며 자기운명의 주인이다. 노동자민중의 운명은 집권을 통해서만 근본적으로 해결된다. 노동자민중은 자신의 정치권력을 차지할 때에만 자기운명의 주인이 될 수 있다. 그러나 노동자민중은 대리정치, 위임정치에 익숙해져 권력의지를 가지기가 쉽지 않다. 그리고 기득권세력의 농단과 정치조작을 통해 통치의 대상, 정치의 대상으로 전락하고 있다. 따라서 노동자민중을 집권의지, 권력의지, 진보정당을 건설하고 강화하겠다는 정치적 열망을 불러일으키는데 앞장서는 사람이 있어야 한다. 정치간부는 바로 노동자민중 속에 잠재되어 있는 권력의지, 집권의지의 열망을 실제로 들끓어 오르는 열망으로 조직하는 정치활동가를 말한다.


### 정치운명의 안내자

정치간부는 노동자민중의 정치운명의 안내자이다.

노동자민중의 집권은 참정권부터 결정적으로 높이고 주인답게 행사하는 것부터 시작한다. 또한 중앙 및 지방권력을 확장하며 집권에 도달한다. 집권의 길은 각종 우여곡절과 시련, 탄압과 좌절을 딛고 궁극적 승리의 길을 개척해야 할 복잡한 과정이다.

집권의 성공은 노동자민중의 승리의 길이며, 실패는 노동자민중의 운명이 다시 노예로 돌아간다는 것을 의미한다. 때문에 노동자민중의 집권을 위해서는 매우 목적의식적이고 훈련된 정치간부들이 많으면 많을수록 좋다. 아니 너무나 많이 필요하다. 이런 정치간부들이 많아야 노동자민중의 정치운명이 승리의 길로 더욱 힘차게 전진할 수 있기 때문이다. 정치간부는 집권운동을 통하여 노동자민중의 정치운명의 안내자로서 역할과 소임을 다하게 된다. 정치간부란 집권운동과정에서 제기되는 다양한 도전과제를 뚫고 나가면서 지치지 않고 승리의 길을 개척하는 정치활동가를 의미한다.

## 2) 당일꾼이다

정치운동은 진보정당운동을 통해서 진행된다. 간혹 무소속 정치가들도 있으나 정당을 통해서만 집권할 수 있고, 정치운동을 힘있게 추진할 수 있다. 이런 의미에서 정치간부는 곧 당일꾼이다.

### 당의 기둥이자 중추

당일꾼은 진보정당의 기둥이자 중추이다.
세상에는 훌륭한 사람이 많다. 그러나 추상적이고 막연하게 훌륭하지는 않다. 모두 다 구체적인 사회관계 속에서 훌륭한 사람으로 표현된다. 훌륭한 부모, 좋은 친구, 존경받는 지휘관, 직원을 아끼는 상사, 매력있는 대중조직 간부 등으로 표현된다.

많은 당원을 거느린 진보정당 구조 안에서 당일꾼은 어떠한 존재일까. 바로 당의 기둥이자 중추이다.

건축물에 기둥이 없으면 무너진다. 마찬가지로 진보정당에서도 당일꾼이라는 기둥이 없으면 그 정당은 무너진다. 당일꾼을 많은 정당이 가장 부자정당이고, 가장 강한 정당이며, 집권능력이 있는 정당이다.

당일꾼은 중추이다. 인간에게 중추신경계가 있어 시각, 청각, 후각, 미각, 촉각을 통해 중추신경계로 정보를 수용하고 뇌로 전달하며, 다시 뇌의 선택과 판단을 중추신경을 통해 명령함으로써 보고, 듣고, 말하고, 행동하는 실천행위가 진행된다. 당조직 역시 민감한 정치적 정보를 간부들의 대민활동과 당원들을 통해서, 또는 다양한 연구와 정보활동을 통해서 입수하며, 다시 조직적 판단을 거쳐 당활동의 방침과 지침, 정치행동을 결정하고 집행한다. 이렇게 당의 중추신경계 역할이 바로 당일꾼의 역할이다.

### 분회장이 핵심 당일꾼

당일꾼, 정치간부는 다양하다.

분회장, 현장위원장, 지역위원장, 시도당 위원장, 당 대표, 최고위원들, 각급 사무처 일꾼들이 다 당일꾼이다. 공직에 진출한 국회의원, 지방자치단체장, 지방의회 의원, 지방선거, 총선, 대선 후보들 역시 대표적인 정치간부, 당일꾼이다. 당일꾼 중에는 선출직도 있고 임명직도 있다.

가장 중요한 당일꾼은 분회장이다.
진보정당의 생명력은 당원이 얼마나 당의 주인으로서 지위와 역할을 다하는가에 있다. 당원이 당의 주인으로 역할을 다하자면 분회가 활성화되어야 한다. 일선에서 당원을 분회로 조직하고 이끌어가는 사람은 분회장이다. 때문에 당간부 중에서 가장 중요한 당일꾼은 바로 분회장이다.

당일꾼의 가장 중요한 임무는 당정책을 집행하고 당원들의 당생활을 조직하고 보장하는 것이다. 아무리 당정책이 훌륭해도 당원들에 전달되지 못하면 집행되지 못하고, 일반대중들에게 알려지지 않으면 확산하지 못한다. 당과 대중이 만나는 최전방에서 당의 정책과 노선을 관철하는 당일꾼이 바로 분회장과 열성당원이다. 이런 점에서 진보정당의 흥망성쇠의 키를 쥐고 있는 것은 당분회장이라 할 수 있다. 훌륭한 분회장을 많이 가진 진보정당이 결국은 집권한다.

정치간부, 당일꾼은 진보정당과 노동자민중 속에서 더없이 귀중한 존재이다. 훌륭한 정치간부를 더 많이 더 빨리 자라나는 당이 훌륭한 진보정당이다.

### 3) 정치수준을 높여야 한다

"한 나라의 정치 수준은 국민의 수준에 달려있다"는 말이 있다. 국민이 정치에 적극적으로 참여해야 한다고 경종을 울리는 측면에서는 맞는 말이다. 그러나 정치수준의 책임을 국민에게 돌린다는 점에는 무책임한 말이다.
한 나라의 정치 수준은 사실 정당 수준에 달려있다. 왜냐하면 현대정치는 정당이 책임지는 정당 책임정치이기 때문이다. 그러나 우리나라 보수정당의 수준은 어떠한가? 차마 입을 뗄 수 없는 수준이다. 오히려 국민의 수준이 더 높다.

아무리 초심이 깨끗한 정치인도 정치판에만 들어가면 괴물이 되는 경우가 허다하다. 이를 구조적으로 극복하려면 진보정당이 잘 돼야 한다. 결국 한 나라의 정치 수준은 정확하게 진보정당이 얼마나 성장하는가에 달려있다.

기적의 한 석을 만들어 내는 선거운동과정에서 시민들이, 지역유권자들이 감동했던 것은 진정성 어린 당원들의 헌신적인 선거운동이었다. 바로 그만큼 대한민국 정치는 발전한다. 이 정치의 기적을 만들어 가는 진보정당의 정치간부, 당일꾼, 열성당원이 대한민국의 정치를 바꾸어가는 핵심 주역이다.

진보정당 수준은 당원과 당 간부들의 수준이 결정한다. 특히 당을 이끌어가는 당 간부 수준이다. 때문에 당 간부의 정치 수준을 높여야 진보정당의 정치 수준이 올라간다. 진보정당이 당 간부의 준비정도를 높이는 사업에 특별한 힘을 넣어야 하는 이유가 여기에 있다.

진보정당의 당일꾼이 보다 훌륭한 정치활동가로 성장하려면 어떻게 해야 할까?

올바른 진보적 정치철학으로 무장하고, 정치실력을 원숙하게 높여야 하며, 훌륭한 정치활동 기풍과 품성을 체질화해야 한다. 이제부터는 이 문제에 대해 간략히 살펴보자.

## 2. 정치철학이 튼튼한 간부

정치하는 사람은 철학이 있어야 한다. 정치철학이 없는 정치활동가는 영혼이 없는 사람과 같다. 참된 진보적 정치철학은 민중중심의 정치관, 변혁적 당관, 혁신적인 정치운동관을 세우는데서 출발한다.

## 1) 민중중심 정치관

노동자민중을 정치의 주인으로 섬기며, 노동자민중을 직접 정치의 주인으로 세워가는 정치가 참된 정치이다. 이것을 단지 하나의 견해가 아니라 노동자민중이 정치의 주인으로 되는 것은 가능하며, 그 길밖에 없다고 굳게 믿고 신념으로 삼는다는 것을 의미한다. 나아가 노동자민중을 정치의 주역으로 세우기 위해 자신의 모든 것을 바치며 헌신하겠다는 각오와 의지를 갖는다는 것을 의미한다. 이것이 진보정당 당원들, 당일꾼, 정치간부들이 가져야 할 참된 정치관이다.

정치관이 바로 서 있는가 아닌가는 실천과정에서 드러난다. 진보정당운동은 배고픈 길이며, 고달픈 길이다. 이 길을 가는 과정에서 노동자민중이 정치의 주인이라고 믿기에는 어이없는 현상들도 많이 겪게 된다. 또한 정치적이든, 경제적이든 어려움도 겪게 된다. 이럴 때 시련과 곡절을 이겨내고 계속 전진할 수 있는가, 아니면 다른 좀 더 센 정당으로 말을 갈아타거나 중도반단하고 진보정치를 포기하는가 하는 갈림길에 많이 서게 된다. 바로 그 갈림길의 선택을 무엇이 결정하는가. 정치관이다. 참된 정치관을 가진 사람을 시련 앞에서도 꿋꿋하게 전진할 것이고, 참된 정치관으로 튼튼히 무장하지 못한 사람은 결국 좌절할 것이다. 이것이 철학의 힘, 사상의 힘이다. 정치간부는 노동자민중이 정치의 주인이며 가장 유능한 정치인은 노동자민중이라는 정치철학, 그리고 반드시 그렇게 되고야 만다는 철석같은 믿음을 가진

정치철학으로 자신을 갈고 닦아야 한다.

## 2) 변혁적 당관

당은 세상을 바꾸는 최고로 강력한 무기이다.
인간의 활동 중에 세상을 바꾸는 가장 강력한 활동이 정치이다. 정치를 해야 세상을 바꿀 수 있다. 정치는 정치권력을 장악함으로써 자기 의사대로 진행할 수 있다. 정당은 정치권력 장악을 직접적 목표로 하는 정치조직이다. 이런 점에서 모든 정치는 정당건설에서 시작한다. 노동자민중이 얼마나 강력하고 훌륭한 진보정당을 만들어 내는가 못하는가에 따라 자기 정치를 할 수 있는가 없는가가 결정된다.

진보정당은 근본이 운동정당이다.
정당은 가치와 이념이 같은 사람들이 모여서 결성한다. 진보정당은 '노동자민중이 정치의 주인'이라는 숭고한 가치를 가진 사람들의 결사체이다. 진보정당이 노동자 민중의 가치대로 세상을 바꾸려면 정치권력을 장악하여 노동자민중의 권력을 세워야 한다. 기득권 정치세력은 진보정치세력이 정치정권을 장악하는 것을 절대로 허용할 수 없기 때문에 온갖 탄압과 정치적 공격을 감행한다. 노동자민중이 자신의 정치권력을 세우는 투쟁은 참으로 간고한 정치투쟁, 정치운동을 수반한다. 진보정당은 모진 탄압과 공격을 이겨내고 승리할 수 있는 강하고 튼튼한 정당으로 만들어야 한다. 때문에 당을 진보운동의 기관차라고 한다. 당을 튼튼한 기관차로 만들려면 진보정당을 어떤 당으로 만들고 강화발전시킬 것인가에 대한 견해와 관점, 입장을 튼튼하게 세워야 한다. 이것을 당관이라고 한다.

진보정당은 선거정당 그 이상의 정당이다. 진보정당은 선거운동을 강력하게 전개하는 정당이지만, 그 이상의 정치투쟁과 정치운동을 전개한다. 진보정당의 선거투쟁은 정치투쟁과 정치운동의 결과이다. 선거투쟁 역시 가장 가열찬 정치투쟁, 정치운동 과정이다. 따라서 진보정당의 본령은 정치투쟁체, 정치운동체라는데 있다. 진보정당은 정치투쟁, 정치운동, 선거투쟁을 모두 잘하는 정당으로 건설해야 한다. 진보정당은 강한 정치투쟁체, 정치운동체, 선거투쟁체로 만들어 가야한다는 입장에서 당을 이해하고 당사업을 전개하는 것. 이것이 변혁적 당관이다.

'절대권력은 절대부패한다'는 견해가 마치 절대진리인 것처럼 받아들이는 경우가 많다. 그렇다면 노동자민중의 권력도 결국은 부패한다는 것인데, 인간의 권력투쟁은 결국 개인출세나 권력욕을 가진 자들에 의해 결정된다는 한심한 논리이다. 진보정당의 수준은 진보정당 안에 출세주의자들이나 야심가들이 준동할 수 있는가 없는가에 따라 결정된다. 출세주의자나 야심가들이 당원을 속이고 당을 숙주로 삼아 자기 출세욕이나 권력욕에 이용하는 것이 허용되는 정당은 아직 정당 수준이 취약한 것이다. 그러나 개인적 출세주의자나 권력지향적인 야심가들을 당원들이 다 걸러내고, 당과 노동자민중에게 헌신하는 참된 일꾼만을 선발하는 정당은 당의 조직사상적 수준이 높은 것이다. 참된 진보정당이 정치권력을 장악하여 참된 노동자민중의 정치를 실현할 수 있는 힘도 여기에 있다. 노동자민중이 정치권력을 장악하여 참된 정치를 실현할 수 있는 힘의 원천은 진보정당 자체에 있다.

정당이 인간이 발명한 최고의 발명품이라는 의미를 다시 새겨보자. 첫째는 정당이 인간이 만든 조직 중에서 정치권력을 장악하는 최고형태의 조직이라는 점을 의미한다. 둘째는 진보정당을 잘 발전시키면 잘못된 정치를 정화하는 기능도 자체로 내장하고 있다는 의미이다. 진보정당을 변혁적 당으로 잘 만들고 끊임없이 강화발전 시켜야 하는 이유도 여기에 있다.

당세가 크다고, 국회의원이 많다고 곁눈질하지 말자. 자기 진보정당을 누구보다도 사랑하고 아끼는 긍지와 자부심, 자기 진보정당을 어디 내놔도 손색이 없는 튼튼한 당으로 만들어 가겠다는 각오와 결심이 바로 변혁적 당관이다.

### 3) 혁신적인 정치운동관

대중은 새로운 정치를 원한다. 정치부패, '그놈이 그놈'이라는 썩은 정치, 낡은 정치에 신물이 나 있다. 노동자민중이 정치의 주역으로 나서기 위해서도 새로운 진보정치가 필요하다.

촛불혁명 이후 대중이 위임정치, 대리정치를 극복하고 정치의 주역으로 나서겠다는 욕구는 더욱더 강렬해졌다.

이럴 때 진보정당이 새롭게 내세운 정치가 바로 '직접정치'이다. 직접정치는 노동자민중 자신이 정치의 주인으로 될 뿐만 아니라 낡은 정치를 타파하는 강력한 대안으로 등장하는 정치이다. 또한 어느 누구도 따라할 수 없는 진보정당만의 고유한 정치방식이다. 쇼나 이벤트로는 베끼고 모방할 수 없는 정치가 직접정치이다. 이렇게 진보정당은 노동자민중을 정치의 주역으로 내세우기 위해 언제나 새롭고 혁신적인 정치, 오늘날에 있어서는 직접정치를 더욱 풍부하게 발전시켜야 한다. 그 출발점은 어떻게 하면 기성의 낡은 정치를 극복하고 노동자민중의 새로운 정치운동을 해나갈 것인가를 중심으로 혁신적 태도를 갖는 것이다.

정치운동이란 노동자민중이 집권을 위하여 주인주체가 되어 진행하는 대중자신의 운동이다. 직접정치는 촛불혁명을 전후하여 진보정당이 개척한 강력한 대중주체의 정치운동이며 집단적·대중적 운동이다. 조례제정운동, 주민대회운동, 국민의 국회 운동 등이 다 직접정치운동의 다양한 형태이다. 그렇게 뚫어내기 어렵다던 노동현장에서의 직접정치운동도 학교비정규직 "죽음의 급식실 그만" 교육주체 원탁회의 방식으로 만들어낸 경험을 가지고 있다. 늘 대중속에서 고민하고 연구하면 반드시 방안이 나온다.

혁신적 안목이란 다른 게 아니다. 노동자민중의 직접정치를 당위적인 열망이 아니라 현실에서 꽃피는 효능감있는 정치방식으로 구체화하는 노력을 말한다. 직접정치운동의 본령은 노동자민중을 정치의 주인으로 세우는 가장 강력하고 창조적인 운동이라는 점이다. 어떠한 경우에도 이점을 놓치지 말아야 한다. 간부의 의사가 아니라 판단과 결정권을 대중에게 넘겨주어야 하며, 노동자민중의 자발성과 창발성을 끄집어 내는 것을 기본으로 정치운동방식을 설계해야 한다. 정치간부는 혁신적 관점에서 현장과 지역, 전국적 범위에서 다양한 형태의 대중정치운동을 발의하고 당원과 대중자신의 힘으로 새형의 직접정치운동을 발전시켜야 한다.

## 3. 정치활동 능력을 키우자

### 1) 정치적 지휘에 대한 자각

정치란 사람들을 공동의 이해관계와 요구를 실현하는 행동으로 조직하고 움직이는 사업이다. 이 과정에서 정치적 지도, 정치적 지휘는 필수적이다.

대체로 많은 당간부들은 소박하여, 일반 당원들보다 좀 더 열심히 활동하면 된다고 생각한다. 그러나 많은 당원이나 민중이 그러라고 정치간부를 선출하거나 임명한 것이 아니다. 명확히 당원과 민중을 정치적으로 이끌어달라, 지도하고 지휘하라고 요구하고 있다. 이런 점에서 분회장을 비롯한 당 간부들은 우물쭈물 할 것이 아니라 당당하고 정확하게 당원들을 지휘해 간다는 보다 적극적이고 능동적인 자세가 필요하다.

정치적 지도, 지휘란 어떻게 하는 것인가.
첫째로 정치적 지도란 정치적 방향을 제시하는 것이다.
행정적, 실무적 지시를 잘하라는 것이 아니라 당원과 민중이 어디로 가야 하는지 정치적 방향을 정확히 제시하고 이끌어가는 것. 이것이 정치적 지도의 핵심내용이다.
정치적 방향은 당의 노선과 정책을 통해서 나온다. 따라서 분회장들은 당의 정책과 노선을 잘 알고 이에 입각하여 당원들을 지휘해야 한다. 당적 지휘의 선행조건은 당의 정책과 노선, 당의 결정사항을 잘 아는 것이다. 먼저 당의 정책과 결정사항을 잘 알고 이를 실현하기 위해 당원들에게 토론도 붙이고, 역할도 주고 하면서 당원들을 일사불란하게 이끌어가는 것. 이것이 정치적 지휘이다.

둘째로 정치적 지휘는 정치적 복무이다.
지휘란 정치간부들이 권력을 쥐고 행세하거나 호령하는 것이 아니라 철저하게 정치의 주인인 노동자민중을 섬기는 활동이고, 노동자민중을 진정한 정치의 주인으로 안내하는 일꾼으로서의 역할이라는 인식에 철저해야 한다. 정치적 지도일꾼은 남들보다 잘 나서 특권을 누리는 자리가 아니라 노동자민중속에서 나와 노동자민중과 동고동락하며, 노동자민중과 함께 새로운 정치를 개척하는 동지이자 벗이다. 노동자민중은 최고의 정치주인의 자리에 올려놓고, 정치적 지도를 정치적 복무, 섬김의 위치에 놓는 것. 이점이야말로 민중중심 정치철학, 민중중심 정치간부론의 가장 고상하고 위대한 부분이다.

당분회도 해야 하고, 노동조합도 해야 하고, 통일단체도 해야 하고, 간부들이 일인 삼역 사역으로 너무 바쁘다. 이러다 보니 당분회장을 하겠다고 선뜻 나서는 사람도 많지 않다. 분회를 이끌어갈 자신도 없고, 어떻게 해야 할 지 잘 모르겠다고 한다. 그런데 누군가는 해야 하니 하는 마음으로 당분회장을 하는 경우도 꽤 많이 있다. 이런 조건에서 당분회장들이 분회와 당원들을 잘 이끌어가는 문제를 어떻게 풀어야 할까. 가장 먼저 정치적 지휘에 대한 정확한 관점을 세우는 것에서 시작해야 한다. 시작이 반이고 사람 일은 마음 먹기에 달려있다. 기왕 하는 당분회장의 역할이라면 당당하고 공세적으로 지휘에 대한 관점을 세우고 당활동을 전개하는 것이 힘도 나고 일도 잘 된다.

## 2) 사람사업 능력 함양

당사업이란 사람과의 사업이다.

정치라는 말 자체가 사람을 공동의 이해관계로 조직하고 지휘하는 활동이기 때문에 당사업은 처음부터 사람과의 사업으로 시작하고 사람과의 사업으로 끝이 난다.

### 사람사업은 목적의식적 사업

모든 사람은 사람사업의 주체이자 대상이다. 인간관계는 상호적이기 때문이다. 그런데 사람관계를 순수인간관계로 생각하며 어떤 목적을 가지고 사람을 만나는 것은 옳지 않다고 생각하는 경우가 왕왕 있다. 사람사업의 대상이 되기 싫다는 취지이다. 이런 생각은 매우 관념적인 생각이며 현실에서 있을 수 없다. 목적없이 사람을 만나는 경우는 없다. 누구와 놀러 가자고 해도 놀러간다는 목적이 있다. 연애를 하는 것처럼 목적의식적인 사람사업이 없다. 문제는 그 목적이 정당하고 올바른 것인가, 불순한 것인가 하는 점이 다를 뿐이다. 사람사업의 대상을 하나의 자주적인 인격체로서 존중하는가, 이용하려고 수단으로 생각하는가가 다른 것이다. 진보정당 당원이 당원을 조직하고 지지자를 확대하는 목적이 없이 사람을 만나는 것은 우스운 일이다. 사람과의 사업은 거절당하면 어쩌나, 실패하면 어쩌나 하는 식으로 우물쭈물, 좌고우면 하는 식으로 해서는 성과가 나오지 않는다. 사람사업을 하다보면 실패할 수도 있다. 그러나 일단 목적의식과 계획을 가지고 능동적이고 공세적으로 해야 한다.

### 사람사업은 사상사업

사람사업을 주동에 서서 목적의식적이고 공세적으로 하려면 든든한 뱃심을 가지고 사상사업으로 해야 한다. 사상사업이란 사람의 마음을 얻는 사업이다. 사상사업이라고 하니까 공부를 많이 시키는 것이라고 생각하기 쉬운데, 그런 게 아니라 사람의 마음을 얻는 것에 중점을 두어야 한다는 의미이다. 사상사업은 학습만이 아니라 대화, 회의, 토론 등 다양한 방식으로 진행할 수 있다.

특히 정당이란 가치와 이념을 함께하는 자발적 조직이며, 집권을 목표로 하는 정치조직이다. 가치와 이념을 함께하려면 사상을 주어야지 돈이나 물질을 주고 사업할 수 없다. 또한 집권을 위한 정치투쟁과 정치활동은 자발적인 결심이 아니고서는 결코 주인답게 할 수 없고 능동적으로 할 수 없다. 그럼에도 기득권 정당들은 돈으로 사업을 많이 한다. 이것이 진보정당과의 차이점이다. 진보정당은 돈으로 사업할 여력도 없고, 오직 사상을 줌으로써만 사람을 얻을 수 있다. 그리고 사상으로 얻은 사람은 돈으로 사업한 사람보다 훨씬 강력하다. 노동자민중이 사회와 역사의 주인, 정치의 주인이라는 사상은 매우 위대한 사상이다. 위대한 사상이 위대한 사람을 만든다. 위대한 사상을 가지고 있으니 뱃심이 든든하다. 따라서 진보정당은 세상 무엇보다도 강력하고 위대한 사상으로 주동적이고 공세적으로 사람의 마음을 얻는 사업을 전개해야 한다.

## 사람사업은 조직사업

사람사업은 막연한 사업이 아니라 구체적인 조직사업이다. 사람사업이란 막연하게 사람과 관계를 맺고 사람을 만나는 사업이 아니라 구체적으로 조직하는 사업이다.

당 조직사업의 일차적 과제는 입당사업이다.

입당사업은 사람사업의 원리에 맞게 당의 사상과 가치를 나누는 당당한 사업으로 되어야 하며, 정면승부, 과감한 제안을 기본으로 하는 진공적인 정치사업으로 진행해야 한다.

과거에는 먼저 노조활동, 나중에 입당사업식으로 단계적으로 진행하였지만 지금은 노조가입사업과 당원가입사업을 과감하게 동시에 진행하며 많은 성과를 남기고 있다. '처음에는 안된다는 사람들이 많았으나 실제 해보니 오히려 잘 되더라'는 검증된 실천적 결론으로 받아안고 당원이라면 누구나 실행하는 입당사업 원칙으로 되어야 한다. 이러한 입당사업을 반반노조운동으로 더욱 발전시켜 노동자 속에서 진보정당을 깊게 뿌리내려야 한다.

당 조직사업에서 중요한 것은 분회를 건설하는 사업이다. "분회가 당이다"라는 구호는 분회건설사업이 얼마나 중요한 지를 잘 보여주는 구호이다.

분회건설은 핵심일꾼의 결심에서 시작한다. 일반적인 정치철학에서는 대중주체의 정치관을 튼튼히 가져야 한다. 즉 노동자민중, 대중이 정치의 주인이며, 가장 유능한 정치인도 민중이라는 사상이다. 그러나 조직사업에서 가장 중요한 문제는 핵심중시사상이다. 왜냐하면 조직적 단결은 결국 핵심간부를 중심으로 단결하기 때문이다. 따라서 선출을 하든, 선발을 하든, 파견을 하든 어떤 경우와 관계없이 당분회가 잘 서느냐 못하느냐의 관건은 핵심일꾼이 결심하고 나서는가 그렇지 못하는가에 달려있다. 다른 말로 표현하면 조직적 주체를 세우는가 못하는가 문제이다. 조직 역시 사람이다. 조직을 먼저 건설하고 사람을 세우는 것이 아니라 조직적 주체가 서야 조직이 건설된다.

### 사람사업은 사람을 키우는 사업

당에서 간부를 키우는 방법에는 여러 가지가 있다. 간부학교를 개최해서 체계적으로 키우는 방법도 있고, 일상적인 조직생활과 당활동을 통해서 키우는 방법도 있다.

여기서는 일상적인 당활동을 통해서 당원들을 당의 주인으로 성장시키는 사업에 대해서 생각해보자.

당분회에서 어떤 집행사항을 결정했을 때 가장 중요한 것을 일을 잘 나누는 것이다. 일을 잘 나누어서 집행해야 그 과정에서 당원들이 성장하고 주인 역할을 잘 할 수 있다. 분회장이나 당간부 중에는 일을 독식하거나 독박을 쓰는 경우가 왕왕 있다. 일을 독식하는 간부는 혼자서 일을 독점해서 다 맡아 하는 경우이다. 일을 독박쓰는 간부는 일을 나누질 못해서 혼자서 낑낑거리는 경우이다. 일을 독점하고 자기 혼자 하는 간부는 겉으로는 솔선수범하는 것처럼 보이지만, 매우 비조직적으로 당활동을 하고 있는 것이다. 일을 독식하는 간부는 똑똑한 간부들 중에서 많이 나타나는데, 동지를 믿지 못하는 현상이다. 일을 맡기면 안심이 안되니까 혼자 다 맡아서 처리하는게 낫다고 생각한다. 이건 고쳐야 한다. 대다수 간부는 일을 나눌 줄 몰라서 혼자 붙잡고 생고생을 하는 경우가 많다. 이렇게 하면 일도 안되고 간부는 몸고생, 마음고생으로 지쳐서 쓰러지게 된다.

일은 반드시 조직적이고 구체적으로 나누어서 해야 한다. 일을 나눌 때는 아주 구체적으로 나누어야 한다. 예를 들어 서명운동을 조직한다고 할 때, 누구는 서명판과 서명용지 등 물품을 책임지고, 누구는 서명운동에 참가할 당원들을 조직하는 것을 책임지고, 누구는 당일 구두선전문구를 작성하는 것을 책임진다는 식으로 준비과정부터 아주 세세하게 나누어야 한다. 이럴 경우에 반드시 중간점검을 해야 한다. 누군가는 결정사항을 깜박 기억하지 못할 수도 있고, 누구는 기억은 하고 있지만 급한 사정이 생겨 못할 수도 있다. 또 어떤 당원은 처음으로 구두선전문구를 만들어 보라고 어떻게 할 줄을 몰라 당황하고 있을 수도 있다. 이럴 때 미리미리 알아보고 당원들이 집행과정에서 부딪친 문제들을 도와주고 풀어주어야 한다. 여기서 중요한 것은 일 자체가 아니라 일을 하는 사람이다. 이렇게 하는 것을 사람사업이라고 한다. 일보다는 일을 하는 사람을 중심에 놓고 업무수행과정에서 도와주고 키워주는 것. 이런 식으로 하면 일도 잘되고 사람도 성장한다. 때문에 일부러라도 일을 나누어서 해야 한다.

## 사람사업은 정치사업

정치사업이란 당원과 대중의 열의를 불러일으켜 제기된 당 사업을 힘있게 진행하는 사업이다. 분회장이나 당원들이 정치사업에서 다양한 난관에 부딪힐 때 외부강사를 불러 해결하려는 경우가 많다. 물론 전문강사들이 와서 강의를 잘해주면 많은 문제들이 해결되는 경우가 많다. 그러나 아무리 강사가 강의를 잘 해도 많은 숙제들은 그대로 당분회, 당원들의 몫으로 남아있는 경우가 더 많다. 때문에 일상적인 사업에서 제기되는 문제들은 가급적 분회장이나 당원들이 정치사업의 주체가 되어 풀어나가는 것이 가장 효과적이다.

몇 가지를 예를 들어 정치사업의 주체가 된다는 점에 대해 생각해보자. 입당운동을 조직할 때 가장 많이 부딪치는 조합원들의 의문과 질문에 대해 어떻게 정치사업을 할 것인가? "먹고 살기도 힘든데, 정치가 밥 먹여주나?"라는 생각을 바꾸어주기 위해 "정치가 밥 먹여 준다"는 주제를 가지고 A4용지 반쪽 정도에 자기 생각을 정리해보자. 이런 방식으로 생각해봐야 할 주제는 매우 많다.

"노동자가 왜 정치를 해야 하나?"
"노동조합 하기도 바쁜데 언제 당활동까지 하나?"
"진보정당으로 되겠어? 그래도 힘있는 야당을 해야지"
"진보정당은 종북정당 아냐?"
"입당했으면 됐지, 분회활동까지 해야 돼?"

등등. 이런 여러 주제들에 대해서 혼자서도 해보고, 분회차원에서 토론도 해보고, 정치사업 경험을 발표도 해보고 하면, 정치사업능력이 많이 높아질 것으로 확신한다.

### 3) 정규적 당생활

**당생활**

인간생활은 다양하나 크게 정치생활, 경제생활, 문화생활로 나누어진다. 인간생활은 사회속에서 사회적 관계를 맺고 조직적인 형태로 진행된다. 학교생활, 직장생활, 군대생활, 종교생활 등이 다 그렇다. 취미생활조차도 일정한 동아리를 통해 조직적으로 진행한다.

인간생활에서 중요한 문제는 생활의 주인으로 사는가, 그렇지 못한가이다. 자기 생활에서 주인이 되고, 생활을 창조할 줄 알고, 생활을 설계할 수 있다면 인간은 생활의 긍지와 자부심을 느낀다. 그러나 생활이 불안하고, 무너지고 열악하다면 생활의 주인이 되기 힘들 것이다. 자본주의는 생활의 반동화, 빈궁화, 기형화를 강제하고 조장한다. 특히 노동자민중의 생활을 가족생활 조차도 제대로 보장받기 힘들다.

정치생활은 일상적으로 정치적 요구와 이해관계를 제기하고 실현하는 생활이다. 정치적 요구가 희박하고 취약하다면 정치생활 역시 희박하고 취약하다. 요구가 없기 때문이다. 그러나 일단 정치적 요구를 가지기 시작하면 어떤 인간이든 정치생활이 자기 생활의 중심생활로 자리잡는다. 원래 정치가 생활의 중심인데, 그동안 잊고 살거나 박탈당하고 살았기 때문이다. 정치생활은 역동적이고 풍만하며 낭만적이고 끊임없이 발전한다. 그리고 경제문화생활을 이끌어간다.

정치생활은 조직생활의 형태로 진행된다.
정치조직생활에는 국가적 정치조직생활과 정당과 사회단체를 통한 정치조직생활이 있다. 우리 사회에서는 국가가 오히려 노동자민중의 정치조직생활을 방해하고 탄압하기 때문에 실질적인 정치조직생활은 정당과 대중조직을 통해서 진행된다. 정당을 통해서 진행되는 정치조직생활을 당생활이라고 한다.

진보정당 당원들은 분회라는 기초조직을 통하여 당생활을 영위하고 보장받는다. 당에 가입하였지만, 분회활동을 하지 않는다면 사실상 당생활이 없는 것과 마찬가지이다.
일상생활의 거점이 가정인 것처럼, 당생활의 거점은 분회이다. 생활이 없는 삶은 존재할 수 없는 것처럼, 당생활이 없는 정치생활은 정치생활이 없는 것과 마찬가지이다. 생활이 인간의 생명을 이어주는 것처럼 당생활은 사람의 정치생명을 유지하고 발전시켜 준다. 당원은 분회에서 진행되는 당생활을 통하여 정치적 양식을 받아먹고, 정치적 숨을 쉬며, 정치활동을 정상적으로 진행해 나간다.

이런 점에서 분회는 정치생활 공동체이다. 우리 사회에서 정치적 가치, 정치적 지향, 정치활동을 함께 진행하는 대체 불가능한 정치공동체이다. 가정, 경제, 문화생활 공동체는 많이 있다. 그러나 정치생활 공동체는 드물다. 그만큼 노동자민중이 정치생활에서 배제되어 있고 소외되어 있다는 뜻이다. 때문에 낯설기조차 하다. 그러나 가장 흥미롭고 신명 나는 것이 정치공동체 생활이며, 사람을 들뜨게 만드는 것이 정치생활이다.

**분회생활**

당생활이라고 해서 어마어마한 것은 없다. 많은 분회장들이나 분회원들이 당생활을 매우 무겁게 생각하는데, 그럴 필요가 없다. 정치생활, 경제생활, 문화생활은 그 내용이 다를 뿐 생활방식은 크게 다르지 않다. 당 분회생활도 마찬가지이다. 내용이 정치적 내용을 다룰 뿐 다른 조직들이 진행하는 방식과 크게 다를 것이 없다.

제일 중요한 것은 분회원들이 분회모임을 좋아하는 것이다. 분회모임에 나와 당원들을 만나면 기쁘고, 그동안 번잡한 생활들이 정리가 되고, 다음에는 어떤 활동을 해야 할 지 가닥이 잡히면 그만이다.

어떤 초보분회장은 분회원들이 분회모임을 좋아하게 만들기 위해 연구 끝에 감정카드라는 것을 만들어 매 당모임 마다 시작할 때 요즘 자기감정을 간단한 그림이나 말로 표현하게 하였다. 그리고 서로 나누기를 하였다. 분회원들은 함께하는 당원들은 많은 생활과 활동, 기쁨과 고초를 알게 되

없고 그만큼 더 당분회는 정과 뜻이 흐르게 되었다.

당분회활동에서 제일 어려운 것은 사실 시간잡기이다. 서로 매우 바쁘기 때문에 약속을 맞춰 잡기가 힘들다. 어렵게 잡은 분회모임에 들락날락하는 당원이 생겨도 모임이 힘이 빠진다. 그래서 당분회장이 제일 관심을 두는 활동이 약속을 잘 잡고 모두다 정기적으로 분회모임에 잘 참석하도록 하는 일이다. 연락도 미리 챙겨야 하고, 모임 사이사이 만나서 챙기기도 해야 한다. 사람에 대한 정성이 필요한 일이다.

당분회 모임 운영도 쉽지는 않다. 그러나 모임 운영에 특별한 기술이나 전문성이 필요한 것은 없다. 상식적으로 하면 된다. 다만 분명히 해야 할 것이 세 가지 정도 있다.

첫째로 당분회에서는 당이야기를 위주로 해야 한다.
처음 당분회를 하면 노동조합 이야기를 많이 하는 경우가 많다. 아무래도 주된 관심이 노동조합활동이고 늘 현안이 많기 때문에 노동조합 이야기를 하는 것은 자연스럽기까지 하다. 그러나 노동조합 이야기만 하면 당분회와 노동조합간 부회의가 구별이 가지 않는다. 그러면 똑 같은 이야기를 다른 회의에서 하는 것인데, 이러니 왜 당분회를 해야 하나 하는 생각이 들게 된다. 당분회에서는 노동조합 이야기가 아니라 당 이야기를 해야 한다. 당이 무엇을 결정했는지, 당이 어떤 현안에 대해서 어떤 입장을 냈는지 등에 대해서 논의하는 것이 필요하다. 당에서 발표한 성명이나 기자회견 내용, 당의 신문, 분회통신 같은 것을 공유하는 활동 등이 기본이다. 그래야 당분회로서의 정체성이 강화된다. 노동조합 이야기를 하는 경우에도 노동조합에 발생한 문제를 당원들과 당분회가 어떻게 하는게 좋겠는지에 대해 이야기해야 한다.

다른 한편 당 분회모임을 재미있게 해야 한다면서 이것저것 취미활동 같은 것을 너무 많이 섞는 것은 좋지 않다. 당은 뭐라해도 집권을 지향하는 정치조직이기 때문이다. 취미활동 같은 것은 당원들이 주도해서 대중활동, 대민활동의 일환으로 진행하는 것이 좋다. 그래야 대중조직에 대한 당의 영향력이 확대된다.

둘째로 분회안건에 대해서 분회원들이 스스로 결정하도록 하는 것이 중요하다. 당에서 내려온 지침을 수행할 수도 있고 못할 수도 있다. 똑같은 지침이라도 이런 방법으로 할 수도 있고, 저런 방법으로 할 수도 있다. 모든 것은 분회원들의 적극적 토론 속에서 결정하는 것이 중요하다. 여기에 숙달되어야 당 분회원들이 자주적이고 창조적인 직접정치의 주인으로 될 수 있다. 그리고 대중들을 직접정치의 주인으로 세우는 안내자로 자라날 수 있다. 지침을 전달하고 기계적으로 수행하는 방식으로 분회를 운영하면 분회원들이 다른 분회를 만들어도 똑같이 한다. 그러면 당은 생명력을 잃고 상명하달식 조직이 되고 만다. 물론 당의 지침을 수행하기 위해서 역할을 나누고 수행방법에 대해서 결정하고 집행해야 한다. 그러나 그저 내리먹이기만 하고 동원체제화해서는 결코 분회원들의 준비에 맞고 분회활동 현장과 지역의 실정에 맞는 방침수행방법이 나올 수 없다. 분회원들은 안건토론과정에서 왜 그 일을 해야하는지 더 명확하고 뚜렷하게 인식할 수 있고, 그럴수록 방침 수행 의지와 각오, 능력도 높아진다. 분회의 당생활은 철저히 분회원들이 주인다운 입장과 태도를 높이는 방향에서 진행하여야 한다.

흔히 분회원들이 말을 안 하고 의견도 안 내고, 그냥 분회장이 알아서 하거나 시키는 대로 하겠다고 하는 경우가 많다. 처음에는 그럴 수 있다. 그러나 정치에 대해 깨닫고 정치생활의 맛을 알고 분회생활의 묘미를 느낀 당원들은 절대 그렇지 않다. 분회원들이 원래 그렇고 앞으로도 그럴 것이라고 생각하면 안된다. 분회장이 어떤 마음으로 분회를 운영하는가에 따라 3개월, 6개월 후의 분회원들의 모습은 하늘과 땅만큼 차이가 날 것이다.

셋째로 분회가 어느 정도 안착되면 정치학습을 조금씩 하는 것이 필요하다. 일단 모든 당에는 신입당원 기본교양 자료가 다 완비되어 있다. 이런 교양은 분회차원에서 할 수도 있고, 별도로 현장위나 지역위 차원에서 모아서 할 수도 있다. 어떤 형태로든 분회원들이 다양한 학습망을 통해 꾸준히 학습할 수 있는 대책을 세워야 한다.

## 4. 정치활동 기풍을 혁신하자

활동기풍과 품성은 마음의 옷이다. 사람들은 옷이 단정하고 깨끗하면 그 사람의 마음도 단정하고 깨끗하다고 판단한다. 옷이 더럽거나 지나치게 화려하면 그 사람의 마음도 그렇다고 생각한다. 결국 사람의 마음은 기풍과 품성으로 드러난다. 때문에 진보정치를 하는 당원과 간부들은 기풍과 품성을 부단히 개선해야 한다. 이것을 정치수양, 간부수양이라고 한다.

사업기풍이나 품성은 타고난 성격이 아니다. '나는 태어나면서부터 원래 성격이 이렇기 때문에 바꾸기 힘들어'. '내 성격대로 사는 것도 잘못인가'. '당운동 하려면 이런 것도 바꾸어야 하나?' 이런 생각이 들 수도 있다. 그러나 진보정당 당원과 간부는 개인이 아니고, 노동자민중이 열망하는 새정치, 진보정치를 개척하는 사람들이다. 따라서 작품문제, 품성문제를 개선하기 위해 항상 수양해야 한다. 기계나 물건, 집도 다듬고 가꾸면 좋아지듯이 사람의 기풍과 품성도 갈고 닦으면 좋아진다.


### 1) 애민, 자강, 단결의 기풍

(1) 애민

**애민의 출발점은 섬김과 믿음**

노동자민중을 모든 진보정당, 진보정치인의 스승이자 하늘로 섬기는 것이 애민정신이다. 가장 큰 민중에 대한 사랑은 노동자민중이 정치의 주인이며 가장 유능한 정치인이라는 것을 신념으로 간직하는 것이다. 애민정치는 섬김과 믿음의 정치이다.

진보정당은 노동자민중이 권력의 주인으로 되는 것을 목표로 하는 정치조직이다. 따라서 정치간부의 사업기풍은 철저하게 정치의 주인, 권력의 주인이 노동자민중에게 복무하는 관점에 서야 한다. '노동자민중에게 복무함'은 진보정당 정치활동의 제1원칙이다.

노동자민중이 정치의 주인이 되는 과정이 저절로 되는 것은 아니다. 정치활동가들, 진보정당의 헌신적인 노력에 의해서만 가능하다. 정치를 혐오하고 정치를 미워하는 대중을 정치의 주역으로 만드는 과정은 더욱더 험난하다. 그러나 포기할 수 없는 길이다. 이것이 가능하려면 노동자민중이 정치의 주인이고, 가장 유능한 정치인이라는 것을 신념으로 간직해야 한다.

실제로 우리나라 민중들만큼 일상에서 정치토론을 많이 하고, 정치에 관심이 많은 민중은 없다. 진보정치가 겪는 많은 난관과 어려움을 해결하는 궁극의 해결사도 결국은 민중이다. 민중속에 들어가 있는 정치간부들은 이런 문제에서 일희일비하지 않는다. 노동자민중은 기왕 정치할 것 같으면 대충 하지 말고 확실하게 잘하자는 것이지, 정치를 하지 말자는 것이 아니라는 점을 잘 알고 있기 때문이다. 사실은 노동자민중의 심장 속에는 정치가 들끓고 있다는 것을 잘 알고 있기 때문이다.

### 노동자민중의 이익을 옹호

진보정당은 정치활동가 개인의 이익이나 당의 이익보다 노동자민중의 이익을 철저하게 옹호해야 한다. 물론 이론적으로 진보정당의 이익, 진보정치활동가의 이익, 노동자민중의 이익은 충돌하지 않는다. 그러나 억압과 착취가 난무하는 현실에서는 충돌하는 경우가 발생한다. 이럴 때 어떤 선택을 해야 하는가. 정치활동가 개인, 당의 이익이 훼손되더라도 노동자민중의 이익을 선택해야 한다. 그것이 참된 정치이다.

주민대회를 조직하던 한 간부가 구립어린이집 문제를 놓고 주민대표자와 충돌이 생겼다. 처음에는 구립어린이집을 수리하자는 민원에 동의했으나 나중에는 진보정당에서 나온 것이라는 것을 알고 대표자가 반대해 나섰다. 그 대표자는 보수정당 지지이고 관과 연결되어 있었다. 실망한 진보정당 간부들도 주민대회사업에도 도움이 안되고, 분란만 생기니 다른 사업에 더 신경쓰자고 하였다. 그러나 당일꾼은 아이들이 위험한데서 생활하는 것이 눈에 밟혀 잠이 오지 않았다. 그래서 다음날 대표자에게 제안하였다. "우리를 지지하지 않아도 좋으니, 어린이집은 수리하자." 이 사실은 안 다른 대표자들과 주민들은 적극 당의 제안을 지지해 나섰다.

이렇게 당장에는 불이익이 나더라도 진보정당은 노동자민중의 근본이익을 사심없이 꿋꿋하고 진정성 있게 대변해 나가야 한다. 어느 지역위원회는 당무의 1번 사업을 주민고충 해결로 결정하고 완강하게 집행하였다. 이것이 애민의 정치 기풍이다.

### 대행하지 말고 직접 결정하고 행동하게 하자

애민의 정치기풍은 노동자민중속에 잠재된 정치적 요구를 분출시키는 것이다.

노동자민중속에서는 뜨거운 정치적 열기가 내재되어 있다. 다만 심장 깊숙이 잠복되어 있을 뿐이다. 이 봉인을 푸는 과정이 정치활동이다. 민중이 주인의 자리, 권력의 자리에 올라서도록 내미는 전 과정을 당이 정치사업하고 안내하여 기어이 주인으로 세우는 과정이다. 결정을 우리가 하고 민중을 동참시켜 혜택을 돌려주어 지지자를 늘리는 사업이 아니다. 결정을 민중이 하도록 안내하고 이끄는 과정이며, 책임도 민중이 지고, 난관도 민중이 돌파하도록 당이 헌신하고 또 헌신하는 과정이다.

"지금까지의 문제는 하나의 방식, 즉 우리가 먼저 판단하고, 먼저 행동하는 방식에만 익숙하다는 점이었습니다. 주민들이 판단할 수 있게 정보를 충분하게 제공하고 안내하는데 품을 들였습니다. 그리고 주민들 속에 나오는 다양한 여론과 행동제안을 아주 예민하게 파악하였습니다. 그래서, 그 민심동향에 따라 우리가 할 일, 주민과 함께 할 일들을 하루하루 진행했습니다. 그랬더니 마치 물 흘러가듯 투쟁이 흘러왔습니다."

애민은 막연하게 노동자민중을 정치의 주인라고 믿는 것이 아니라 현실에서 정치의 주역으로 나서게 인내력있게 안내하는 정치활동을 통해서 현실화된다. 이 지점을 끊임없이 파고드는 정치활동기풍. 이것이 애민의 정치기풍이다.

## (2) 자강

### 자강의 원천은 노동자민중 자신 속에 있다

자강이란 자기 힘을 믿고 자신의 잠재력을 극대화하는 정치사업 기풍이다.

흔히 "의제가 선명해야 정치활동을 할 수 있다. 중앙당에서 뾰족한 의제를 내려달라"는 요구를 많이 한다. 특히 선거 때 이런 요구가 많다. 그러나 직접정치의 개척자들은 그렇지 않았다.

"우리는 중앙당에 선전물 하나, 교양자료 하나도 기다려본 적이 없었다. 직접정치하자는 당의 기본방침을 틀어쥐고 자기 주민 속에 발붙여 스스로 찾고 스스로 만들어 추진해나갔다."

원래 인간의 역사 자체가 그 누구의 도움도 없이 오직 자신의 힘으로 개척해온 자주성의 역사이다. 자기 힘을 믿지 못하는 사람은 깃발을 손에 쥐어 주어도 전진하지 못한다. 특히 진보정당운동은 도움과 지원보다는 방해와 탄압이 많은 운동이다. 투철한 자강기풍이 서지 않으면 한 걸음도 나아가지 못한다. 중앙당이, 연대체가 도와주면 좋고, 도움이 없어도 갈 길을 간다는 정치기풍을 체질화해야 한다.

직접정치의 정신도 주민들이 "기성정치에 의존하지 말고, 우리 힘을 키워서 정치를 통제하자"는 메시지에 공감했기 때문에 성사될 수 있었다. 누구에게 의존하자는 것은 민중이, 당원이 바라는 바가 아니다. 중앙당이 묘수를 내주길 바라는 식으로, 권력자가 해결해주길 바라는 식으로 가자는 것과 철저히 결별하고 주민속에서 예비를 찾고 주민의 자강력을 발휘하는 방법으로 풀면 못할 일이 없다. 노동자민중이, 지역의 주민이 자신의 힘을 믿고 자각하면 없던 힘도 생기고, 불가능도 가능한 현실로 바뀐다.

**당원들의 힘을 발동하여 모든 문제를 풀어가는 것**

당원들은 직접정치의 조직자이자 안내자이다. 모든 정치활동의 출발점은 당원의 손에서 시작하여 당원의 발길로 끝난다. 노동자민중이 어떤 정치운동의 기적을 만들어 냈다면, 그 과정에는 반드시 돌파구를 열어낸 당원들이 있다.

주민대회를 조직하는 과정을 보면, 분회장들이 분회원, 당원들을 주체로 세우는 모범 과정이 많이 나온다.

'이대로는 아무래도 안되겠다. 주민 만남을 매일 하는 것으로 늘리자"는 당원, 포스터를 자차에 붙이고 다니는 당원, 물건 배송시 집집마다 홍보전단지를 함께 배송하는 택배노동자당원, 노원에 사는 고종사촌까지 연락하여 주민대회로 오라 마치 선거처럼 연고자를 뒤지는 당원, 주민홍보시 마술쇼를 하는 당원, 어느 날 술을 먹어서 주민만남을 할 수 없으니 포스터를 혼자 가지고 나가 명절 전날 포스터를 붙이고 다니는 당원, 간부도 아닌데 활동이 저조한 당원을 다독이고 나오도록 독려하는 당원, 직장에서 투쟁을 만들고 동료들을 조직해온 당원, 80대 연세에 학비노조 현수막달기에 당원이름으로 연대하시겠다고 6시간 동안 현수막을 달아준 당원, 직장동료가 다니는 배드민턴 클럽에까지 제안하여 조직해준 당원, 임대아파트 사는 수급자들을 한꺼번에 몰고온 당원, 쪽수가 되어야 힘을 발휘할 수 있다며 좀처럼 안하는 노점상회원 전체집중을 조직한 당원.... 이런 당원들이 솟아나왔다."

"신입 당원들이 눈시울을 붉혔고, 나도 분회하겠다는 당원이 나왔다. 우리는 그런 당원속에서 직접정치운동에 대한 더 큰 확신을 얻었다. 당원들이 가고 싶은 길이었다. 당원들은 고생을 두려워하지 않는다. 당원들은 술만마시고 말만하는 당을 원하지 않는다. 당원들은 스타정치인에 의존해서 당 지지율이 올라가는 당이 답이라고 생각하지 않는다. 당원들은 캠페인 한두번으로 당의 인지도가 올라갈거라 생각하지 않는다. 당원들은 서로 어깨걸고 주민속에 정성을 다하고 또 다하여 진정한 직접정치, 민중을 진심으로 섬기는 정치를 우리 당이 이끌어줄것을 강렬히 열망하고 있었다."
당원의 심장에 불을 댕기면 당원들은 수백 가지의 난관을 주민들 속에서 주민들과 함께 뚫고 나간다. 자강의 뇌관, 도화선은 언제나 믿음직한 우리 당원들이다.

(3) 단결

**일심단결은 모든 승리의 원동력**

진보정당의 집권은 어떻게 가능할까. 오직 당 지도부와 당원의 일심단결, 당과 대중의 일심단결을 실현할 때만 가능하다. 선거를 통해서 득표를 많이 하면 집권하는 것이 아니다. 득표를 많이 하는 힘도 중앙당과 전체 당의 강고한 일심단결, 당과 노동자민중의 일심단결의 힘속에서 나온다. 집권한 후 노동자민중의 정권을 지키는 힘, 체제전환적인 개혁을 실행하는 힘 역시 일심단결에서 나온다.

하나의 가치, 하나의 지향으로 뭉친 진보정당 안에 이런 계파, 저런 조직이 따로 있을 수 없다. 여러 계파가 존재해야 민주정당이라고 생각하는 경우가 왕왕 있는데, 이것은 착각이다. 사대매국파와 자주파, 자본가와 노동자, 대기업과 중소기업, 자영업자로 갈라져 서로 이해관계와 요구가 일치하지 않는 사회에서는 여러 개의 당이 존재할 수 있다. 또한 이념과 가치보다는 권력을 중심으로 이합집산하는 기성정당의 경우에는 내부에 다양한 계파가 있을 수 있다. 그러나 진보정당은 이해관계와 요구가 노동자민중의 요구에 기초하여 하나로 일치하기 때문에 그럴 이유가 없다.

진보정당은 하나의 심장, 하나의 대오로 굳게 뭉치는 일심단결을 지속적으로 강화하고 높은 수준에서 실현할 때 모든 난관과 장애를 뚫고 기어이 승리와 집권을 실현할 수 있다.

### 작은 차이를 극복하고 더 큰 단결로 나아가야

같은 진보정당이라 할지라도 자본주의적 영향으로 변혁파와 개량파가 발생하고, 민족문제, 계급문제, 환경문제 등에서 강조점이 다를 수 있다. 때문에 불가피하게 여러 개의 정당으로 분립하는 상황이 존재하게 된다. 그러나 이런 방식으로는 결코 진보정당이 대안정당으로 발돋움할 수 없고, 집권도 불가능하다. 진보정당들은 작은 차이를 극복하고 오직 노동자민중의 요구와 열망에 따라 통 큰 단결을 이룩해야 한다.

단결은 말로 하는 것이 아니다. 참된 진보정당은 통 큰 단결을 성사시키기 위해 양보도 할 줄 알고 배려도 할 줄 알아야 한다. 오해와 편견도 이겨내야 하고, 쟁점을 대결로 비화시키지 않도록 참을 줄도 알아야 한다. 가치와 이념이 같은 사람들끼리 단결수준을 더 높은 일심단결로 만들어 가는 과정도 지난한 과정이지만, 생각이 다른 당과의 협력과 단결사업도 매우 복잡한 과정이다. 그 복잡성에 맞게 인내력 있고 꾸준하게 노동자민중의 요구만을 바라보며 그러나 반드시 완성해야 한다.

### 2) 당일꾼의 품성

모택동의 유격대는 장개석에게 쫓겨 2만 5천리의 대장정을 했지만 결과적으로 농촌지역에서 거대한 대중적 지지를 획득하고 중국혁명에서 승리하였다. 그 비결은 중국 홍군이 올바른 품성으로 무장하고 인민에게 복무하는 참된 정치

군대로서의 모습을 보여주었기 때문이다. 유격대는 언제나 깨끗하고 단정했으며, 인민들의 재산에는 손끝하나 건드리지 않았고, 만약에 인민에게 손해가 가는 일이 발생하면 엄격하게 다스렸다. 그리고 오히려 가는 곳마다 인민의 농사도 도와주고, 청소도 해주면서 봉사하였다. 진보정당 역시 어떻게 보면 고난에 찬 대장정을 하는 정치유격대라고도 할 수 있다. 이러한 진보정당이 승리할 수 있는 유일한 비결은 전체 당원들이 올바른 품성으로 무장하고 대중에게 복무하는 것이다.

노동자민중에게 복무하는 당일꾼의 참모습은 대중을 하늘로 삼고 헌신복무하는 심부름꾼, 일꾼으로서의 모습이다. 그래서 당간부를 당일꾼이라고 부른다. 여기에서는 참된 당일꾼이 갖추어야 할 몇 가지 품성에 대해서 알아본다.

**무한한 헌신성**

진보정당의 존재 이유는 노동자민중을 정치의 주인, 정치권력의 주인으로 세우기 위함이다. 당일꾼은 노동자민중을 위해 무한히 헌신하는 것을 천직으로 삼고 자신의 모든 것을 깡그리 바칠 줄 알아야 한다. 부모가 자식을 돌보듯이 민중을 위해서라면 하늘의 별도 따다 준다는 마음으로 살아야 한다. 참된 부모는 자식을 위해 궂은 일을 마다하지 않는다. 진보정당 당일꾼도 무한한 헌신성으로 노동자민중을 위해 자신의 피와 땀을 바칠 줄 알아야 한다.

부모라고 해서 다 준비된 상태에서 부모가 되는 것은 아니다. 가진 것이 없고 능력이 부족해도 부모는 부모로서 자식을 위해 자신을 다 바친다. 마찬가지로 당일꾼들도 부족하고 가진 것은 없지만, 댓가를 바라지 않고 노동자민중에게 헌신하는 것을 낙으로 삼아야 한다.

### 정치적 예민성

당일꾼은 정치적으로 예민해야 한다. 항상 정치적 이슈에 민감하고, 실무적 문제, 경제적 사안, 정세분석 등에서도 정치문제를 끄집어 낼 줄 알아야 한다. 서명운동 10만 명을 조직한다고 할 때에도 서명목표를 채우는 실무적 문제가 아니라 주체역량을 강화하고, 대중들의 정치적 참여를 조직하는 정치적 문제로 볼 줄 알아야 한다. 최저임금 인상이나 구조조정 문제를 정치적 문제로 쟁점화할 줄 알아야 한다. 노동조합 정세를 노-사관계로만 볼 것이 아니라 정치정세를 중심으로 노-사문제를 해석할 줄 알아야 한다. 이렇게 늘 정치적으로 예민해야 노동자민중의 정치적 요구가 무엇인지를 정확히 포착할 수 있고, 당사업으로 전환시킬 수 있다. 당일꾼은 무엇보다 정치적 인간이 되어야 한다.

### 대중과 동고동락

당일꾼은 늘 대중 속에 있어야 한다. 대중이 힘들 때, 기쁠 때 언제나 그 옆에는 당일꾼이 있어야 한다. 특히 힘들고 어려울 때 옆에 있어야 한다. 사무실에만 있고, 문서나 문자로만 사업하는 당일꾼은 대중은 따르지 않는다. 그저 형식적으로 대하고 체계상 따를 뿐이다. 대중과 같이 동고동락해야 대중들이 고민거리가 있거나 새로운 좋은 제안이 있을 때 당일꾼을 먼저 찾아 온다. 이렇게 하면 대중의 요구나 대중의 상태도 언제나 정확하게 파악하고 올바른 대책도 세울 수 있다.

**창조적 모범**

현장에서 늘 대중과 함께 있다고 해서 당일꾼은 아니다. 당일꾼은 막힌 데를 뚫어주고, 걸린 문제를 앞장서서 풀어가는 모범의 창조자가 되어야 한다. 자신의 모범을 보임으로써 모두가 따라배우게 하는 것만큼 위력적인 교양방법은 없다. 지시하고 호령하고 다그치는 자리에 이렇게 하면 일이 풀린다는 모범으로 대체해 가야 한다. 당일꾼이 혼자서 하는 모범창조도 좋지만, 함께 뜻을 모아 모범을 창조하는 방식은 더욱 좋다. 당원과 대중들을 모범의 창조자로 세워주면, 그만큼 긍지와 자부심, 성장감이 느껴지고 당에 대한 믿음이 커지기 때문이다.

**미래에 대한 낙관**

당일꾼은 언제나 낙천적이어야 한다. 시련과 곡절이 많은 진보정당운동에서 패배주의와 불신이 언제나 발생할 수 있다. 이럴 때 당일꾼의 얼굴이 흐려지면 대중은 좌절한다. 당일꾼은 하늘이 무너지는 위기가 닥쳐도 언제나 낙관과 신심을 잃지 말고 대중에게 승리의 믿음을 주어야 한다. 당일꾼의 낙관은 근거없는 맹목이 아니라 노동자민중에 대한 믿음, 당과 동지애 대한 믿음에 기초한 것일 때 더욱 튼튼해진다. 미래에 대한 낙관이 약하면 일은 많이 하지 않고 현상유지나 하면서 시간을 보내는 경우가 많아진다. 그러나 미래에 대한 낙관으로 넘쳐나면 없는 일도 만들어내고, 어려운 일도 밀고 나가는 추진력이 생긴다. 낙관은 예측이 아니라 오늘의 현실을 바꾸는 힘이다.

## 3) 진보정치는 내 삶의 영예

힘들고 어려운 길이지만 진보정치를 택한 것은 무엇과도 바꿀 수 없는 노동자민중을 정치의 주인으로 세우기 위함이다. 아는 것도 적고 어떻게 해야할 지도 모르지만 초보 당일꾼으로 발을 뗀 것은 이 길만이 노동자민중을 가장 힘있는 존재, 정치권력의 주인으로 전진하는 길이기 때문이다.

그래서 가는 이 길은 가장 영광스러운 길이고, 내 인생의 영예이다. 진보정치의 길, 당일꾼의 삶은 기쁠 때도 영광, 슬플 때도 영광의 길이다.

이것이 새정치를 꿈꾸는 당일꾼의 인생관이다.

분회장이 되고, 후보가 되고, 당선이 되고, 집권의 길로 다가가는 한 걸음 한 걸음이 현장의 긍지이고, 동네의 자랑이며, 가문의 영광이다.

시작이 반이다. 10%가 힘들지, 이 한계선을 넘으면 20%, 20%를 넘어 집권은 금방이다. 이 간고한 축적의 시간에 나를 바치는 것을 무한한 영광으로 받아안고 집권의 길로 달려가자.

### 토론주제

1. 3가지 정치철학(민중관, 당관, 정치운동관) 중 자신은 어떤 정치철학을 가장 중요하게 생각하면서 활동하는지 하나씩만 말해봅시다.

2. 자신의 정치활동 능력에서 잘하는 것 한 가지, 못하는 것 한 가지를 뽑아보고, 장점을 더욱 발전시키고 단점을 보완하기 위한 대책에 대해 발표해 보고, 서로 도와주는 이야기를 해 봅시다.

3. 정치간부가 가져야 할 기풍과 품성 중에서 가장 기억에 남는 것 한 가지씩 이야기해 봅시다.

# 한국 진보정당운동사

들어가며

해방의 환희, 두 개의 권력 두 가지 정당

조봉암 진보당과 국가보안법 체제

잠깐의 불꽃, 4.19 혁명과 혁신정당

유신체제, 진보정당운동의 암흑기

87항쟁, 초기 진보정당운동의 실험과 좌절

민주노총과 정치총파업, 마침내 민주노동당

민주노동당 돌풍과 성공의 저주

신자유주의 몰락과 통합진보당의 해산

새로운 진보정당, 어제의 우리가 아니다.

# 1. 들어가며

**인류 역사는 자주성을 위한 투쟁의 역사**

인류 역사는 민중의 자주성을 위한 투쟁의 역사이다. 정치는 자주성을 실현하기 위한 가장 첨예한 투쟁의 공간이었다. 지배자들은 일관되게 자신들이 '정치'를 독점하고, 노동자민중은 '정치'에서 배제시켜왔다. 지배자들은 노동자민중을 정치에서 배제하기 위해, 노동자민중이 '정치'를 혐오하고, 정치참여를 거부하는 '반정치주의'를 유포시켜왔다.

반정치주의는 '민중들은 지배와 통치를 그저 따라야 하는 힘없는 개별적 존재'이며, '지배자는 따로 있는 것'이라는 지배자의 철학이다. 정치와 민중을 분리하고 민중들로 하여금 정치를 먼 것, 자기와는 관계없는 것으로 인식하게 만든다.

그렇게 보면 노동자민중이 정치를 개척해온 역사는 반정치주의를 타파해 온 과정이었고, 동시에 정치와 민주주의를 새롭게 인식하는 과정이었다. 노동자 민중은 그러한 투쟁 과정을 통해 자신의 직접정치를 강화 발전시켜온 역사라 할 수 있다.

반정치주의를 낳게 한 대표적인 지배자의 철학은 '왕권신수설'이다. 그것은 지배자의 정치권력과 권한은 노동자 민중이 감히 범접해서는 안되는 신이 내린 권능이라는 철학이다. 노동자 민중은 왕권신수설과 왕이 지배하는 세상을 거부하고 정치권력 쟁취를 위한 투쟁을 전개해왔다.

그 결과로 발명된 것이 바로 '정당'이다 그러나 정당정치 초기에는 정치와 정당을 부르주아 세력이 독차지했고, 노동자 민중에게는 정치가 불법이었다. 그럼에도 노동자 민중은 '면도사모임', '끽연모임' 등 외형은 다른 것으로 숨기면서도, 정치조직을 만들고 정치생활을 전개했다. 이런 면에서 최초의 노동자 민중의 당분회는 '면도사모임'에서 기인했다고 볼 수도 있겠다.

노동자 민중은 자신의 정치권력을 위해 참정권을 쟁취하는 투쟁을 전개했고(챠티스트운동), 나아가 노동자 민중 자신의 정당을 직접 건설하고 정치권력을 장악하는 투쟁을 펼쳤다.

**한국 진보정당운동의 역사는 자주적 당건설의 역사였다.**
한국 진보정당운동의 역사는 노동자민중의 자주적 당건설의 역사이다. 이 땅 노동자민중은 미국과 친미수구세력의 폭압정치에 저항하며, 진보정치, 자주적 민주정치를 개척해 왔으며, 자신의 힘으로 대중조직과 진보정당을 건설하고, 이를 무기로 미국과 친미수구세력에 맞서 투쟁해 왔다.
한국 진보정당운동은 어느 나라보다 복잡하고 간고한 조건에서 87년 6월 항쟁까지 사실상 모두 불허되었으며 모진 탄압 속에서 진행되었다.

*"예속과 분단에 기생하는 독재 권력은 사상과 양심의 자유를 짓밟고 진보정치 활동을 색깔론의 희생양으로 탄압해 왔다. 진보 집권에 도전할 경우 법살(法殺 조봉암 당수의 사형)과 당의 강제 해산(1958년 진보당과 2014년 통합진보당 해산)조차 서슴지 않았다.*

진보정치에 대한 탄압은 우연적 변수가 아니라 필연적 상수이다." (진보당 '집권전략보고서' 중)

한국 진보정당운동의 역사는 집권을 위한 민중운동, 정당중심의 진보운동을 복원하는 과정이기도 하다. 노동자 민중의 투쟁은 반드시 정치권력쟁취로 나아가는 것이 필연적, 필수적이라는 역사적 경험에도 불구하고 한국사회는 만만치 않았다. 미국과 친미수구세력에 맞서 생존권적 권리를 쟁취하기 위한 대중조직 결성과 활동마저도 총칼과 군화발에 탄압당했다.

노동자 민중의 정당건설과 활동 그 자체가 불허된 조건이다 보니, 대중조직의 투쟁은 정치권력쟁취로 이어지지 못하고, 대중조직 투쟁으로 머무는 경향이 발생했다. 보통 조합주의, 경제주의, 의회주의, 지역주의가 그에 해당되는 것이다. 때문에 한국진보운동은 정치적 탄압과 반정치주의를 깨고, '집권을 위한 민중운동', '정당중심의 진보운동'의 복원해 온 역사였다고 할 수 있다.

## 2. 해방의 환희, 두 개의 권력 – 두 가지 정당

미군정에 의한 예속분단정치의 비극
진보정당의 무력화


**일제하 진보정당운동**

분단국가 수립 이전인 일제 강점기 진보정당운동을 먼저 짚어보면 다음과 같다.

일제하 진보정당운동은 철저히 민족의 해방과 독립국가 건설을 핵심적인 사명과 목표로 두고 진행되었다. 그리고 러시아 사회주의혁명으로 사회주의 가능성이 현실화되면서 맑스레닌주의를 보편적이고 공통적인 이념으로 한 사회주의정당운동이 대세를 이루었다.

일제 당시 세계적 진보정당운동은 국제당인 '코민테른'을 중심으로 각국의 사회주의정당과 반제자주적인 정당운동이 진행되었다. 코민테른은 이른바 "1국 1당 원칙"에 따라한 나라에는 하나의 진보정당만을 허용했다. 조선공산당으로 대표되는 일제하 사회주의정당운동은 서로 정통성을 주장하면서 대립하였다. 기층 민중들이 주인되지 못한 채 일부 인텔리 중심으로 전개되었으며, 일제하 조선이 나아갈 방향과 방도 또한 제대로 수립, 제시하지 못했다.

더군다나 일제의 무자비한 탄압으로 사회주의정당 존립 자체에 큰 제약이 있었으며, 자체의 준비부족과 일제의 탄압으로 각종 정치그룹은 결성, 해산, 이합집산을 해방 이후까지 반복했다.

해방 이후 진보정당건설운동은 남과 북이 다르게 전개되었다. 남측에는 조선공산당(박헌영), 조선인민당(여운형), 조선신민당(백남운) 등이 건설되었다. 북측에는 항일시기부터 새로운 당건설을 추진한 항일무장투쟁세력이 주축이 되어 조선공산당북조선위원회가 결성되었다. 이후 북조선공산당과 조선신민당 통합을 거쳐 북조선노동당으로 이어지게 된다.

### 해방 후 진보정당운동

해방과 함께 일제가 물러난 상황에서 노동자 민중은 새조국 건설을 위한 인민위원회 건설과 사업장을 자주적으로 관리하는 자주관리운동을 주체적으로 펼쳐나갔다. 또한 일제하 노동운동의 토대를 바탕으로, "조선노동조합전국평의회(전평)"이라는 전국적인 노동자조직을 결성했다. 전평은 16개 산별노조에 약 60만 명의 조합원을 둔 조직으로 남측 노동자의 약 40%를 망라했다. 전평은 명실상부한 자주독립국가 건설의 주동력이었다.

그러나 미군정이 들어서면서 비극이 시작되었다. 노동자 민중의 자주적 조국건설운동을 불허하고 무자비한 탄압을 가했다. 이 땅에는 미군정과 친일친미 세력을 한편으로 하고, 자주적인 통일독립국가를 세우려는 노동자민중, 애국민주세력을 한편으로 하는 두 개의 권력이 발생하였다. 대결은 치열했다. 그러나 46년 9월 총파업, 10월1일 대구민중항쟁, 47년 3월 총파업, 48년 2.7구국투쟁, 제주 4.3항쟁,

5.10 단정단선 반대 투쟁 등이 완강하게 전개되었으나 결국 미국이 내세운 단독정부수립으로 귀결되었다.

미군정 3년동안 진보정당운동은 심각한 탄압을 받았다. 미군정은 '정당에 대한 규칙'을 제정해 형식상으로는 보통선거권으로 표방했지만, 대다수 반일민족해방운동세력을 탄압하고, 노동 민중의 정치적 자유를 억압하면서 친일친미세력을 비호였다. 당시 보수정당은 독립촉성중앙협의회(이승만), 한국민주당(김성수), 한국독립당(김구), 민족자주연맹(김규식) 등이 있었고 그들은 미군정과 철저히 결탁했다. 노동자민중, 민족의 이익을 대변하는 진보정당은 점차 탄압을 받아 와해되어 갔고, 민족을 배반하고, 일본과 미국 외세에 빌붙은 사대매국세력의 정당이 점차 득세하는 형국이 되었다.

*미군정법령 제55호 '정당에 관한 규칙' 제1조 정당의 등록 가. 등록의무자(1946.2)*

정치적 활동을 행할 목적으로 단체 또는 협회를 조직하여서 엇던 형식으로나 정치적 활동에 종사하는 자로써 된 3인 이상의 각 단체는 이전 등록 보고한 이외에 정당으로써 등록할 사.

단체 또는 협회의 명의로나 단체 또는 협회가 행한 활동이 공론, 서면 혹는 구두 형식의 일반 선전 또는 일반적 행동을 포함하야 그것이 법률정체기구, 역직원의 선발, 추천, 선임 급 임면, 시정, 제반 수속 법률의 제정, 집행, 시행을 포함한 정부의 정책, 대외 관계와 국민의 권리, 권력, 의무, 자유 급 특권에 대하여서 통치와 관련하여 영향을 밋치난 경향이 잇슬 때에는 정치적 활동이 됨.

이러한 정치적 영향을 밋치기 쉬운 활동을 은밀히 행하는 단체 또는 협회는 자에 금지함.

진보정당운동의 입장에서 교훈도 컸다. 당시 진보정당운동은 분단을 막아내고 새로운 자주독립국가를 건설하는데 역부족이었다.

북의 경우 45년 해방 직후 조선공산당북조선위원회를 결성하고, 이후 북조선공산당과 신민당의 합당을 통한 북조선노동당을 창당한다. 남측에서는 조선공산당, 조선인민당, 남조선신민당이 남조선노동당으로 합당을 하지만, 상당한 세력이 배제 또는 이탈되면서 명실상부한 합당이 되지 못한다. 이후 북조선노동당과 남조선노동당이 합당하면서 조선노동당이 창당되게 된다.

북의 경우 중앙정치권력인 임시인민위원회를 구성하고 토지개혁 등 다양한 민주개혁을 추진, 완성시킨 것과 동시에 하나된 자주독립국가건설을 추진했다. 하지만 남의 경우 미군정이 실시되면서 '미군정'과 '인민위원회'로 2개의 권력이 존재하게 되었다. 그리고 여운형과 백남운 등이 남로당 합류를 거부하고 사회노동당(이후 근로인민당)을 별개로 창당하는 등 진보정당 합당이 사실상 실패하면서 진보정당이 난립하게 된다. 진보정치세력들이 시급히 단결해 정세의 주도권을 쥐지 못하면, 미군정청이 단선, 단정을 강행해 친일파 청산, 토지개혁 실시, 노동3법 제정, 중요산업 국유화 등의 민주개혁은 물 건너가고 분단이 기정사실화될 수밖에 없는 상황이었지만, 진보정당은 분열과 파쟁, 좌우편향으로 자주독립, 통일된 새조국 건설에 실패했다.

## 3. 조봉암 진보당과 국가보안법 체제

이승만 친미경찰독재 시대,
전쟁과 국가보안법 체제
진보정당운동의 초토화

**국가보안법제정, 전쟁, 진보정당세력 말살**

미국의 패권전략과 이승만의 권력야욕을 위해 친일파를 끌어모아 미국에 충성하는 정권이 대한민국 초대 정부 이승만 정권이었다. 이승만 친미경찰독재정권은 '반민특위'를 파괴함으로써 단 한 명의 친일파도 청산하지 못하는 부끄러운 역사의 원죄가 되었다. 반민특위를 파괴한 명분은 이른바 '국회프락치 사건'이라는 국회내 간첩조작사건이었다.

이승만 정권은 1948년 12월 1일 '국가보안법'을 제정하고, 1949년 10월 19일에는 남조선노동당과 근로인민당의 정당등록을 취소했다. 진보의 공간은 줄어들고 대신 그 자리에 어용 대한노총과 우익 조직들이 들어섰다. 이어 한국전쟁이 발발하면서 곳곳에서 벌어진 대량학살로 노동운동과 진보정당운동은 사실상 궤멸된다.

### 1958년, 조봉암 진보당 해산

초대 농업장관 조봉암은 농지개혁사업을 통해 대중적 인기를 얻었고, 당시 민주당과는 다른 자신의 정치색을 분명히 하면서 '진보당' 창당을 선언하고 대선후보로 나섰다. 조봉암의 진보당은 평화통일, 계획경제, 복지사회 등을 내걸었고 3대 대통령 선거에서 200만 표를 획득하면서 이승만(500만표)를 위협하는 대안정치인으로 급부상하게 된다.

그러자 이승만은 58년 1월, 간첩혐의를 씌워 조봉암을 구속했고 진보당은 그 후 두 달 만에 와해된다. 이승만은 여기서 그치지 않고 '조봉암이 북한 간첩과 접촉했다는 혐의'를 조작하여(양명산의 폭로, 2011 무죄선고) 진보당 간부를 모두 체포했고 조봉암에게 사형을 언도했다. 당시 보수야당 민주당은 이에 대해 철저히 침묵했다.

58년 진보당이 해산은 이승만에 위협이 될 정도로 대안정치인으로 부상한 조봉암을 이승만이 국가보안법을 악용하여 사법살인을 자행하고, 공당을 강제해체한 것이다. 이는 분단예속체제, 국가보안법체제가 진보정당을 탄압하고 성장을 가로막는 주된 장애물이라는 것을 말해준다.

한편 주체적 입장에서 진보당 와해의 교훈을 찾아본다면, 친미경찰독재세력의 탄압에 맞설 노동자농민 등의 대중정치역량이 구축되지 못한 점을 지적하지 않을 수 없다. 당시 진보당은 '노동자농민의 진보당', '진보당의 조봉암'이 아니라 '조봉암의 진보당', '상층 엘리트 정당'이었던 것이다.

"이 박사(이승만)는 소수가 잘 살기 위한 정치를 했고, 나와 동지들은 국민 대다수를 고루 잘 살게 하기 위한 민주주의 투쟁을 했다. 나에게 죄가 있다면 많은 사람이 고루 잘 살 수 있는 정치운동을 한 것밖에는 없다. 나는 이 박사와 싸우다 졌으니 승자로부터 패자가 죽음을 당하는 것은 흔히 있을 수 있는 일이다. 다만 내 죽음이 헛되지 않고 이 나라의 민주 발전에 도움이 되길 바란다." - 조봉암 마지막 유언

## 4. 잠깐의 불꽃, 4.19 혁명과 혁신정당

<u>준비없이 맞이한 혁명
당의 기초를 쌓기 위한 투쟁으로</u>

60년 4·19혁명은 민중들에게, 특히 진보정치세력에게는 제2의 8·15라 할 수 있었다. 어용 대한노총을 개혁하려는 노조민주화투쟁이 벌어졌고, 교원노조가 건설되고 학생운동과 농민운동이 활발하게 벌어졌다. 4·19혁명으로 탄압이

어느 정도 종식되면서 진보 정당들이 연달아 창당되었는데 이들을 일컬어 이른바 '혁신정당'이라고 하였다.

그러나 혁명 후에 진행된 선거였음에도 1960년 7월 29일 총선에서 사회대중당, 한국사회당, 혁신동지총연맹 등 혁신정당은 민의원 6석(총233석), 참의원 4석(총58석)에 당선되는데 그쳤다. 그만큼 혁신정당이 4.19혁명에 대해 준비되지 못했다는 것을 알 수 있다. 뿐만 아니라 단결력도 취약했다. 혁명의 분위기 속에서 혁신정당은 난립했고, 후보단일화를 이루지 못하고 24개 선거구에서 2명 이상이 경쟁하기도 했다. '혁신정당계'는 선거 후에 통일사회당, 사회대중당, 사회혁신당, 한국사회당 등으로 재편되었다.

4·19혁명으로 조성된 진보적 정치환경에도 불구하고 진보정당 준비와 단결이 부족했고, 대중적 기반이 취약한 명망가 중심의 세력이었다. 반자유당, 비민주계, 평화통일이라는 공통성은 있었지만, 구체적인 노선과 정책을 제시하지 못했다. 노동조합, 농민조직 같은 대중조직들이 자유당에게 장악되어 있었던 것이 혁신계열에는 큰 장벽이기도 했다.

그러나 혁신정당계는 선거 결과에 좌절하지 않고, 전선운동과 통일운동을 통하여 진보정당의 기초를 강화하기 위해 노력하였다. 민족자주통일협의회라는 연대연합체를 강화하고, '가자 북으로, 오라 남으로, 만나자 판문점에서'라는 구호를 내걸고 획기적으로 통일운동을 전개하였다. 이같은 운동의 발전에 위기를 느낀 미국과 친미세력은 5.16 쿠데타로 진보운동을 짓밟았다.

정치운동 차원에서 2공화국 시기의 교훈도 찾아보아야 한다. 4·19혁명이 이승만 친미분단경찰독재체제 청산으로 이어지지 못했다는 점을 기억하는 것이 중요하다. 4·19혁명으로 대통령과 부통령이 모두 없어지자(이승만 도미, 이기붕 자결), 제3순위로 허정 수석국무위원(외무부장관)이 제1공화국 정부 대통령 권한대행을 맡게 된다(허정과도내각). 이후 개헌이 이루어지게 되는데 친일잔재와 친미경찰독재를 완전히 청산하고, 자주적이고 민주적인 개혁과 분단체제 해소의 토대를 만들어야 했지만, 이때의 개헌은 의원내각제 등 정치권력 선출방법 변경에만 머물렀다. 제2공화국이 출범하고 1회 참의원 선거(60년 7월, 5대 국회의원선거)에서 민주당이 압승하면서 장면 내각(대통령 윤보선)이 구성되지만, 결국 1년 만에 박정희 친일친미군사세력의 5·16 쿠데타로 무너진다. 5·16쿠데타 세력은 혁신정당을 모두 불법화하고, 일제치하 및 해방공간과 연결되는 진보정치운동의 마지막 명줄을 사실상 끊어내고 친미군사독재체제를 구축했다.

## 5. 친미군사독재시기, 진보정당운동의 암흑기

### 한국에만 있었던 재야
### 광주항쟁의 교훈

**재야운동으로 존재한 진보세력**

박정희 친미군사독재정권이 들어서면서 군부와 재벌의 주도하에 미국식 자본주의화가 급속하게 진행된다. 그동안 진보정당운동은 암흑기를 거치게 된다.

물론 합법적인 진보정당이 존재하긴 했다. 하지만 그것은 일부 지식인들의 군소정당이거나, 군부정권이 외국에 보여주기 위한 장식용 관제 정당에 불과했다(대중당, 통일사회당). 이 시기는 인민혁명당, 통일혁명당, 남민전 같은 비합법적인 진보정당도 존재했는데 인혁당사건의 경우 대법원 사형선고 후 18시간 만에 8명이 사형되는 한국 사법사상 최악의 사법살인이 일어나기도 했다(2007년 무죄선고).

박정희 정권 시기 진보정치세력은 정당형태를 갖추기보다 이른바 '재야운동'을 펼쳤다. 그 출발점은 박정희 정권의 한일 국교 정상화에 반대한 1960년대 초중반의 민중운동이었다. 이 운동을 이끈 사람들은 대개 종교 인사들(함석헌)이거나 진보적 민족주의자들(장준하), 양심적 자유주의자들이었다. 이들은 70년대 들어서 보수야당인 신민당 내 김대중 세력과 밀접한 관계를 가지면서 반유신 민주화투쟁을 벌였다. 이후에 문익환, 백기완에게 큰 영향을 미치는 장준하의 경우는 민주통일당이라는 보수야당의 국회의원으로 활동한 적도 있다.

한편, 산업화 정책으로 노동자 수가 급격히 증가하게 되었고 동시에 장시간 저임금 노동 등 살인적인 산업화가 강행되었다. 1970년 전태일 노동자 분신은 가혹한 착취와 억압에 저항한 대표적인 사건이며, 이후 노동자들의 노조결성과 투쟁이 빈번하게 이어졌다. 그러나 과학적 인식에 기반한 노동운동으로 정립되지 못했고 대부분 자연발생적인 투쟁으로 나타났다. 그럼에도 각계각층 노동자민중은 반유신투쟁, 현장투쟁 등을 진행했고 긴 암흑기를 뚫고 노동운동, 민중운동, 학생운동의 재기의 발판을 다져나갔으며, 결국 부마항쟁으로 박정희 유신체제를 무너뜨렸다. 그러나 이 시기에도 노동자민중운동은 진보정당운동을 꿈꾸지 못했다. 정당운동은 여전히 보수세력의 독점물이었다.

**광주항쟁이 진보운동에 던진 화두**

박정희에서 전두환으로 이름만 바뀐 '전두환 친미군사독재 시기'에도 노동자 민중의 투쟁은 거셌다. 1980년에 일어난

광주민중항쟁은 첫째로 노동자민중운동에 '미국의 문제', '자주의 문제'를 제기하였다. 한국사회에서 진보정당운동이 자주적 당건설 역사일 수 밖에 없다는 것을 분단 35년만에 광주항쟁이 확인해 주었다. 둘째로 변혁운동의 주체는 노동자민중임을 확인해 주었다. 광주항쟁의 참여자 대다수는 노동자민중이었다. 이 이후 모든 학생운동, 선각자들은 노동자민중을 조직하기 위해 모두 현장으로 투신하였다. 이 과정 이후에 건설될 진보정당의 사상적 기초(강령의 문제), 조직적 대중적 기초(주체의 문제)를 해결해 가는 중요한 분기점으로 되었다.

그 결과 한편에서는 미 문화원 점거 등 선도적 반미자주화 투쟁이 빈발하고, 다른 한편에서는 선도적 1985년 대우자동차파업(위원장 홍영표), 구로동맹파업(심상정, 김문수) 등 노동계급의 노조결성투쟁, 정치투쟁이 전개되었다. 여기에 완강하고 지속적인 학생운동의 반전두환 투쟁이 지속되면서 급기야 87년 6월 대항쟁으로 이어지게 된다.

## 6. 87항쟁, 초기 진보정당운동의 실험과 좌절

<u>항쟁의 주역과 집권의 주역의 차이
아직도 부족한 노동자민중의 토대,
엘리트 중심의 진보정당</u>

### 87년 6월 항쟁과 노동자대투쟁

87년 6월 항쟁을 거치면서 노동자 민중의 정치의식이 고조되었고, 노동현장에서 노조 결성 요구와 실천이 기하급수적으로 일어나게 된다.

먼저 노동운동의 양적 변화를 보면, 87년 노동자대투쟁 시기 7~9월 기간 하루 평균 150여 개 사업장에서, 전국적으로 3,341건이 노동쟁의가 발생했는데, 당시 노동자 1/3에 육박하는 약 120만 명이 참가했다. 당시 노동자투쟁은 당연히 불법파업이었는데, 대부분 노조결성으로 이어져 전국적으로 조합원이 190만 명에 다다랐다(89년 10월 양대노총 통계). 노조결성 투쟁은 1990년 1월 전노협(전국노동조합협의회/초대위원장 단병호)으로 이어지는데, 전노협은 전평 해산 이후 첫 전국적 노동자 조직이었으며, 민주노총의 전신이다.

다음으로 노동운동의 질적 변화를 보면, 87년 이전의 노동운동은 자연발생적, 비조직적, 비연속적인 투쟁이었다면 87년 이후 노동운동은 노동계급의 초기업적, 전국적 조직화로 발전하였다.

87년 6월 항쟁과 7,8,9 노동자 대투쟁으로 군부독재세력을 몰아내고 노동자 자신의 전국적 조직결성의 토대를 만들게 되지만, 노동자 민중의 정치권력쟁취를 위한 준비는 조직사상적으로도, 대중적으로도 여전히 미성숙한 상황이었다. 87년 투쟁을 선도한 학생들에게는 정치조직이 없었고, 노동자들도 겨우 노조결성 단계에 있었을 뿐 정치조직을 건설하지 못했다. 그러다 보니 당시 야당이 정치적 주도권을 가지고 독식하게 되었고, 야권 분열로 대선에서 패배하게 된다.

한편, 87년 항쟁으로 미국의 한국 정치에 대한 개입전략도 변하게 된다. 친미군사독재를 전면에 내세우는 체제가 국민적 저항으로 불가능해지자, 야권을 분열시켜 친미보수연합체제를 구축한다. 그리고 호남을 배제하는 지역분할전략으로 친미정치체제를 유지하기 위하여 안간힘을 쓴다. 그럼에도 6월항쟁, 7,8,9 노동자 대투쟁의 요구에 밀려 일정하게 정치적 민주화를 수용하지 않을 수 없었으며, 이러한 열린 공간으로 진보정당이 진출을 준비한다.

**87년 이후 진보정당운동의 실험과 좌절**

87년 6월항쟁으로 군부독재세력이 물러나게 되고 민주화가 진전되면서 노동운동은 급격히 고양되었다. 그리고 '항쟁의 주체'와 '항쟁의 결과'가 일치하지 못해 패배했던 87년 대선의 아픔을 거치면서 민중의당(1988), 한겨레민주당(1988), 민중당(1990) 등 진보정당 건설이 다양하게 시도되었다. 그러나 진보정치의 필요성과 방향에 대해 여전히 미정립된 상황이었고, 대중적 인식도 부족하였으며, 전노협 등 계급계층 대중조직도 만들어지지 않은 상태이다 보니 노동자민중진영 각계각층의 호응과 지원이 없었다.

민중의당(백기완)의 경우는 총선결과가 좋지 않아 해산을 하게 되고, 한겨레민주당은 다수가 민주당에 입당하면서 해산하였다. 반면 보수세력들은 더욱 탄탄해지게 되는데 대표적인 사건이 군부세력과 민주세력의 야합이라 할 수 있는 3당 합당 추진과 민자당의 탄생이다.

80년 후반, 90년 초반 진보정당 건설이 제대로 되지 않은 이유는 진보정당의 조직사상적 기초가 허약하고, 대중적 토대인 노동자·농민·학생진영의 지지가 부족했으며, 진보정치 세력이 분열되고 이탈되었기 때문이다. 특히 진보진영은 독자정당파와 민주연합파로 양분되었고 노동운동은 경제주의적 편향과 기업별 노조체제라는 구조적인 문제를 안고 있어 정치적 진출에는 한계가 있었다.

당시 가장 논란이 되었던 것이 진보정당 조기건설론과 시기 상조론이었는데, 이 논란은 분단 이후 한국사회 통일전선체로서 사실상 최초라 할 수 있는 전국민족민주운동연합(약칭 전민련, 89년 1월결성, 8개 부문단체, 12개 지역단체 총

260개 단체 참여)에서 벌어졌다. 전민련이 제시한 주요 과제는 ▲반민주악법 제도 척결, 민주사회건설 ▲반미자주화와 통일운동 ▲야권과 민주대연합을 통한 민주적 정권교체, 민주연립정부실현 ▲진보진영의 독자적 정치세력화 합법정당 건설 준비였다. 그러나 진보정당 조기건설을 주장하는 부류가 전민련에서 나와 독자로 1990년 11월 민중당(이재오 김문수 등)을 창당했다가 얼마 지나지 않아 보수정치권으로 이탈하게 된다. 한겨레민주당, 민중당의 좌절은 노동자민중에 기초하지 않은 엘리트 명망가 중심의 진보정당이 얼마나 취약한가를 보여주는 중요한 교훈으로 남는다.

## 7. 민주노총과 정치총파업, 마침내 민주노동당

민주노총 건설, 정치총파업
진보정당 창당의 길로

### 노동계급이 정치의 전면에서 나서다

1990년 1월 전노협 탄생에 이어 1991년에는 전민련의 후신으로 민주주의민족통일전국연합이 결성되지만, 전국연합은 노동계가 빠진 상황에서 결성되었다(애초 전노협이 가입했다가 이후 탈퇴하게 된다). 노동계는 비록 전국적인 노동자민중전선체 결합이 되지는 않았지만, 지난한 투쟁 속에서 95년 11월11일 마침내 전국적 총연맹 단체인 민주노총을 창립한다. 민주노총 탄생은 전국적 노동자투쟁의 구심, 민중운동의 주력부대, 정치세력화의 중심세력이 마침내 등장했음을 의미했다.

### 진보정치의 빗장을 연 역사에 남을 96-97 정치총파업

당시 집권여당인 신한국당은 크리스마스 공휴일에 자당 의원 모두를 인근 호텔에 대기시켜 놓고 마치 군사작전하듯이 새벽에 긴급 호출하여 단독으로 노동법과 안기부법을 날치기 통과시켰다. 민주노총은 즉각 총파업으로 대응하였다. 이른 바 96-97년 노개투 총파업이다. 이러한 폭정에 맞설 수 있었던 것은 민주노총이 있었기 때문이며, 그 힘으로 전국적 조직적 대응이 가능했기 때문이다.

96-97총파업에 나선 민주노총은 투쟁을 통해 더욱 강화되었고, 국민들도 악법 날치기에 대한 분노로 민주노총 총파업에 열광적인 지지를 보냈으며, 민주노총의 사회적 위상은 급속도로 높아졌다.

96-97년 총파업은 정치총파업이었다. 96-97총파업을 통하여 노동계급이 학생운동을 대신하여 민주화 투쟁의 주역으로 나섰으며, 미국이 구축한 친미보수대연합체제가 와해되고 친미보수양당체제가 들어서는 계기가 되었다.

다른 한편 96-97년 정치총파업 승리를 발판으로 노동자민중은 분단 반세기만에 다시 진보정당을 건설하는 길에 본격적으로 들어서기 시작하였다.

96-97총파업의 승리에도 불구하고, 여야합의에 따른 노동법 독소조항 유지, 1997년 IMF 실업대란, 민생파탄이 이어지자, 운동진영은 부분적이며 절차적인 민주화로 노동자 민

중의 운명이 바뀌지 않는다는 것을 인식하고, 노동자민중의 직접정치를 통해 한국의 새로운 다음 단계를 추진해야 한다는 대의를 키웠다. 이에 따라 민주노총은 '노동자 정치세력화와 진보정당 결성'을 결정하였고, 동시에 전국연합 역시 '민족민주운동진영 독자정치세력화'를 추진하기로 결정하게 된다. 바야흐로 2000년대를 노동자민중의 진보정치시대를 열자는 결의로 모아낸 것이다.

### 국민승리21 "이제는 진보정치를 시작해야 하지 않겠습니까?"

민주노총의 진보정당 건설결정과 진보진영 다수의 정치세력화결의, 그리고 노동조합의 정치활동 금지조항 폐지라는 객관적 조건까지 형성되면서, 1997년 10월 국민승리21을 창당하게 된다. 국민승리21은 민주노총, 전국연합, 진보정치연합이 합심하여 만든 진보정당으로 97년 대선에 권영길 후보를 출마시켜 30만6,026표(1.2%)를 획득하였다. 이 같은 결과는 민주노총이 정치총파업을 펼치면서 얻은 국민들의 지지도와 현장조합원들의 정치열망이 만든 결과이다. 그리고 98년 지방선거에서 49명의 후보를 출마시켜 기초의원 17명, 광역의원 2명, 기초단체장 2명 당선의 쾌거를 이루게 된다. 일부 결과에 실망한 사람들도 있었지만, 국민승리21을 통해 진보정치에 대한 공감대가 커지게 되었다. 민주노총은 1998년 5월 민주노총 임시대의원대회에서 재차 "국민승리21을 확대개편하여 노동중심의 진보정당 건설에 적극 지원 연대한다"는 결정을 하면서 진보정치운동 강화 발전에 박차가 가한다.

### 드디어 민주노동당 창당 "일하는 사람들의 희망"

"국민승리21을 확대개편하여 노동중심의 진보정당 건설에 적극 지원 연대한다"는 민주노총 결정에 따라 민주노동당이 창당된다. 민주노동당은 과거 진보정당이 광범위한 민중의 힘에 기반하지 못했고 그러다보니 상층의 변절과 해산을 막아낼 힘도 없었던 한계를 극복할 대중적 진보정당으로 태어난다.

민주노동당이 창당될 수 있었던 요인은 ▲87년 6월항쟁과 노동자 대투쟁으로 쟁취한 일정한 정치적 민주화 ▲노동계급의 조직적 기반 구축(87년 이후 정치의식 싹틈, 우후죽순 정치조직결성, 민주노총 결성까지) ▲96-97년 정치총파업 승리의 경험 ▲민주노총의 조직적 결정과 진보진영 총단결 그리고 ▲정치적 리더(온국민 온노동자가 다 아는 권영길)가 있었기 때문이다.

## 8. 민주노동당 돌풍과 성공의 저주

민주노동당의 성공
잘 나갈 때 했어야 할 일들

### 민주노동당 정치돌풍

민주노동당은 창당 이후 정치돌풍을 일으켰다. 정치사회적 환경이 유리하게 발전하고 있었고, 진보정당의 출현이 노동자 민중의 요구에 부합했기 때문이었다.

김대중 정권의 등장은 6월항쟁 이후의 미국이 세운 친미보수연합독재체제가 붕괴했음을 뜻했다. 이렇게 해서 열린 공간은 진보정당 성장에 유리한 조건을 형성해 주었다. 그러나 이같은 정치상황은 친미수구세력과 친미자유주의 세력을 중심으로 친미보수양당체제가 구축되고, 진보정당을 배제하는 새로운 정치체제가 등장하고 있음을 뜻하기도 했다. 진보정당은 진보배제 친미보수양당체제에 균열을 내고 대안정치세력으로 등장해야 하는 중대한 전환점에 서 있었다. 한편 2000년 6·15공동선언 발표는 한국사회 진보정치운동의 핵심적인 걸림돌인 이데올로기공세와 탄압 여건을 현격하게 약화하였다. 2002년 월드컵의 광장문화와 효순이 미선이 투쟁으로 반미촛불집회 등 대중적 광장투쟁이 일어나고, 정치사회적 환경이 급변하였다. 이 또한 새로운 대한민국, 새 사회에 대한 대중적 열망으로 이어져 진보정당에 대한 기대감으로 표출되었다.

그 결과 민주노동당은 2002년 지방선거에서 8.7%를 득표하는데 이르고, 2002년 대선에서는 노무현-이회창과 3자 구도를 형성해 3.9% 지지율, 100만표 득표시대에 돌입하게 된다. 당시 대선에서 노무현 후보가 당선되었는데 이 선거는 친미수구세력에 맞서 진보세력과 개혁세력은 동반성장(개혁의 아이콘 노무현, 노동정치의 아이콘 권영길의 결합)할 수 있다는 점을 보여준 선거이기도 했다. 당시 대선에서 나왔던 유명한 두 가지 말을 소개한다.

*"국민여러분, 살림살이 좀 나아지셨습니까?"*
*"이회창은 졌지만, 권영길은 이겼다"*

민주노동당은 연이어 2004년 총선에서 13.2% 지지율로 국회의원 10석 원내 진출이라는 대승을 이루게 된다. 민주노동당은 당직공직 겸직금지, 진성당원제에 의한 당원민주주의, 무상의료 무상교육 등 참신한 의제와 민주노총의 배타적 지지라는 노동계급의 엄호를 통하여 진보정치의 희망과 가능성을 대중적으로 확인시켰고 그 결과 평균 지지율이

15% 이상을 넘어섰다.

## 2008년 민주노동당 1차 분당

민주노동당은 창당 초기에는 진보정치의 희망과 가능성을 보였다. 그러나 시간이 갈수록 의회주의가 심해지고 의원활동이 개별적으로 이루어지면서 진보정당의 사명(진보정치와 민주노총의 조직적 확대, 원내정치와 당지반 강화 등)과 호응하지 못하는 현상이 발생하게 되었다. 민주노동당 지지율은 전반적으로 향상되고 있었지만, 민주노총 조직율은 오히려 하락하고 있었다. 그러나 민주노동당은 민주노총의 조직력 강화를 위해 무엇을 할 것인에 대한 고민이 없었다. 당원 분포에서도 민주노총 조합원 비중이 점차 줄어 들었다. 창당 시기 당원수 11,000명 중에 민주노총 당원수는 5600명으로 49%였지만, 2005년에는 당원수 62,000명 중 민주노총 당원은 26,000명으로 비중은 41%로 줄어들고 있었다. 무언가 당과 노동조합 사이에 괴리가 발생하고 있음을 뜻했다. 그뿐만 아니라 개혁의 아이콘이었던 노무현 정부에 대한 대중적 평가도 나빠지면서 진보와 개혁의 이미지가 같이 떨어지게 되었다.

그런 상황에서 민주노동당은 연이어 선거에 패배하게 된다. 2005년 울산 북구 재보궐선거가 실패했고, 2006년 지방선거에서 기존 지지율에 밑도는 12% 지지율로 81명 당선에 그치게 되면서 낙담하게 된다(당시는 15% 이상 나와야 한다는 것이 애초 기대). 그리고 2007년 대선에서 직전 대선 결과보다 좋지 않은 3% 지지율 72만표에 그치게 되면서 충격과 패배감이 커지게 되었고, 집단탈당과 별도의 신당창당이 추진된다.

민주노동당은 이른바 자주파와 평등파가 연대연합한 통일단결적 정당이었는데, 자주파와 평등파의 구조적 갈등이 축적되면서 분당으로 이어졌다. 2004년 총선 후에 당내 세력 판도가 평등파보다 자주파가 우위에 서게 되었고 '싹쓸이' 논쟁까지 발생했다. 초기부터 민주노동당에 결합했던 평등파는 절망감이 컸고 이후 당혁신안이 부결되면서 이른바 '패권주의와 종북주의 청산'이라는 빌미로 집단 탈당하여 당시 진보신당을 별도로 창당하게 된다.

민주노동당 1차 분당사태를 통한 교훈은 무엇일까. 무엇보다 진보정당이 근본을 잊고 의회주의, 선거주의에 매몰되기 시작했다는 점이다. 민주노동당의 창당 초기 급속한 성장은 원내진출의 확대를 진보정당의 활동의 주요목표로 설정하게 되었다, 비례진출 가능성이 높아지게 되면서 비례의석을 둘러싼 당내 갈등도 증폭되기 시작하였다.

당시 민주노동당의 지지율은 높아지고 있었지만, 민주노총의 조직율은 떨어지고 있었고, 민주노동당 당원 중 노동자 당원 비중도 줄어들고 있었다. 당은 의석수 확대보다 민주노총의 조직확대, 노동자 당원 확대 등 노동자 민중을 당의 주체로 세우는 사업에 더 주력했어야 했다. 또한 민주노동당 지지율의 상승을 활용하여 비례경쟁보다는 지역구를 확대 강화하는데 주력할 필요가 있었다. 그러나 '성공의 저주'라고 해야 할지, 진보정당은 선거와 비례를 중심으로 하는 의석수 확대에 집중하고 있었고 이에 따라 내부 갈등도 심화되어 갔다.

또 하나의 중요한 교훈은 한국사회에서 진보정당은 '자주'의 기치를 분명하게 하고 정면돌파 하지 않으면, 반드시 내부 갈등, 노선 갈등, 분열로 이어진다는 점이다. 나아가 이것이 빌미가 되어 지배세력이 진보정당을 고립, 탄압하는 구실로 삼는다는 것이다. 이런 점에서 당내 다수파는 이런 논쟁을 잘 관리하여야 하며, 다수결에 기반한 형식적 민주주의 보다는 정치적 배려와 단합을 중시해야 한다. 한편 소수파는 다수파의 정치적 입장을 자파세력의 이익을 위해 종북주의로 매도하거나 악용하지 말아야 한다. 그러나 다수파는 전체 관리에 취약했고, 소수파는 분단체제에 따른 이념구조의 특수성에 대한 이해와 존중에 기초하여 함께 극복하는 입장보다는 지배계급이나 할 종북몰이와 이념공세를 당내 동지를 향해 가하기 시작하고, 결국 분당을 감행하는데 이르고 말았다.

# 9. 신자유주의 몰락과 통합진보당의 해산

<u>2008년 금융공황과 친미보수양당체제의 위기
대안정치세력으로의 도약을 꿈꾸었던 진보의 좌절</u>

### 민주노동당 부활

분당의 충격에도 불구하고 민주노동당은 2008년 총선에서 5.58% 득표로 5석을 당선시켰다. 강기갑 대표체제는 광우병 촛불투쟁의 상징으로 부상하고 대중적 지지를 회복했다. 2009년 부산 벡스코에서 제1차 정책당대회를 개최하고 새로운 당의 전망을 밝혀나갔다. 그 결과 2010년 지방선거에서 '무상급식, MB심판'을 주요 의제로, 반이명박 야권연대를 선거전략으로 삼아 기초단체장 4명, 광역기초 130명 당선이라는 대승을 이루게 된다. 이것은 정책당대회를 통해 새롭게 당의 전망을 밝히고, 반이명박투쟁을 헌신적으로 펼친 결과였다. 민주노동당은 이어서 2010년 이정희 대표체제로 '진보정치 대통합 추진'을 선언하였다.

**통합진보당의 탄생**

2008년 금융공황이 발생하였다. 80년대 이후 구축되어온 신자유주의 세계화 체제가 무너지기 시작한 것이다. 한미 FTA 등 미국의 신자유주의 세계화 정책을 추종했던 민주당 세력은 혼란에 빠졌고, 이명박 정권 등 친미수구세력 역시 심각한 타격을 받았다. 친미 보수양당 체제의 위기였다. 이럴 때 총선에서 진보정당 분열의 위기를 수습하고 대안정치 세력으로 새로운 도약을 이룩해야 할 필요성이 제기되었다. 진보정당 대통합 운동은 이런 배경에서 시작되어 통합진보당 창당으로 이어졌다.

통합진보당은 애초 진보정당진영의 단결과 통합의 필요성으로 시작되었다가 결과적으로 국민참여당까지 망라된 정당으로 창당된다. 진보신당 대의원대회에서는 단결조건 미숙으로 진보대통합안이 부결되고, 민주노동당 당대회에서는 국민참여당에 대한 입장의 차이로 통합안이 부결된다. 이후 민주노동당(이정희), 국민참여당(유시민), 새진보통합연대(심상정)간의 '진보정치대통합' 합의로 이정희, 유시민, 심상정 공동대표, 강기갑 원내대표로 하는 통합진보당이 탄생하게 된다.

통합진보당은 탄생과정에서부터 내홍을 안고 출발하게 되었는데 당내와 특히 민주노총 조합원의 반대가 아주 심했다. 그 이유는 국민참여당에 대한 입장의 차이인데 한미FTA, 노동탄압 등 노무현 정권에 대한 당원과 민주노총의 분노가 컸기 때문이다. 국민참여당 세력이 이전에는 신자유주의 정책을 지지했지만 2008년 금융공황 이후 신자유주의에 대해 비판적 태도로 변화된 것은 하나의 진전이었다. 과거의 정치적 입장을 반성하는 세력을 무턱대고 반대하는 것은 진보의 올바른 입장이라고 할 수는 없다. 그러나 원내 진출에 대한 과도한 기대나 환상을 가지는 것 또한 금물이라고 할 수 있다. 국민참여당과 같은 집권경험이 있는 자유주의적 정당과의 연대나 통합은 노동운동을 비롯해 당의 근간이 흔들리거나 내부 분열이 우려된다면 신중하게 판단해야 하며, 그 과정과 절차를 잘 밟아야 한다는 점이 이 과정의 교훈으로 남았다.

### 통합진보당 해산

내홍의 불씨를 안고 출범한 통합진보당은 2012년 총선과정에서 진행된 당내비례경선에 대해 날조왜곡한, 이른바 〈조준호 총체적 부정부실 선거보고서〉를 시작으로 당내 분열과 지배세력의 탄압이 동시에 벌어졌다. 그 탄압이 〈이석기 내란음모 날조사건〉으로 이어지면서 통합진보당은 내홍을 넘어 분열이 가속화되고, 대중 속에서 고립되고 이어 헌법재판소에 의해 〈정당해산〉이라는 사법탄압을 받게 된다. 통합진보당 강제해산이 남긴 교훈은 미국과 친미보수세력, 자본진영은 진보정당의 성장을 결단코 허락하지 않는다는 것이다. 제3당까지 성장하게 된 진보정당이 그들에게는 실질적 위협세력으로 되기 때문이다. 그리고 노동자를 비롯한 대중적 지반을 튼튼히 하는 일에 소홀히 한 채 원내 의석 확대만 조급하게 서두르면 당내 분열과 외부 탄압에 얼마나 취약하게 되는지를 여실히 보여주었다. 그러다 보니 당시 통합진보당이 해산될 때 "자신의 정당이 없어지는데도 파업을 하는 사업장이 한 군데도 없었다"는 자조와 원망이 있기도 했다. 그러나 근본적인 원인은 노동중심, 당원중심의 당운영과 활동이 취약했기 때문이다.

### 진보정치 좌절과 해산이 남긴 상처

통합진보당 강제해산은 당원들에게 큰 상처를 남겼다. 날조된 조준호 보고서가 그대로 여론을 타게 되면서 상처를 받았고, 종북주의로 공격하고 헐뜯으며 악마화하는 모습에 더욱 깊은 상처를 입었다. 이석기 의원 체포동의안에 침묵하는 국회에 상처 입고, 통합진보당이 공중분해되고 외면당하는 것에 치유하기 힘든 상처를 입었다. 국민적으로는 진보정치에 대한 기대와 열망이 식어버리고, 민주노총 조합원들과 진보적 대중들의 원성도 커졌다. 진보정치의 단결을 다시 추진할 수 있는 명분, 조건 등은 더욱 어려워졌다. 진보정치를 한다는 것은 이제 가시밭길 걷는 것 말고는 남은 게 없었다.

여기에 더해 IMF 이후 고용환경과 노동조건이 더욱 열악해지면서 노동현장에서는 조합주의, 경제주의가 심해지게 되었다. 정당이 아닌 노조를 중심으로 사업장 내 고용 임금 등의 경제문제 해결에만 집중하는 경향, 정당으로 체제전환을 추진하기보다 노조를 중심으로 법제도 개선투쟁에 매몰되는 경향, 그리고 기성정치권에 청원하는 경향 등이 확산되었다.

과거 군사독재시절에 대중이 진보정당운동을 멀리한 것은 진보정당운동을 아예 불허한 조건에서 정치하면 큰일난다는 식으로 공포에 기반한 반정치주의 경향 때문이었다. 또한 진보정당건설이 자유롭지 않은 탄압 상황에서 노동조합 등 대중조직건설에 집중될 수밖에 없었던 객관적 환경때문이었다. 이는 운동진영 내에 진보정당운동을 마치 개량적이거나 투항적인 운동으로 인식하는 경향으로 나타나기도 했다.

그러나 진보정당 창당 이후의 반정치주의는 대중적 기대 속에 성장하던 진보정당이 의회주의에 매몰되고, 분열을 거듭하는 행태에 대한 실망으로 조합주의와 경제주의로 돌아선 것이기 때문에 더욱 심각했다. 분열의 후과와 조합주의, 경제주의에 기반한 반정치주의는 한국노동운동과 진보정당운동의 정체와 후퇴를 가져왔다. 민주노총의 경우 진보정당이 복수인 상황에서 자신의 유일한 지지정당을 정하는 배타적 정치방침을 철회했고, 그 틈새로 민주당 지지가 광범하게 퍼지게 되었다. 그로 인해 노동운동이 기성정권에 포섭되는 경향이 많아졌다. 노동조합은 투쟁력(노조의 대중투쟁)과 정치력(노동자정치세력화)이 불일치하게 되어 투쟁력도 더 약화되고, 그저 압력단체로 자신의 위상을 인식하는 경향이 심해졌다. 노동조합은 정치적 사안일 수밖에 없는 현장의 문제를 가지고 진보정당과 함께 투쟁하는 것이 아니라 기성정치권에 청원하기에 급급했다. 청원방식의 정치활동은 결국 필연적인 과정이지만 안타깝게도 배신과 눈물의 악순환으로 이어졌다.

## 10. 새로운 진보정당, 어제의 우리가 아니다.

<u>현장과 지역으로 그리고 광장으로</u>
<u>직접정치의 길, 집권의 길로</u>

### 성찰의 결과, 민중당

여기서부터는 진보당을 중심으로 서술하겠다.

통합진보당 강제해산 이후 진보정치는 더욱 축소되고 복잡해졌다. 민중진영내에서는 배타적 지지방침 대신에 진보다

당제가 고착되는 상황이 발생했다. 진보다당제가 확산되니 득을 본 것은 오히려 민주당이었다. 민주노총 안에는 민주당을 지지하는 현장조직이 늘어가고, 민주노총 선거에서는 대놓고 민주당을 지지하는 후보가 출마했다. 대표진보정당인 정의당마저 '헌법안의 진보'를 표방하니, 대중적 진보정치에서 참된 진보성, 노동중심성이 약화되어 갔다.

통합진보당 강제해산이라는 아픔을 딛고 진보정치를 복원하기 위해서는 참된 진보정당을 재건하는데서 출발해야 했다. 어떻게 진보정당을 복원할 것인가. 새로운 진보정당 복원을 위해서는 노동중심, 대중주체, 진보단결을 기치로 아래로부터 당건설 새롭게 시작해야 할 필요성이 절박하게 제기되었다.

다행스럽게도 2016~17년 촛불항쟁이 터졌다. 이런 시기에 제대로 된 진보정당이 있었다면 역사는 더욱 전진했을 것이라는 아쉬움도 크다. 그러나 그 아쉬움은 뒤로 하고라도 촛불광장의 열망은 정권교체를 넘어 진보정당운동의 재건을 위한 뜨거운 토양을 제공했다. 진보정치세력은 다시 새로운 진보정당운동을 시작할 거대한 에너지를 얻었으며, 새 진보정당이 어떠한 지향을 담고 어떠한 방식으로 새출발해야 하는지에 대해 엄청난 영감을 받았다. 그 결실은 2017년 10월 15일 민중연합당과 새민중정당이 합당하여 민중당 창당으로 나타났다.

당 해산의 폐허 위에서 진보정당운동의 주체들은 무엇이 달라야한다고 결심했을까. 촛불광장으로부터 무엇을 영감으로 받았을까.

한국사회에서 "진보정당에 대한 탄압은 상수"라는 것이었다. 예속분단체제하에서 지배세력은 진보정치세력이 집권세력으로 성장하는 것을 결코 허용하지 않는다는 것. 일정 수준으로 성장하면 반드시 탄압와해시켜려고 책동한다는 점이었다. 2024년 12.3 계엄내란 사태를 놓고 보아도 진보정당은 말할 것도 없고 민주당, 시민사회세력, 민주언론, 노동조합, 농민 같은 대중단체 등 기본적인 민주주의조차도 참지 못하는 것이 이 땅의 기득권 세력이었다. 그러하니 분명한 교훈은 진보정치세력이 조급하게 의석확대에 메몰되어 세력간 경쟁에 몰두하는 현상을 지향하고, 어떠한 탄압에도 결코 무너지지 않는 정당역량, 노동자민중의 역량을 극대화하는데 초점을 두고 진보정당운동을 전개해야 한다는 것이었다.

민중당 건설과정은 바로 이러한 교훈과 과제를 실천하는 과정이었고 그 결실이었다.

무엇보다 직접정치의 기치를 높이들고 의회와 광장투쟁을 하나로 묶기 위한 투쟁을 전개하였으며, 노동자민중의 정치역량 장성에 초점을 두고 노농빈여청의 계급계층조직 건설에 매진했다. 또한 민주노총의 배타적 지지에 머무는 것이 아니라, 노동자가 당운동의 중심이 되어 이끌고 나가는 당을 만들기 위해 노력했다. 이를 위해 현장당조직-현장위원회와 분회 건설에 힘을 집중하였으며, 특히, 분회는 당의 기초초직으로 살아있는 당운동, 현장당운동의 핵심 요체로 제기하였다. 선거에 대한 관점도 바뀌었다. 비례경쟁보다는 지역구를 중심으로 돌파하고자 결의했다.

이 같은 성찰에 입각하여 이후 많은 당간부들이 지역구로 내려갔고, 무수한 당원들이 학교비정규직, 마트, 택배, 공공, 지역노조 등 비정규직 전략조직화를 위하여 현장에 투신하였다. 진보정당운동을 현장으로 가서 헌신하고 다시 일구자는 것, 정규직은 비정규직으로 가서 일구자는 것, 노동은 지역으로, 당은 노동으로 가자는 것을 혁신결의하고 투신하였다. 그 결과로 만들어진 것이 민중연합당과 새민중정당이 합당한 '민중당'이다. 민중당은 또한 자신의 기반을 비정규직 노동자에 뿌리를 두고, 농민수당, 주민대회 등 아래로부터 민중의 직접정치 전형 창조를 위해 노력하였다. 2017년 10월 15일 민중당은 시청 앞 서울광장에서 창당대회를 가졌다. 민중당의 광장창당대회의 풍경은 '광장정치', '직접정치'를 표방하는 민중당의 지향을 잘 드러내 주었다. 민중당은 이 대회에서 '비정규직 없는 세상, 전쟁 없는 나라', '민중에게 권력을, 민중에게 행복을'이라는 슬로건을 내걸고 새시대 진보정치를 선언했다.

## 마침내 진보당

창당 후 민중당은 당을 알리고, 존재감을 만들기 위해 부단한 시간을 보냈다. 2018년 지선, 2020년 총선을 치렀지만 바로 성과를 내지는 못하였다. 하지만, 이것이 새로운 진보정당 건설을 과제를 더 깊이 성찰하게 해주었다.

2020년 6월 20일 당원총투표로 당명을 '진보당'으로 바꾸고 내부 결속력을 높이며 당의 전망을 보다 뚜렷하게 세웠다. 이 모색과 노력은 2022년 지방선거, 2023년 재보궐, 2024년 총선으로 나타났다. 2022년 지방선거에서 진보정당 중 최다 당선자를 내고, 2023년 강서구 재보궐선거에서 강성희 의원을 당선시키며, 마침내 원내 교두보를 마련하였다. 그리고 2024년 총선에서 윤종오, 전종덕, 정혜경 3명의 국회의원을 배출하여 대표진보정당으로 위상을 가지게 되었다.

표면적인 결과를 두고서는 여러 가지 의견이 있지만, 여기까지 오는데는 무엇보다 헌신적인 후보와 당원들, 지지자들의 헌신과 열정이 있었다.

진보당은 무엇보다 노동자기금을 설치하고, 택배, 돌봄, 배달노조의 설립과 조직확대를 위해 전당적으로 지원하였다. 농민기본법, 노점상생계보호특별법, 돌봄노동자·돌봄정책기본법을 위한 국민동의청원운동은 언제나 진보당이 앞장섬으로써 성과적으로 달성되고 관철될 수 있었다. 주민대회 역시 전국적 전당적으로 확산되어 필수적인 대안정치로 자리잡아가고 있다. 진보당이 전개하는 줍깅 등 일상적 봉사활동은 여느 정당이 진행하는 봉사활동과 차원이 달랐다. 그 헌신성과 진정성은 참된 진보정당과 진보정치인의 표상을 주민속에 뚜렷히 새겨놓았다. 현수막 정치와 대중정치투쟁에서도 진보당은 어느 당보다 가장 선두에서 정치에 바람을 일으키는 정당으로 자리잡아가고 있다. 이러한 후보, 당직자, 당원, 지지자들의 피와 땀을 한 곳이라도 더 당선시키기 위한 선택과 집중전으로 조직함으로써 실질적 결실로 남기는 전략전술적 승산도 조직적으로 담보해 왔다.

이러한 성과들은 당내부의 단결을 강화하고, 대전환기를 맞아 '진보집권'을 10년 안에 이루자 다짐으로 이어지고 있다.

### 대전환기 진보의 과제

최근 우리는 비상계엄, 내란획책 그리고 국지전도발음모까지 대한민국의 민주주의 위기, 주권과 평화의 위기를 목도하고 있다. 일각에서는 한국은 이미 민주주의가 공고화되었으므로, 의회를 중심으로 한 정당정치를 강화해야한다고 주장해왔다. 그러나, 오늘의 현실은 이러한 주장과 정반대의 현실이 펼쳐지고 있다. 민주주의의 위기를 구해낸 것은 또다시 민중항쟁이었다. 그리고 그 항쟁의 주역으로 새로운 세대가 마침내 등장했다.

이제 새로운 미래, 새로운 대한민국을 향해 전진해야 할 때이다. 진보정치는 이 청사진을 제시하고, 광장정치의 동력을 새사회 건설동력, 집권역량으로 만들어가야 할 책무가 나서고 있다.

## 토론주제

1. 우리나라 진보정당운동은 장구한 역사를 가지고 있다. 오랜 진보정당운동의 역사를 되새겨 보며 느낀 속담을 나누어 보자.

2. 6월 항쟁 이후 거듭 실패하던 진보정당운동이 성공할 수 있었던 요인은 무엇이었는지 토론해 봅시다.

3. 잘 발전하던 진보정당운동이 좌절을 겪게된 핵심 요인은 무엇이며, 앞으로 진보정당운동에서 간직해 가야할 중요한 교훈은 무엇인지 토론해 봅시다.

4. 다시는 일어날 수 없을 것 같던 진보정당운동이 다시 일어나 새로운 희망을 만들어나갈 수 있게된 중요한 요인들은 무엇이었는지 토론해 봅시다.

# 정치운동론

직접정치운동

대중정치투쟁

승리하는 선거투쟁

당중심운동으로의 발전

정치는 구체적인 정치운동을 통해서 현실에서 구현된다. 정치운동은 정치투쟁, 정치활동, 정치생활 등을 포괄하나 여기서는 중요한 실천과제를 중심으로 직접정치운동, 대중정치투쟁, 승리하는 선거운동, 당중심운동의 발전이라는 주제에 대해서 알아보겠다.

## 1. 직접정치운동

노동자민중은 새로운 정치운동을 창조함으로써 정치의 주인으로 거듭하여 성장해왔다.
정치운동이란 노동자민중이 사회정치적 자주성을 실현하기 위해 전개하는 조직적 운동이며, 대중적 운동이다. 개별적 정치인사들이 튀기 위해 벌이는 정치행동이나 일부 소수의 간헐적 정치적 이벤트는 하나의 사건일 수는 있어도 노동자민중의 정치운동이라고 할 수 없다. 노동자민중이 특정한 정치조직을 수단으로 조직적으로 전개하고, 대중자신이 직접 정치의 주역으로 나서는 대중적 운동일 때 그것을 정치운동이라고 한다.

정치운동의 가장 중요한 특성은 노동자민중이 집권역량을 강화한다는 것이다. 정치운동은 처음부터 끝까지 노동자민중이 주권쟁취를 위하여 진행하는 운동이며, 자기 자신의 집권역량을 구축하기 위하여 전개하는 운동이다.

### 1) 역사 속의 정치운동

역사적으로 유명한 정치운동은 '차아티스트 운동'이다.
봉건왕조의 신분적 억압과 수탈에 반대하여 부르주아, 노동자, 농민, 자영업자들은 동맹을 이루고 왕정을 타도한 후 공화정을 수립하였다. 프랑스 대혁명, 영국 명예혁명 등이 그것이다. 그런데 이 혁명의 결과로 세워진 정권은 부르주아, 노동자, 농민, 자영업자들의 연합정권이 아니었다. 부르주아들이 노동자, 농민, 자영업자를 배신하고 권력을 독점하고 부르주아 단독정권을 세웠기 때문이다. 부르주아는 노동자민중이 재산이 없다는 이유, 배우지 못했다는 식의 핑계를 대며 선거권, 피선거권을 주지않고 권력에서 배제해 버렸다.

차아티스트 운동은 바로 정치에서 배제된 영국의 노동계급이 노동대중에게도 보통선거권을 달라고 요구하며 10년 동안 진행한 대규모 정치운동이다. 당장은 결실을 맺지 못하였지만, 이 차아티스트 운동이 발판이 되어 노동계급이 보통선거권을 획득하고 집권가능한 노동계급의 대중정당을 건설하는 데까지 전진하였다. 이처럼 정치운동은 노동자민중의 정치적 진출을 가속화하고, 정치적 권리를 확대하며, 집권가능한 정치역량을 확대발전시키는 데 있어서 매우 위력적인 운동이다.

노동자민중이 집권에 성공한 모든 나라에는 항상 위력적인 대중정치운동이 뒤따랐다. 러시아 혁명에서 소비에트건설운동이 그렇고, 베네수엘라에서 진행된 볼리바리안 써클운동이 그렇다. 스페인 포데모스 등이 진행한 광장정치운동 역시 위력적인 대중정치운동의 일환이었다. 해방 후 이 땅에서는 인민위원회 건설운동을 전개하였다.

## 2) 직접정치운동

정치운동이란 노동자민중이 자신의 집권을 위하여 주인주체가 되어 진행하는 대중자신의 운동이다.
직접정치는 촛불혁명 이후 진보정당이 개척한 강력하고 혁신적인 대중주체의 정치운동이며 집단적·대중적 운동이다. 2019년 노원에서 처음 시작된 직접정치운동은 2021년 전국 22개 지역으로 확산하였다. 주민대회, 청년조례제정운동, 소상공인 요구안 서명운동 등 다양하게 진행되었다. 각 지역에서 141개 주민요구안을 모아냈고, 208,622명의 주민들이 투표에 참가하고, 2,332명의 당원이 늘었으며, 분회들이 조직되었다.

직접정치운동은 노동자민중의 정치역량을 강화하고 정치의 주역으로 나서게 하는 정당성과 생활력이 입증된 혁신적 정치운동으로서, 점차 전국화, 일상화되고 있다.

직접정치운동의 대표적 사례인 주민대회는 진보정당이 주도하여 주민속에서 들어가 주민대회를 정기적으로 조직한다는 점이 특징이다. 주민대회는 점차 정기성을 띠고 다양한 사회정치적 의제로 발전하고 있으며, 주민권력의 모태로서 그 기능과 역할을 높이고 있다. 그런 점에서 주민대회의 구체적 과정보다는 여기에 녹아있는 기본정신이 무엇인가를 중심으로 살펴보고자 한다.

주민대회 방식으로 제기된 직접정치운동은 기존 정치운동, 정치방식과 중대한 차이점이 있다. 이 차별성을 어떻게 잘 살려 구현하는가가 주민대회의 성패를 가른다.

**첫째, 착상부터가 다르다.**

주민대회는 주민권력, 즉 민중권력을 향한 직접정치운동이다. 그렇게 하려면 민중의 주권의식에 의거한 사상운동으로 전개해야 했다.

이전까지는 "떠오르는 의제나 이슈가 없으면 대중정치운동을 하기 어렵다"는 생각이 많았다. 때문에 도드라진 의제가 없이 주민 속에서 요구안을 수집하는 방식에 대한 우려가 컸다. 그러나 당은 민중이 권력을 행사하도록, 스스로 의제와 이슈를 결정하는 결정권자가 되는 길로 안내하는데 촛점을 두었다. 당활동가들이 의제를 제시하는 것이 아니라 주민들에게 물어보니 의제와 이슈는 주민속에서 저절로 나왔다. 그리고 주민들은 스스로 참여하고 결정하고 명령하기 시작하였다.

"요구안을 모아 결정하는 사업은 포퓰리즘, 대중추수주의에 빠질 수 있다"는 주장도 나왔다. 그런데 "주민이 권력을 갖자", "주민이 결정하고 명령하자"는 정확한 내용으로 한땀한땀 정치사업을 조직하면 주민들은 정치적으로 가장 올바른 결정을 하였다. 주민대회 조직화사업은 철저하게 사상사업, 정치사업, 조직사업이었던 것이다. 주민대회 조직화사업은 주민대회라는 하나의 행사를 조직하는 사업이 아니라 주민들 속에 내재된 권력의지를 조직하는 사상정치사업이다.

둘째, 주민 스스로가 자신의 정치적 지위를 일거에 변화시키고, 참여정치시대를 넘어 직접정치시대의 새 모형을 제시한다.

이전에 주민들이 자발적으로 민원성 의제나 이슈를 제기하지 않은 것은 아니다. 그러나 기성 정치인들은 "요구안을 모아주시면 대신 해결해드릴테니 우리를 지지해주세요"라고 말하였다. 관념적 활동가들이 의제나 이슈를 내리먹여왔다면, 기성정치인들은 위임과 청원의 해결사로 주민요구를 대했다. 그러나 주민들은 주민대회를 통하여 대리정치, 위임정치를 거부하고, 직접적 의사결정자, 명령자로 자신의 지위를 일거에 바꾸어 갔다. 이 과정에서 공직자란 민중이 직접정치 권력자로 되도록 헌신하고 안내하는 파견자에 불과하다는 사실이 명확히 드러난다.

이전까지 마을공동체 운동, 주민자치회나 협치사업은 관이 주도하고 1%도 안되는 예산을 떡고물처럼 나눠주고 몇 가지 이해관계를 충족시키데 그쳤다. 그러나 직접정치는 세상을 바꾸는 역량구축운동, 권력을 향해 전 주민을 불러일으키는 운동이었다. 주민은 협조자나 참여자가 아니라 주민대회의 주인, 주민권력의 주인이다. 지금 당장 해결된 것은 사소하게 보이는 일상문제 중의 하나일 줄 모르지만, 주민의 정치적 지위에서는 어머어마한 변화가 시작되는 정치적 격변이 일어나는 과정이다. 민원을 위한 민원이 아니라 주민이 주인이 되는 과정, 위임자, 청원자에서 주인으로 바뀌는 과정, 스스로가 자신의 지위를 변화시켜 가는 과정, 이것이 주민대회 조직화의 본령이다.

**셋째, 노동중심 지역정치의 놀라운 가능성을 확증하는 운동이다.**

노동조합이 지역사회로 나오지 않고, 노동사안이 아닌 지역 정치사안에 관심이 없는 노동조합을 어떻게 지역정치의 주역으로 세울 것인가. 이것은 오랜 숙제였다. 걸림돌은 오히려 내부에 있었다.

"노조현장 생존권 투쟁에 깊이 연대하여 신뢰관계를 조성하는 과정 없이 곧바로 정치를 들이대지 말라"는 것이 진보정당이 노동조합사업에 임하는 자세이자 철칙이었다. 그럼 정치는 언제하나? 이것이 가장 큰 어려움이었다. 그러나 막상 당이 주민대회를 제안했을 때 생전 처음보는 노동조합들도 "너무 좋은 사업"이라며 함께하자고 손을 잡았다. '노동자는 생존권 투쟁의 이해관계로만 모을 수 있다'는 생각은 노동자를 비정치적 존재, 실리만을 추구하는 이기적 존재로 바라보는 자본가적 시각이다. 오히려 노동자는 단결투쟁의 경험을 축적한 훈련된 민중이며, 생산현장에서 노동하며 이 사회를 운영하는 가장 유능한 정치인이고, 지역정치의 주역으로 얼마든지 나설 수 있는 정치의 주역이었다.

더욱 놀라운 것은 주민대회에서 모아진 최대 요구가 비정규직노동자의 삶과 목소리에 귀를 기울여야 한다는 것이었다. 노동자도, 지역주민도 전혀 실리적이지도 이기적이지도 않았다. 가장 숭고한 정치적 입장을 가지고 있었다. 직접정치는 노동자와 사업할 때 먼저 경제적 이익, 다음에 정치라는 단계적 도식을 깨뜨리는 것부터 시작한다.

**넷째, 당이 직접 대중속으로 직행하는 당 주도 정치활동이다.** 경험이 많다고 하는 다수의 지역단체 활동가들은 "상층연대의 틀을 구축하여 제안하지 않고, 당이 주도하여 제안하고 추진하는 사업에 대중이 나설 리 없다"고 주장한다. 지역연대사업은 순수시민단체가 주도해야 잘 되지 당이 나서면 일을 그르친다는 것이다. 연대공간에서 당은 언제나 뒷전이었다. 그러나 주민대회를 조직하는 당은 직접 사업을 발기하고, 기획, 제안, 추진, 조직 등 모든 사업에서 당이 주도한다는 것을 모두가 알도록 하였다. 그리고 모든 당조직을 발동하여 각계각층 대중단체와 주민들 속에 깊숙하게 들어가서 주민들을 불러일으켰다. 그 결과로 이전에 지역에서 진행된 어떤 사업보다도 많은 주민들이 주민대회로 집결하였다. 당이 대중속으로 직행했기 때문이다. 아래로부터의 조직화과정을 통해서 훨씬 더 튼튼한 주민대회 조직위원회를 건설할 수 있었다. 정치는 당이 주도한다. 누구의 허락을 받고 누구와 합의할 문제가 아니다. 당이 자신의 결심에 따라 직접 대중과 아래로부터 하나되는 과정이 정치이다. 이렇게 하면 연대사업도 더 잘 된다.

**다섯째, 분회가 직접정치운동 속에서 더욱 확대강화된다.**
흔히 "우리 지역은 당원들이 준비가 안되어 주민대회 조직화가 어렵다"라고 생각한다. 그러나 주민대회 실천속에서 분회가 확대되고 분회의 역할이 급속하게 높아졌다. 어떤 분회는 단독으로 80명의 주민을 조직하였다. 물론 처음에는 당보를 나눠주는 것도 서먹서먹해 했다. 그러나 주민들이 좋아하니 나중에는 주1회에서 주3회로, 막판에는 매일 주민들을 만나고 다녔다. 소박하게 시작했지만, 어느 순간 당원들은 적극적으로 설명하고 열띠게 활동해 나갔다. 중요한 건 당원이 용기내고 도전하고 자신감을 얻어가는 긴 시간 동안 간부들이 지치지 않고 일희일비하지 않고 완강하게 자기실천을 이어가며 당원들을 이끌어가는 것이었다. 직접정치운동은 당내사업에 집중하면 대민사업이 안되고, 대민사업에 집중하면 당내사업이 안된다는 과거의 사업구도를 변화시킨다. 직접정치운동 과정에서 당조직강화와 민중직접정치가 통일적으로 동시에 진행된다는 것을 보여준다. 지금 전국적으로 벌어지는 당원들의 헌신적 활동과 분회강화 활동은 직접정치운동이 당원과 분회를 직접정치운동의 모범창조자, 대중적 영웅으로 만들어내고 있으며, 당원과 분회를 발동하고 주체로 세우면 못할 일이 없다는 것을 정확히 보여준다.

당간부, 분회장들은 자기 분회와 현장에서부터 분회원들이 직접 참여하고 직접 결정하는 직접정치방식을 생활화해야 한다. 당이 먼저 자기부터 직접정치방식으로 단련된 간부가 되고 분회원과 현장조합원도 직접정치 주체로 함께 발전시켜야 한다. 지침전달 중심의 단체활동방식, 정당활동방식을 과감하게 버리고 회원이나 조합원의 자주적 힘과 지혜를 이끌어내고 함께 통일시켜가는 직접정치방식을 도입하고 확산해나가야 한다. 물론 기존의 경직되고 상명하달식 조직문화에 익숙한 사람들이 하루아침에 변하기는 쉽지 않다. 그러나 당원들의 내재화된 적극성을 믿고 완강하게 직접정치방식을 실천해간다면 예상보다 빨리 성과를 확인할 수 있다.

직접정치운동은 진보정당만이 할 수 있는 진보정당 고유의 정치방식이다. 기성정당이나 낡은 관행에 물젖은 정당들은 꿈도 꿀 수 없다. 민중중심 정치관, 변혁적 당관, 혁신적인 정치운동관으로 무장한 진보정당만이 해낼 수 있는 정치방식이다.
직접정치만이 억압받고 착취받으며, 정치의 대상으로 전락한 노동자 민중을 정치의 주인, 권력의 주인으로 세울 수 있다. 정치운동은 본질에 있어서 노동자민중의 정치역량 강화사업이다. 성공적인 대중정치운동은 노동자민중을 정치의 주역으로 불러일으킬 뿐만 아니라 진보정당을 집권정당으로 강화발전시킬 수 있다. 정치간부들은 현장과 지역, 전국적 범위에서 다양한 형태의 대중정치운동을 발의하고 당원과 대중자신의 힘으로 새형의 대중정치운동을 발전시켜야 한다.

## 2. 대중정치투쟁

### 1) 노동자민중의 정치투쟁

정치투쟁하면 떠 오르는 장면이 있다. 국회의사당에서 의원들끼리 주먹질하고 이전투구하는 장면이다. 진보정당에서는 이런 것을 정치투쟁이라고 하지 않는다. 이런 한심한 작태는 사실상 기득권세력, 지배집단 내부에서 벌어지는 이권다툼, 권력투쟁에 불과하다. 여기에는 권모술수, 음모와 암투, 부정과 부패가 뒤따른다.

진보정당의 정치투쟁이란 노동자민중의 이익을 대변하는 투쟁이며, 노동자민중이 주역이 되어 진행하는 민중자신의 투쟁이다.

무엇보다 진보정당의 정치투쟁은 주권을 지키기 위한 투쟁이다. 이 땅의 역사는 봉건지배세력으로부터 친일친매국노에 이르기까지 나라를 팔아먹은 역사이며, 일본 제국주의, 미국 제국주의 세력에 의해 국권이 강탈당하고, 이에 저항하는 노동자민중, 애국자들을 무자비하게 탄압하고 학살한 역사이다. 역사의 정의를 세우고, 주권을 지키지 못한 나라에서 정치가 어디에 있으며, 정치권력을 잡은들 누구를 위해서 정치를 하겠는가. 주권을 빼앗긴 나라에서 정치는 없다. 오직 침략과 약탈, 사대와 매국이 있을 뿐이다.

다음으로 진보정당의 정치투쟁은 노동자민중이 주권자로서 자기 역할을 다하게 하기 위한 투쟁이다. 대한민국 헌법에는 '모든 권력은 국민으로부터 나온다'는 '주권재민'의 사상을 담고 있으나, 현실 어디를 둘러보아도 주권재민은 존재하지 않는다. 이 땅 정치는 어젯날에는 '모든 권력은 정치군부에서 나온다'고 했고, 오늘날에는 '모든 권력은 검찰에서 나온다'고 굳게 믿는 자들이 권력을 잡고 있다. 이들이 한결같이 자기 권력의 뒷배를 외세로 믿고, 노동자민중을 억압하고 탄압한다.

따라서 노동자민중이 참된 주권을 행사하기 위한 정치과정은 심각한 정치투쟁과정이 될 수밖에 없다. 진보정당이 시련을 겪고 탄압의 대상이 되는 이유도 여기에 있다.

그러나 이 땅의 노동자민중은 단 한 순간도 멈추지 않고, 주권을 지키고 쟁취하기 위한 투쟁을 전개해 왔으며, 성장하고 발전해 왔다. 다만 자기 정당을 가지고 정치투쟁을 전개하지 못하였기 때문에 그 성과물을 기득권 정당세력에게 빼앗겼을 뿐이다. 이제 노동자민중은 자기 정당을 가지고 자기 정당의 주도하에 진행하는 정치투쟁, 따라서 그 정치투쟁의 성과물이 올곧이 노동자민중의 주권쟁취를 위한 집권역량으로 축적되는 정치투쟁을 전개해야 한다.

## 2) 정치투쟁과 대중투쟁

노동조합, 농민회, 빈민조직, 시민단체, 청년단체, 여성단체, 환경단체, 통일평화운동단체, 인권단체 등등 다양하고 많은 대중단체들이 다양한 투쟁을 전개한다. 이러한 대중단체들이 벌이는 투쟁을 대중투쟁이라고 한다. 대중투쟁은 생존권 투쟁, 근로조건, 생활조건을 향상시키기 위한 투쟁, 생명과 안전, 환경보호를 위한 투쟁, 공공복지를 확대하기 위한 투쟁, 반전평화투쟁, 부당한 탄압과 억압에 반대하는 투쟁 등 다양하며, 하루도 거르지 않고 곳곳에서 투쟁을 전개하고 있다. 무수한 현안, 무수한 요구를 가진 대중투쟁을 진보정당은 어떻게 해야 할까?

먼저 진보정당은 각종 대중투쟁에 대해서 적극 지지하고 성원하고 연대하며, 이 문제를 쟁점화, 사회화, 정치화하여 해결하기 위해서 노력해야 한다. 수많은 대중이 진보정당을 만나는 것은 선거공간도 있지만 일차적으로 대중투쟁을 통해서이다. 투쟁과정에서 함께한 정당이 곧 우리 편이라는 인식이 확고해진다. 그리고 자신들의 투쟁을 헌신적으로 함께했던 진보정당을 기억하고 그 진보정당에 입당한다. 대중들은 자신들이 가장 어려울 때 누가 옆에 서 있었는가. 자신들이 힘겹게 투쟁하고 있을 때 누가 앞장서서 지지하고 엄호해 주었는가를 기준으로 진보정당 가입여부를 결정한다.

다음으로 진보정당은 대중투쟁을 정치전선, 대중정치투쟁으로 끌어올리기 위해 노력해야 한다.

대중투쟁에 대한 진보정당의 본령은 다양한 대중투쟁을 하나의 정치전선, 단일전선으로 끌어올리는 데 있다. 그런데 대중투쟁이 정치투쟁으로 발전하는 일은 저절로 되지는 않는다. 대중단체들은 강력하게 투쟁하다가도 현안이 일정하게 해결되면 투쟁을 마무리한다. 그것은 당연하고 불가피하기도 하다. 대중조직이 하나의 현안을 가지고 허구한 날 기약 없이 투쟁만 할 수는 없기 때문이다. 그런데 모든 대중투쟁은 반드시 정치투쟁으로 발전할 수밖에 없는 정치적 요소를 다 가지고 있다. 정치문제를 해결하지 않고서 현안이 완벽하게 해결되는 것은 불가능하기 때문이다. 따라서 진보정당은 각 대중투쟁에 적극 지지, 옹호하면서도 현안 중심의 대중투쟁을 단일한 정치전선으로 모아내기 위해 노력하여야 한다.

특히 각계각층의 기본권 운동을 단일한 대중정치투쟁으로 발전시키기 위해 노력해야 한다.
최근 몇 년간 각계각층은 기본권 운동을 꾸준히 발전시켜왔다. 노동자는 노동기본권, 농민은 농민기본권, 빈민은 빈민기본권, 청년은 청년기본권, 여성은 여성기본권 등등, 여기에 주거권, 생명안전권, 환경권에 대한 운동도 확대발전하고 있다. 그러나 어느 하나의 기본권도 제대로 보장받지 못하고 있다. 기득권 정치세력이 이를 반대하고 가로막고 있기 때문이다. 따라서 각계 민중의 기본권투쟁은 결국은 대중정치투쟁으로 발전할 수밖에 없다.

그런데 일상적인 각계각층 대중투쟁을 통해서는 기본권을 부분적으로밖에 실현할 수 없다. 각계각층 기본권은 근본적으로 진보정당의 집권을 통해서만 가능하다. 각계각층의 기본권은 진보정당의 정치강령과도 일치한다. 따라서 진보정당은 자신의 정치강령에 맞게 다양한 현안으로 표출되는 다양한 대중투쟁을 하나의 기본권 전선으로 묶어 세우기 위해 치열하게 노력하여야 한다. 기본권투쟁은 본질에 있어서 정치투쟁이기 때문이다.

### 3) 독자적인 정치투쟁

진보정당은 자신의 정치강령을 실현하기 위해 반드시 독자적인 정치투쟁을 조직해야 한다.

최근의 양상을 보면 진보정당이 독자적인 정치투쟁을 전개한다기보다는 각종 대중투쟁이나 연대투쟁에 결합하는 양상을 크게 벗어나지 못하고 있다. 각종 대중투쟁, 연대투쟁

공간에서 당 지도급 인사들이 연사로 발언하거나, 당원들이 대오를 지어 참여하는 방식이다.

각종 연대기구에 당이 참여하는 방식도 크게 다르지 않다. 당이 앞장서서 정치투쟁 방향과 방도를 제시하고 대중투쟁, 연대투쟁을 주도하기보다는 전국민중행동 등 연대기구에 다른 대중단체와 비슷한 수준의 성원으로 참석하여 당의 역할을 부여받는 정도에 그치고 있다.

정당조직은 사회정치운동에서 가장 주도적 지위를 점하고, 지도적 기능을 하는 조직이다. 따라서 다양한 대중투쟁, 연대투쟁, 정치투쟁을 당이 주도하는 것이 맞다. 그러나 몇 가지 이유 때문에 당이 제 위치를 차지하지 못하고 있다. 하나는 대중투쟁, 연대투쟁은 대중조직이나 연대조직이 주도하는 것이 당연한 것으로 오랫동안 관행으로 굳어져 왔기 때문이다. 여기에 일부 시민사회단체가 당이 주도하는 정치투쟁을 불온시하는 태도를 가져왔기 때문에 당이 주도하는 연대투쟁의 장을 열기가 어려웠다. 진보정당 역시 자기 활동의 본령을 원내정치활동에 기본을 두고 장외대중정치투쟁을 부차시하는 왜곡된 관념에 사로잡혀 있었기 때문에 대중정치투쟁에 대한 개입력이 약화되어온 사정도 한몫했다. 그러나 이것은 운동발전에서 과도적 현상이자 한계점을 보여주는 것이지 원래부터 그래야 하는 것은 아니다. 앞으로는 당이 연대투쟁, 정치투쟁을 주도해야 한다.

다른 하나는 진보정당이 아직 각종 대중투쟁과 연대투쟁, 정치투쟁을 대중적으로 주도할만한 정치조직역량, 당적 역량을 갖추고 있지 못하기 때문이다. 최근 부채상담과 피해자들 투쟁, 후꾸시마 오염수 무단 방류 저지투쟁에서 당이 독자적인 투쟁을 조직하기 시작하고 있다. 이러한 양상들을 더욱 발전시켜 전체 민중들의 대중정치투쟁을 사실상 당이 주도하는 수준으로 발전시켜야 한다.

과거 민주노동당 시절 이라크 파병반대투쟁, 한미FTA저지 투쟁과 같은 정치투쟁, 연대투쟁을 주도하는 데서 혁혁한 역할을 해왔다는 점도 중요한 교훈이다. 당이 대중정치투쟁을 주도한다고 해서 모든 정치투쟁이 당원부대를 동원하는 투쟁만을 의미하는 것은 아니다. 당원들이 다양한 연대조직과 대중조직 속에서 역할을 잘하여 당적 방침에 입각하여 대중정치투쟁을 크게 조직하는 것도 당이 주도하는 정치투쟁이다. 특히 당은 대중정치투쟁과 원내정치투쟁을 연계하여 투쟁효과를 극대화시킬 수 있는 유일한 정치조직이다. 이런 점에서 진보정당은 대중정치투쟁과 원내정치투쟁을 유기적으로 연결시킨 독자적인 정치투쟁능력을 지속적으로 강화발전 시켜야 한다.

### 4) 체제전환투쟁

4.19혁명, 6월항쟁, 촛불항쟁 등은 폭발적 대중정치투쟁의 대표사례이다. 그러나 이러한 항쟁조차도 기본권을 전면적으로 보장하지는 못하였다.
각계각층 기본권을 전면적으로 실현하는 것을 민주주의 변혁이라고 한다. 일제하에서 벗어나서는 토지개혁과 8시간 노동제, 남녀 차별철폐, 자주적 대중단체의 자유롭고 전면적인 활동 보장 등의 민주주의 강령이 실현된 것은 일본 제국주의 타도와 해방이라는 거대한 정치적 변혁을 통해서 가능하였다.

87년 항쟁 속에서, 6월항쟁과 7·8·9 노동자 대투쟁을 통하여 국민들은 대통령 직접 선출권을, 노동자들은 노동3권을 기본적으로 쟁취하였다. 즉 국민의 정치적 기본권리, 노동자의 노동기본권은 항쟁의 결과물이었다. 그러나 국민항쟁이나 대중정치투쟁의 결과로 쟁취한 민주주의적 기본권조차도 전면적으로 실현되지 못하고 후퇴하거나 다시 실종되는 사태로 이어졌다. 노동자민중이 집권하지 못했기 때문이다.

각계각층의 기본권은 진보정당이 집권하고, 체제전환수준의 개혁을 통해서만 전면적으로 실현된다. 전통적인 기본권 이외에도 최근 확대되고 있는 고용에 관한 권리, 생명안전과 환경에 관한 권리 등도 진보정당의 체제전환적 투쟁을 통해서만 전면 실현이 가능하다. 이런 의미에서 체제전환투쟁은 진보정당이 전개하는 정치투쟁 중 최고형태의 투쟁이라고 할 수 있다. 이것이 항쟁과 선거, 개혁의 결합이다.

## 3. 승리하는 선거투쟁

### 1) 정치투쟁과 선거투쟁

진보정당은 정치투쟁과 선거투쟁을 잘 결합시켜야 한다. 정치투쟁과 선거투쟁을 잘 결합시키지 못하면 어떤 문제가 발생할까. 진보정당이 선거운동에 매몰되어 진보정당의 길을 이탈하고, 내분이 발생하여 당이 분열되고 만다. 그것이 지난날 진보정당이 실패한 핵심 원인이다.

지난 시기 진보정당운동이 범한 가장 심각한 편향은 진보정당이 앞장서서 노동자민중의 정치투쟁을 조직지휘하는 것은 과도한 것이라는 견해에 빠진 것이다. 대중단체는 대중투쟁, 진보정당은 선거투쟁이라는 이른 바 양날개론이다. 양날개론은 가두장외투쟁은 전국민중연대와 같은 연대연합운동체나 민주노총 같은 대중조직이 책임지고, 정당은 원내활동에 주력하는 것이 옳다고 주장했다. 그러나 진보정당이 정치투쟁과 선거투쟁을 분리하는 것은 위험한 견해이다. 수많은 유럽의 정당들이 왜 좌충우돌했는가. 정치투쟁을 포기하고 선거정당으로 변질되면서 대중투쟁을 득표를 위한 동원수단으로 전락시켰기 때문이다. 그리고 강력한 정치투쟁을 진행해야 할 시점에 오히려 정치투쟁을 잠재우고 선거로 전환시켜 노동자민중의 투쟁을 무력화하는 역기능을 하였다. 이것이 역사의 교훈이다.

기득권 보수정당들이 오히려 원내투쟁과 원외투쟁을 대놓고 진행한다. 국민의힘이 과거 정권을 빼앗기고 야당으로 밀려났을 때 했던 작태를 생각해보자. 자기 이익에 맞지 않으면 대놓고 국회를 보이코트하고 장외로 뛰쳐나갔고, 천막당사를 쳤다. 당대표가 광화문에 직접 당원과 지지자들을 불러모아 강력한 장외집회를 열고 정부와 여당을 성토하고 압박을 가하였다. 박근혜 탄핵 시기에는 태극기 부대들이 폭력집회도 서슴치 않았다.

사실 이러한 활동은 민주당이 만년야당 시절에는 늘 있어왔던 방식이다. 김대중, 김영삼 시절 박정희 유신정권에 맞서 강력한 대정부투쟁을 전개하였고, 전두환 정권시절에는 시민항쟁을 직접 주도하였다. 진보세력은 자기 당이 없어 항쟁을 주도하고도 보수야당에게 주도권을 넘겨준 것이 지난날의 교훈이다. 대중정치투쟁, 대중항쟁의 중심에는 언제나 정당이 서 있었고, 이제는 진보정당이 서 있어야 한다.

제반 역사적 경험은 정치투쟁이 선거운동이나 원내활동에 국한되지 않는다는 것을 보여준다. 세계 여러 곳에서 집권에 성공한 상당수의 집권정당은 과거 혁명운동이나 무장투쟁의 역사를 가지고 있는 경우가 많다. 최근 남미 핑크타이드 정당들은 대다수가 강력한 대중정치투쟁에 힘입어 집권에 이른 경우가 많다. 유럽에서 새바람을 일으키고 있는 노동자민중의 대안정당들 역시 거리투쟁, 광장정치 속에서 탄생한 경우가 많다.

진보정당은 정치투쟁을 가장 잘해야 한다. 기득권 여야, 자본주의 정당들도 다하는 정치투쟁을 가장 열심히 해야 할 진보정당이 이상한 논리로 회피한다는 것은 말이 되지 않는다. 진보정당의 정치투쟁은 원외에서도 해야 하고 원내에서도 해야 한다. 정치투쟁을 잘하는 정당이 참된 진보정당이다. 선거로만 승부를 보려는 진보정당은 결코 성공할 수도 없고, 집권할 수도 없다.

한편 진보정당이 선거투쟁을 가볍게 여기는 것은 역편향이다.
진보정당은 정치투쟁도 잘해야 하지만 무엇보다도 선거를 잘해야 한다. 진보정당의 선거에 대해서 말하자면 좌우편향을 왔다갔다 했다고 볼 수 있다. 어떤 경우에는 정치투쟁만 강조하고 선거투쟁을 소홀히 하는가 하면, 어떤 경우에는 선거투쟁에만 매몰되어 정치투쟁을 소홀히 한다. 이 양극편향을 극복하고 정치투쟁도 잘하고 선거투쟁도 잘하는 것이 필요하다.

진보정당 초기에는 정치투쟁을 강조하고 선거투쟁을 소홀히 하는 편향이 우세했다. 거리의 대중투쟁에서 단련되고 익숙한 진보세력이 아무래도 투쟁형태가 완전히 다른 선거투쟁에 익숙해지기에는 다소 어려웠다. 머리띠를 묶고 깃발을 들고 탄압적인 공권력을 향해 돌진하는 행동방식에 익숙한 활동가가 어느 날 양복을 입고 유권자들과 악수하며, 지지를 호소하는 행동방식을 잘 하기에는 어딘가 어색하기도 하다. 그런데 선거를 반복하고 양복에 익숙해지다 보니 정치투쟁을 소홀히 하고 선거투쟁에만 목을 매는 편향으로 빠지게 된 것이다. 이제 겪을 만큼 겪어 봤으니, 앞으로 진보정당은 정치투쟁도 잘하고 선거투쟁에도 유능한 정치세력으로 거듭날 필요가 있다.

진보정당이 선거투쟁을 잘해야 하는 이유는 분명하다.

첫째로 선거는 정기적으로 벌어지는 가장 합법적이고 대중적인 권력투쟁이다.

자본주의사회는 자본가와 노동자, 지배계급과 피지배계급으로 분열된 사회이며, 다원주의를 기반으로 각 정치세력이 선거라는 합법적인 경쟁을 통해서 권력투쟁을 할 수 있는 길을 열어놓았다. 노동자민중은 자신의 정치운동과 정치투쟁을 통하여 선거를 통해 권력경쟁에 참여할 수 있는 권리를 쟁취하였다. 이것은 노동자민중의 투쟁의 결과물이며 자신의 권리이기도 하다. 따라서 노동자민중은 선거라는 정기적인 권력투쟁에 참여하여 집권을 도모해야 한다.

둘째로 선거공간은 대중의 정치참여가 극대화하는 강력한 정치공간이다.

선거공간은 평소에 정치에 관심이 없는 대중들도 자발적으로 정치에 참여하는 공간을 적극적으로 열어준다. 또한 선거는 정치권력을 둘러싼 쟁투의 공간이기 때문에 대중적 정치적 관심이 최고조에 달하고 정치세력들의 정치폭로, 정치선전과 정치조직화운동이 활발하게 벌어지며, 대중들은 다양한 형태로 여기에 참여하게 된다. 진보정당은 이러한 선거공간을 통하여 노동자민중의 자발적인 정치참여를 극대화하고, 강력한 정치선전을 전개하며, 진보정당운동으로 인입하고 권력투쟁으로의 참여와 개입을 극대화하도록 안내해야 한다.

셋째로 선거는 진보정당의 집권능력을 확인하는 객관적 척도이다. 진보정당의 당선여부는 진보정당이 얼마큼 대중의 신임을 받는가 하는 척도이며, 총체적인 집권능력에 대한 대중적 믿음의 기준이다. 가두에서 아무리 투쟁을 잘해도 결국 선거에서 지지받지 못하면 집권할 수 없다. 광장정치투쟁에 대한 대중의 결집과 지지만으로는 진보세력의 집권에 대한 지지여부를 충분히 확인할 수 없다. 집회와 시위 투쟁에 대한 지지는 개별 이슈나 집권세력에 대한 항의의 표시로 공감하는 것일 수도 있기 때문이다. 반면 선거결과는 집권에 대한 지지여부를 가장 정확하게 보여주는 지표이다. 선거결과는 정확하게 진보정당에 보내는 대중적 신뢰를 총체적으로 확인하는 엄중한 공간이며 자신의 정치역량을 검증하는 냉정하고도 객관적인 척도이다.

이런 이유로 진보정당은 선거투쟁을 매우 중시하고 그 의의에 맞게 선거투쟁을 조직전개해야 한다. 진보정당은 정치투쟁도 강자, 선거투쟁도 강자가 되어야 한다.

## 2) 승리하는 선거투쟁

선거운동은 정당이 진행하는 정치운동 중 가장 집중력이 높은 정치투쟁이자, 총력전으로 전개하는 정치운동이며, 대중적 신뢰획득의 성패가 달린 엄중한 정치활동이다. 이런 점에서 선거는 다른 방식의 대중항쟁이라고 할 수 있다.
승리하는 선거투쟁은 선거운동의 특성에 맞는 운동설계, 즉

구도와 조직력, 이 전체를 관통하는 대중정치운동형태를 바로 정하고 진행해야 승리할 수 있다.

승리하는 선거투쟁의 선결조건은 주체의 결심이다.
선거결과는 처음부터 끝까지 주체의 결심과 태세에 좌우된다. 선거주체의 태세는 후보와 운동원들의 일심단결된 집단적 태세이다. 이 집단적 주체가 어떻게 서느냐에 따라 선거운동의 전투력, 정치적 호소력과 침투력, 확산력이 결정되고, 선거결과를 좌우한다.
특히 후보자의 결단과 의지가 전체 선거판을 좌우한다. 후보가 가슴속에 몇 표를 얻겠다고 하면 몇 표를 얻는 것이고 당선되겠다고 하면 당선되는 것이다. 언제나 그렇지만 최근 선거에서 후보들의 결심과 활약상은 선거결과에 결정적 영향을 미친다는 것을 알 수 있다. 또한 선거운동원들의 주체적 결심과 결단이 선거운동의 전투력과 폭과 깊이를 결정한다.
선거투쟁에서 승리하려면 모든 것에 선행해서 선거투쟁의 집단적 주체를 튼튼히 세워야 한다.

승리하는 선거투쟁의 전략전술상 요체는 구도와 조직력이다. 구도형성은 하나의 선거구에서 '정치전선을 어떻게 형성할 것인가'에 관한 문제이다.

정치구도를 어떻게 잡느냐에 따라 선거투쟁에서 주동에 서는가 피동에 빠지는가가 결정되고, 지속적으로 지지세를 늘려나갈 수 있는가 아니면 정체하거나 답보하는가가 결정된다.

정치구도에 따라 선거구호가 확정되고, 정치선전의 기본방향이 결정되며, 선거운동의 기본방식이 규제된다.

선거구도의 기본은 당의 노선과 정책, 민심, 선거목표를 유기적으로 결합시켜 짜야한다. 당이 결정한 선거방침에는 이미 전국적 선거구도에 대한 과학적 분석이 반영되어 있다. 여기에 입각해서 조성된 정세에서 집중적으로 표출하는 민중의 지향과 요구를 정확히 포착해야 한다. 여기에 해당 선거구의 선거목표를 결합시킬 때 주체적 견지에서 선거구도를 형성할 수 있다.

선거구도는 전국적 구도, 지역적 구도, 계급계층적 구도를 종합반영하여 지역구 선거구도를 짜야한다. 그렇지 않으면 지역마다 당선에만 매몰되어 대중추수적인 선거구도를 짜게된다. 정당선거가 아니라 인물선거에 빠지는 식으로 자의적으로 선거구도를 짜 진보정당의 변혁적 선거구도에서 이탈할 수 있다.

선거구도는 자기 후보와 경쟁후보 간의 정당경쟁력, 후보경쟁력, 장단점을 반영하여야 보다 구체적으로 짤 수 있다.

조직력 구축하는 사업은 선거운동의 역량을 편성하고 배치하는 사업이다.

조직력의 핵심은 선대본부장, 즉 누구에게 지휘를 맡길 것인가에 관한 문제를 일차적으로 잘 풀어야 한다. 조직력이 극대화되는가 못하는가는 전적으로 선거운동의 지휘관의 역량에 달려있다. 다음으로 기본역량과 보조역량 등의 편성과 배치, 운영계획을 잘 짜야 한다. 다음으로 선거운동 정책, 선전, 교육, 조직, 유세 등 기능별 역량편성과 배치를 잘 하여야 한다.

승리하는 선거투쟁에서 구현해야 할 3대 요건은 대중투쟁과 선거투쟁의 결합, 직접정치운동의 실현, 헌신적 대민활동의 전개이다. 선거운동의 기본형태를 결정한다는 것은 이 세 가지 요소를 어떻게 결합, 배합할 것인가의 문제이다. 선거운동의 기본형태를 바로 정해야 대중, 지역주민을 선거의 주체로 세우는 과정, 참정권 행사를 조직하는 과정을 확장성 있게 진행할 수 있다.

**승리하는 선거투쟁**
- 대중투쟁과 선거투쟁의 결합
- 직접정치와 선거투쟁의 결합
- 헌신적 대민활동과 선거투쟁의 결합

무엇보다 대중투쟁과 선거투쟁을 잘 결합해야 한다. 선거에서 대중을 정치의 주인으로 불러일으키는데서 대중투쟁보다 위력한 것은 없다. 강력한 대중투쟁에 기반한 선거운동만큼 위력한 선거운동은 없다.

자본주의 선거공간은 온갖 정치공세, 가짜뉴스, 인신공격, 네거티브, 정치공작이 난무하는 공간이다. 특히 진보정당에 대한 색깔공세, 검증공세는 치졸하고도 집요하다. 이러한 저질 정치공세는 무력화하는 가장 효과적인 방법도 대중투쟁이다. 대중투쟁을 전개하는 대중에게는 절대로 거짓이 통하지 않는다.

다음으로 직접정치운동과 선거투쟁을 잘 결합해야 한다. 선거시기라고 해서 언제나 대중투쟁이 폭발하는 것은 아니다. 또 선거를 위해 인위적이고 억지로 대중투쟁을 만드는 것은 무리이다. 이럴 경우 선거주체가 능동적이고 주체적으로 전개할 수 있는 운동이 바로 직접정치운동이다. 이것은 어떤 선거주체가 되었든, 그리고 진보정당이라면 누구나 마음만 먹으면 조직전개할 수 있는 위력한 운동이다. 해당 선거구에 맞는 직접정치운동이 어떤 형태일 지는 지역과 상황에 따라 다르다. 그러나 직접정치운동의 본령에 맞게 전개하면 전개할수록 선거투쟁을 더욱더 강력한 토대위에서 전개할 수 있다.

다만, 직접정치운동을 선거운동의 도구로 전락시키면 안된다. 직접정치운동이 결과적으로 선거운동에 유리하게 작용하기는 하지만, 근본적으로는 지역주민을 정치의 주역으로 세우는데 철저히 복무하는 방식으로 진행하여야 한다. 이런 점에서 직접정치운동은 선거에 임박해서 진행하기 보다는 일상적, 정기적으로 신뢰성있게 진행할 필요가 있다.

다음으로 강력하고 헌신적인 대민활동과 선거투쟁을 잘 결합해야 한다.

현수막 게첩, 각종 봉사활동, 민원해결활동과 선거유세를 결합시키는 것은 원래 전통적인 선거운동방식의 하나였다. 그러나 최근 진보정당운동의 대민활동은 완전히 차원을 달리하는 대민활동으로 자리잡고 있다. 진보정당이 개척한 현수막 전쟁은 정치폭로와 풍자를 통해 정치적 민심을 자극하고 촉발시키는 새형의 정치선전전으로 자리잡았다. 선거하면 현수막인데 늘상 해오던 선거운동도 어떤 관점에서 보는가에 따라 완전히 판을 바꿀 수 있다는 점을 보여주는 뚜렷한 사례이다. 쓰줍, 수채뚫기, 칼갈이, 농활 등의 봉사활동, 민원해결 등 각종 대민활동도 진보정당에 의해 신기원을 이룩하고 있다. 그저 보여주기식, 선거용, 일회성이 아니라 진심과 정성, 헌신이 담긴 대민활동, 일상적이고 지속적인 대민활동으로 완전히 자리잡았다. 이는 진보정당이 추구하는 노동자민중, 지역주민에 대한 섬김과 헌신이라는 정치철학이 아니면 해낼 수 없는 활동이다.

새형의 정치선전, 새형의 대민활동은 대적투쟁, 정치투쟁을 위주로 진보정당활동을 해 온 진보정당이 개척한 대민활동의 새로운 영역이자 드높은 경지이다. 또한 오랫동안 해왔던 홍보와 유세 등 각종 선거운동 방식도 어떤 정치철학, 어떤 정치집단에 의해서 진행되는가에 따라 완전히 달라질 수 있음을 보여주는 새로운 모범이다.

선거결과는 일회성으로 끝나는 것이 아니라 지속적으로 집권역량을 축적하는 토대로 작용해야 한다. 이 전략적 관점이 부족하면 선거 때마다 연고자 찾기를 새로 시작해야 하고, 지지자 명단을 처음부터 다시 짜야 한다. 매번 선거마다 사력을 다해야 하는 것은 맞지만, 한 번 선거하고 모든 것을 끝낼 수 있는 것은 아니다. 당선이 되면 집권모델을 창조하는 단계로 넘어가야 하고, 일정하게 득표를 하면 다음에는 당선을 노려야 한다. 그런데 사력을 다한 이전 선거의 결과물들을 정치적, 조직적으로 축적하고 강화하는 관점, 태세, 체계가 세워져 있지 않다면 과거 선거의 축적물을 유실하고 늘 선거를 새로 시작하는 방식을 반복하게 된다. 선거에서 이기는 것도 중요하지만 선거결과물을 유실하지 않고 축적하는 것도 매우 중요하다.

## 4. 당중심운동으로의 발전

### 1) 왜 당중심 운동인가

진보운동을 정치적, 조직적 견지에서 보았을 때 어떻게 전개하는게 좋겠는가 하는 문제는 전략 기조의 문제이다. 이제 진보운동은 당을 중심으로 모든 운동을 조직전개해야 한다.

당을 중심으로 운동을 조직전개해야 하는 이유는 정당운동이 진보운동에서 지도적, 주도적 지위를 차지하기 때문이다. 정당은 진보민중운동의 기관차이다. 기관차없는 열차를 달릴 수 없으며 목적지에 도달할 수 없다.

인간의 사회운동은 다양한 형태로 진행된다. 경제투쟁, 문화투쟁, 정치투쟁 등이 있다. 이중 정치투쟁을 주도하고 이끌어가는 것이 정당이다. 특히 정치권력 쟁취를 목적으로 하는 조직이 정당이다. 사회에서 정치권력보다 더 강하고 더 큰 권한은 없다. 운동이 정치권력을 지향했을 때 가장 힘있는 운동이 전개될 수 있고, 정치권력을 장악했을 때 사회를 개조하기 위한 사람들의 활동은 실질적인 결실을 맺을 수 있다.

다시 말하여 진보정당은 전체운동에서 지도적, 주도적 지위를 차지한다. 따라서 모든 운동은 당을 건설하고 당을 강화하며, 당을 중심으로 결집하여 전개하는 방식으로 진행할 때 노동자민중의 해방에 이르는 가장 빠른 길을 개척할 수 있다.

그럼에도 불구하고 당중심운동이 낯설고 잘 진행되지 못하는 이유는 무엇일까.

첫째로 한국사회가 진보정당운동을 정상적으로 진행할 수 없는 폭압적 체제이기 때문이다. 박정희, 전두환 군부독재 하에서 진보정당은 고사하고 보수야당조차도 정상적으로 존재할 수 없었다. 진보민중운동이 정치세력화에 눈을 뜬 것은 1987년 6월항쟁 이후에나 가능했다. 그것도 꽤 오랜 시간을 통해서 가능했다. 그러나 급성장하던 진보정당도 결국 반공분단체제의 폭압 아래 다시 강제 해산되고 말았다. 한국사회는 진보정당을 중심에 놓고 전체운동을 전개하기에는 너무도 오랫동안 공백의 세월이 있었다.

둘째로 진보정당운동의 시행착오 때문에 아직 전체운동에 대한 지도적 지위를 확보하지 못하고 있기 때문이다.
진보정당운동의 역사적 공백이 크고 경험이 부족하다보니, 심각한 좌우편향과 내홍과 분열이라는 우여곡절을 겪게 되었다. 때문에 진보정당이 맡아야 할 많은 부분을 민주노총 등 대중조직이 맡을 수밖에 없었다. 이러한 현상을 놓고 진보운동, 대중운동의 발전에 문제가 생긴 것은 당 때문이고, 따라서 당운동을 한 것부터가 잘못이며, 이제는 노동조합운동, 대중운동을 중심으로 가야할 때이다라는 식으로 왜곡된 결론을 내리는 경우가 있다. 또는 당이 노동운동, 대중운동을 좌지우지하는 것 자체가 문제라는 식의 조합주의적 견해를 주장하기도 한다. 그러나 이러한 현상을 진보정당이 제자리를 찾아가는 과정에서 발생한 과도기적 시행착오이다. 아직도 진보정당의 주도력이 미약하여 정치영역에서도 여전히 진보정당의 주도성보다는 대중조직의 주도성이 높은 것이 현실이다. 그러나 이제는 바뀌어야 한다. 반드시 당이 중심이 되어 전체운동, 즉 전선운동과 각계각층 대중운동 전반을 집권운동으로 이끌어가는 질적 발전을 이루어 내야 한다. 이 길은 경제주의, 조합주의 빠진 노동운동, 대중운동을 변혁적 운동으로 전환해 가는 유일한 길이기도 하다.

당을 중심으로 운동을 전개해야 할 필요성은 지난 역사를 돌아보면 볼수록 더욱 절실해지고 있다.

노동자민중은 자기 당을 가지지 못했기 때문에 6월항쟁의 성과를 김영삼, 김대중이 이끄는 보수야당에 내주고 말았다. 6월항쟁은 반독재민주주주의 전선인 범국본의 주도하여 폭발적인 대중항쟁으로 승리를 거두었다. 그러나 정치투쟁영역에서는 보수야당이 주도하였다. 결국은 6.29 직선제 개헌 이후 야당이 선거판으로 이탈하고 국본은 유명무실화되었다. 범국본에서 이탈하여 양김의 분열로 항쟁의 결과를 노태우에게 헌납하고 말았다. 역사적 교훈은 결국 항쟁의 주역인 노동자민중이 자기정당을 가지고 전선과 항쟁, 정치투쟁을 주도해야 함으로 보여주었다. 불행히도 이같은 정황은 촛불항쟁이 이후에도 고스란히 반복되었다. 노동자민중은 항쟁의 주역이었으나 튼튼한 자기 진보정당을 갖지 못한 탓에 결국 기회주의적 야당에게 권력이 넘어가고 다시 윤석열 폭압정권이 들어서는 비극을 맞았다. 이런 사태를 반복해서 겪지 않으려면 노동자민중은 반드시 진보정당을 중심으로 운동을 전개해 가는 대전환을 이룩해야 한다.

## 2) 당중심 운동으로의 전환

당중심운동으로의 대전환을 이룩하기 위해서는 무엇보다 진보정당 자체를 잘 건설해야 한다. 진보정당을 명실상부하게 전체운동에서 지도적, 주도적 지위를 차지하는 정당으로 강화시켜야 한다.

당건설운동자체가 당중심운동의 출발점이다. 노동자민중이 주인이 되어 노동중심의 진보대연합당으로 튼튼하게 건설하는 것 자체가 당중심운동을 전개하는 선행조건, 필수조건이다. 당면하여 기본과제는 노동자민중을 노동중심 진보연합당 건설운동, 제2의 정치세력화운동의 주인으로 불러일으키는 것이다.

다음으로 대중운동내의 반정치주의, 조합주의, 다원주의를 극복해야 한다.

탄압과 시행착오로 민주노총 등 대중운동 영역에서는 진보정당에 대한 기대를 접고 '노동조합이나 열심히 하자', '보수야당에 힘을 몰아주자'는 반정치주의, 패배주의적 입장이 확대되는 것이 현실이다. '진보정당이 하나로 가는 것은 불가능하다', '진보정당 다원주의를 하자'는 식의 분열주의가 만연해 있다. 따라서 노동중심의 단일한 진보정당 건설, 집권정당 건설의 길을 포기하는 반정치주의, 조합주의, 다원주의, 패배주의를 극복하는 사상정치사업에 힘을 넣어야 한다.

당중심운동의 발전은 모든 문제를 당을 중심으로 조직전개하는 실질적 조치를 취할 때 더욱 빠른 속도로 전진할 수 있다.
첫째, 당을 중심으로 하여 운동 역량을 구축해 가야 한다. 운동 역량을 구축한다는 것은 대중을 의식화하고 조직화하는 것을 의미한다. 당이 중심이 되어 대중을 의식화해야 세상을 바꾸기 위한 사상 의식을 대중이 갖게 되며 권력쟁취 투쟁에 나서게 된다. 또한 당이 중심이 되어 대중을 조직해야 노동자민중의 정치역량, 집권역량을 누적해서 강화할 수 있다.

둘째, 당을 중심으로 하여 대중운동, 전선운동을 지도해야 한다. 이것은 두 가지를 의미한다. 하나는 당이 대중운동, 전선운동을 지도해야 한다는 의미이며, 다른 하나는 대중운동 단체와 연대전선체가 당을 중심에 두고 대중운동, 전선운동을 펼쳐나가는 것을 의미한다. 대중운동은 대중을 의식화하고 조직화하는 데서 필수적 공정이다. 대중은 저절로 정치역량화되지 않는다. 대중은 대중운동을 전개하는 과정에서 사회의 본질을 알게 되고, 계급의식이 강화되며, 집권의식을 형성하게 된다. 연대연합운동 역시 근본적으로 노동자민중이 정치권력을 쟁취하는 각계각층의 단결을 이룩하는 사업이다. 당이 대중운동, 전선운동을 지도할 때 권력쟁취로 모든 운동을 지향시킬 수 있다. 또한 대중운동, 전선운동이 당을 중심으로 하여 펼쳐졌을 때 대중운동, 연대연합운동의 모든 성과를 하나의 정치역량으로 결속시킬 수 있다.

셋째, 87년 6월 항쟁, 2016년 촛불혁명과 같이 대중운동이 폭발적으로 전개될 때 당이 중심이 되어 분출하는 전선운동과 대중운동을 정확하고 일관되며 새로운 정치권력을 장악할 때까지 끝까지 지도하는 것이다. 그를 위해서는 경험있고 역량있는 운동가들이 정당에 포진하여 당의 지도적 역할을 강화하면서 대중운동에 대한 당적 지도를 과학적으로 보장해야 한다.

## 토론주제

1. 당은 선거, 대중조직은 대중투쟁이라는 양날개론이 왜 잘못되었으며, 어떤 폐해를 낳았는지 토론해 봅시다.

2. 진보정당의 선거투쟁이 왜 중요한지 토론해 봅시다.

3. 당중심 진보운동으로의 대전환이 필요한 이유에 대해서 말해봅시다.

# 진보의 대안사회

선진국이라는데 살기가 더 힘들어

위기의 대한민국

진보의 대안사회

# 1. 선진국이라는데 살기가 더 힘들어

"눈떠 보니 선진국"이라는 말이 있다. 2021년 유엔무역개발회의(UNCTAD)는 한국의 지위를 개발도상국에서 선진국 그룹으로 변경했다. 1964년 설립된 이래 UNCTAD가 개도국에서 선진국 그룹으로 지위를 변경한 것은 한국이 처음이다. 실제 각종 경제 지표에서 한국이 일본을 앞서기도 했다. 1인당 국민총소득(GNI)은 G7 구성원인 이탈리아를 넘어섰다. 촛불혁명 이후 민주주의 지수에서 '완전한 민주국가'로 올라섰다. BTS, 〈기생충〉, 〈오징어 게임〉 등 한국의 문화콘텐츠도 전 세계적으로 인기를 끌고 있다.

그런데 보자. 지난 한 세대 동안, 한국은 자살률에서 세계 최고를, 출생률에서는 세계 최저를 기록하는 사회가 됐다. 빈부격차 역시 경제협력개발기구(OECD) 국가들 가운데 가장 심각한 수준이다. 지방은 소멸하고 있고, 세계에서 가장 빠르게 초고령 사회로 진입하고 있다. 교육제도는 불평등을 세습하는 도구가 됐다. 좋은 일자리는 극소수에게만 돌아가고, 젊은 시절 한번 실패한 인생은 돌이킬 수 없다.

대한민국이 선진국이 되었는데 왜 살기는 더 힘들어졌을까? 극단적인 경쟁 속에서 삶을 갈아넣고 있는 노동민과 청년세대에게 미래는 있는 것일까? 현 상태로는 아무도 행복하지 않고, 누구의 삶도 지속가능하지 않다. 초보적인 기본권마저 무너지고 있는 현실을 살펴보자.

1) 노동자민중 각계각층 기본권의 위기

기본권은 인간의 존엄성과 가치를 보장하기 위해 헌법상 규정된 국민의 권리이다. 한국 민중은 기본권 신장을 위한 투쟁 속에서 많은 성과를 이루었으나, 신자유주의 체제하에서 심각하게 침해받고 있다.

(1) 각계각층 기본권의 위기

기본권의 위기는 각계각층 민중의 생존권, 발전권, 행복추구권에 심각한 위협으로 이어지고 있다.

**노동기본권의 위기**

1987년 항쟁 이후 노동3권은 확대되는 경향을 보였으나, 외환위기 이후 정규직 정리해고와 비정규직 확대는 노동기본권의 후퇴를 가져왔다. 한국의 노동조합 조직률은 약 14%로, 북유럽 국가들의 60~70%대에 비해 현저히 낮다. 한국에서 노동조합에 가입한 약 240만 명 중 대다수는 대기업과 공공 부문에 속해 있으며, 중소기업과 비정규직 노동자들은 조직화가 어려워 가입률이 낮다. 또한, 산별교섭이 정착되지 못하고 기업별 교섭체계가 장기화되면서 대기업과 중소기업 간 임금 및 근로조건의 격차가 심각하며, 소수노조의 교섭권도 제약받고 있다.

교사, 공무원 등의 단체행동권 제한과 필수공익사업장으로 지정된 공기업의 파업권 제약 등으로 노동3권이 크게 침해받고 있다. 특히 강도 높은 손배가압류로 인해 노동자들은 작은 요구에도 격렬한 투쟁으로 내몰리곤 한다. 한국의 경제규모는 성장했지만 노동기본권은 여전히 후진국 수준이다. 정부와 기업의 반노조 성향은 유별나며, 노조에 대한 혐오와 탄압이 극심하다. 고용노동부의 편파행정과 검경의 탄압, 기업의 부당노동행위도 갈수록 노골화하고 있다.

재벌대기업의 해외투자 확대, 비정규직 확산, 디지털 산업전환, 기후위기 등으로 고용위기가 심각하며, 특히 IT, 서비스, 플랫폼 노동자들은 전통적인 노동3권에서 배제되고 있다. 장시간 노동, 과로사, 산업재해 문제 등으로 노동자의 기본권이 심각하게 침해받고 있는데, 이는 위험과 죽음을 외주화는 구조적 모순과 맞물려 있다.

산별노조들이 산별교섭을 쟁취하는 문제, 비정규직, 이주 노동자 등 모든 노동자에게 노동3권을 보장하는 문제, 디지털 및 녹색전환 과정에서 노동자의 고용권을 보장하는 문제 등은 한국 노동자들이 직면한 기본권상 주요 과제이다.

**농민 기본권의 위기**

농민은 농업 위기, FTA 확대, 기후변화, 저출산고령화 등으로 지속 가능성 자체를 위협받고 있다.

2021년 농림업 생산액은 61조3934억원으로 국내총생산(GDP)의 3.2%에 불과하며, 농림축산식품부 예산도 전체 예산의 2.7%에 불과하다. 농민들은 농산물 가격의 불안정성으로 큰 어려움을 겪고 있으며, 2022년 농업소득은 이미 1000만원 이하로 급락했다. 특히 쌀값 폭락은 치명적인 타격을 주고 있는데, 정부의 과도한 쌀 수입과 양곡관리법 거부로 인해 쌀 가격은 계속 하락 중이다.

자유무역협정(FTA) 확대는 한국 농업에 심각한 위협 요소다. 윤석열 정부는 TRQ(저율할당관세) 조치를 악용해 수입

농산물을 확대함으로써 식량주권이 악화되고, 거대유통자본의 배만 불리우며, 소규모 농가는 생존의 위기에 처해 있다.
농촌의 급격한 고령화도 큰 문제다. 농업 인구는 지속적으로 감소하고 있으며, 65세 이상 농가는 전체의 63.2%에 달한다. 기후변화로 인해 농업 생산 환경이 불규칙해지고, 폭염, 가뭄, 홍수 등으로 농작물 피해가 증가해 농민들의 경제적 손실이 커지고 있다.
농촌 지역은 기본적인 복지나 의료 서비스에 접근하기 어려운 상황이며, 농가소득 감소로 인해 농촌 빈곤 문제가 심각하다. 고령 농민들은 생계 수단이 부족해 빈곤에서 벗어나기 어려운 처지에 놓여 있다.
농민들은 농산물 가격 불안정, FTA로 인한 경쟁력 약화, 농촌의 고령화, 기후 변화, 사회적 안전망 부족 등 여러 요인으로 인해 기본 생존권마저 위협받고 있다.

### 빈민과 자영업자의 기본권

대한민국의 빈민과 자영업자는 경제적 불안정, 사회적 안전망 부족, 대기업과의 불평등한 경쟁 등으로 생존권과 경제적 권리를 위협받고 있다.

도시 빈민과 노점상들은 강제 철거와 과도한 벌금 부과로 인해 생존권과 노동권이 침해받고 있다. 노점상은 과도한 벌금으로 고통받고 있는데, 벌금액이 10만 원에서 300만 원, 심지어 1억 원을 초과하는 경우도 있다. 노점상은 공식 직업으로 인정받지 못하며 '불법'이라는 낙인이 찍혀 있다. 보복성 단속 때문에 법적 대응도 어렵다. 노점상은 '노점상 생계보호 특별법' 제정을 통해 합법적 지위와 기본권을 요구하고 있지만, 정부는 단속과 탄압으로 일관하고 있다.

점포를 가진 자영업자들도 기본권을 침해당하고 있다. 대형 유통업체들이 지역 상권을 장악하면서 소규모 자영업자들은 매출 감소와 경영 악화로 폐업하는 경우가 많다. 특히 코로나19 팬데믹 이후 자영업자들은 매출 급감과 부채 증가로 큰 타격을 입었고, 많은 자영업자들이 폐업 후에도 부채

상환 부담으로 빈곤에 시달리고 있다.

온라인 플랫폼의 성장으로 자영업자들은 높은 수수료를 감당하며, 수익성이 악화되고 있다. 상가 임대료 상승은 자영업자들에게 가장 큰 부담 중 하나로 임대차 계약에서 불리한 위치에 놓여 영업을 중단하거나 이전해야 하는 상황에 직면한다.

폐업 후에도 자영업자들은 고용보험 가입률이 낮아 실업급여를 받지 못하고, 부채로 인해 빈곤에서 벗어나기 어렵다. 정부가 자영업자용 고용보험을 도입했으나 실질적인 보호를 받는 자영업자는 적다. 결국 자영업자들은 대기업과의 불평등한 경쟁, 임대료 상승, 사회적 안전망 부재로 인해 기본권을 충분히 보장받지 못하고 있다.

### 청년 기본권

한국 사회에서 청년들은 경제적 불안정, 주거 불안, 교육 기회의 불평등, 사회적 소외 등 여러 문제로 고통받고 있다. 청년 실업률은 6.0%로 일반 실업률의 두 배에 이르며, 비정규직이나 계약직으로 고용되는 경우가 많다. 많은 청년들은 불안정한 고용 환경에서 낮은 임금을 받고 일하며, 경제적 자립이 어렵다. 플랫폼 노동자나 프리랜서로 일하는 청년들은 노동기본권의 사각지대에 놓여 있다.

청년들은 또한 주거 불안정으로 어려움을 겪는다. 전세와 월세 가격이 급격히 상승하면서 많은 청년들이 열악한 주거 환경에서 생활하며, 안전과 건강에 대한 권리가 침해되고 있다. 정부의 청년 주거 정책은 수요에 비해 부족하고, 혜택을 받는 이들도 제한적이다.

교육 기회의 불평등은 사회적 격차를 심화시키는 중요한 요인이다. 사교육 의존도가 높은 상황에서 경제적으로 어려운 청년들은 입시 경쟁에서 불리한 위치에 놓인다. 고액의 대학 등록금과 학자금 대출 부담은 청년들의 경제적 독립을 더욱 어렵게 만들고, 대출 상환 부담은 결혼과 주택 마련 등 중요한 결정에 걸림돌이 된다.

청년들의 사회적 고립과 정신적 건강 문제도 심각하다. 경제적 어려움과 사회적 경쟁 속에서 청년들은 불안과 스트레스를 겪으며, 자살률 또한 높은 수준이다. 사회적 참여 기회가 부족해 청년들의 목소리가 제대로 반영되지 않으며, 이들은 사회적으로 소외감을 느끼고 있다.

부모의 경제적 지원이나 배경에 따라 청년들이 받는 기회가 달라지며, 이는 계층 간 격차를 고착화시키는 문제로 이어진다. 금수저와 흙수저로 불리는 용어는 이러한 불평등을 상징한다. 공정한 경쟁을 하지 못하는 상황에서 청년들은 사회적 이동성을 제한받고 있다.

청년들은 취업, 주거, 교육, 정신적 건강 등 다양한 측면에서 기본권 침해를 겪고 있으며, 이를 해결하기 위해서는 공정한 취업 기회, 주거 안정, 학자금 대출 부담 경감, 정신 건강 지원, 그리고 정치적·사회적 참여 기회를 확대하는 제도적 노력이 필요하다.

**여성 기본권**

한국 사회에서 여성은 성차별, 경력 단절, 임금 격차 등으로 기본권을 심각하게 침해받고 있다. 헌법과 법률에 의해 평등권이 보장되지만, 실질적 권리 행사는 제한적이다.

여성의 임금은 남성보다 평균 30% 이상 낮고, 저임금 직종에 집중되어 있다. 이는 여성의 경제적 독립을 어렵게 하고, 연금 수령액에도 영향을 미쳐 고령 여성의 빈곤으로 이어진다. 여성들은 주로 비정규직이나 저임금 직종에 종사하며, 고용 안정성이 부족하다.

출산과 육아로 인한 경력 단절은 여성들의 경제적 지위를 약화시키고, 재취업 시 불리한 처우를 받는다. 정부의 재취업 지원 정책이 있지만 효과는 미흡하며, 많은 여성들이 비정규직으로 재취업해 경제적 불평등이 고착화되고 있다. 직장 내 육아 지원 제도도 부족해, 많은 여성들이 가사와 육아를 병행하며 일과 가정을 양립하는 데 어려움을 겪는다.

여성들은 직장 내 유리천장으로 인해 승진 기회에서 차별받고 있으며, 고위직이나 정치 분야에서 여성의 비율은 매우 낮다. 국회나 지방 의회에서 여성의 비율은 낮고, 여성들의 요구가 정책에 반영되지 않는 경우가 많다. 이는 여성들이 사회적 책임을 맡을 기회를 제한받고 있다는 증거다.

여성들은 성폭력, 가정폭력, 데이트 폭력 등 다양한 젠더 폭력에 노출되어 있으며, 피해를 신고하는 과정에서 2차 가해를 당하기도 한다. 성폭력 피해자 보호 시스템이 미비하고, 사건이 경미하게 처리되는 경우도 많다. 디지털 성범죄 역시 여성들의 안전을 위협하는 새로운 문제로 부각되고 있다.

가정 내에서 여성들은 여전히 전통적 성역할을 강요받으며, 직업과 가사를 병행하는 이중 부담을 진다. 이는 여성들이 직업적으로 성장하는 데 장애물이 되고 있다.

여성들의 기본권 보장을 위해 성별 임금 격차 해소, 경력 단절 여성의 재취업 지원, 성폭력 예방 및 피해자 보호 강화, 그리고 여성의 정치적 대표성 확대가 필요하다.

### 노인 기본권

한국 사회에서 노인들은 급격한 고령화, 경제적 불안정, 사회적 고립 등으로 인해 기본권이 심각하게 침해받고 있다. 한국의 노인 빈곤율은 OECD 국가 중 가장 높은 수준이며, 특히 고령 여성의 빈곤율이 매우 높다. 기초연금은 최소한의 생활을 유지하기에 부족하며, 많은 노인들이 생계형 일자리에 종사하거나 가족의 지원에 의존하고 있다. 독거노인들의 경우 경제적 어려움이 더 심각하다. 노인 일자리 지원 사업이 있지만 일자리의 수와 질 모두 한계가 있다.

노인들은 주거 불안정 문제에도 직면해 있다. 임대주택이나 요양시설에서 생활하는 노인들은 열악한 환경에서 생활하는 경우가 많고, 공공임대주택의 대기 시간은 길어 혜택을 받지 못하는 노인들도 많다. 요양시설의 인권 침해 문제도 여전히 존재하며, 독거노인의 주거 환경은 더욱 열악하다.

의료 접근성 문제 역시 노인들에게 큰 부담이다. 만성 질환 관리가 필수적이지만, 의료비 부담 때문에 병원을 자주 방문하지 못하며, 의료 서비스의 높은 비용이 의료 접근성을 저해한다. 독거노인이나 경제적 어려움에 처한 노인들은 정기적인 건강 관리조차 받기 힘들며, 돌봄 서비스도 부족하다. 재가 요양 서비스가 제공되지만, 인력 부족과 서비스 질 문제로 인해 필요한 지원을 받지 못하는 경우가 많다.

노인들은 사회적 고립과 고독사 문제로 심각한 위험에 처해 있다. 가족이나 사회로부터 소외된 채 홀로 생활하는 경우가 많으며, 이는 정신적, 신체적 건강에 부정적인 영향을 미친다. 특히 도시의 독거노인들은 외로움과 우울증을 겪으며, 고독사는 이러한 문제의 극단적 결과로 매년 증가하고 있다.

노인들은 연령 차별과 디지털 소외 문제도 겪고 있다. 사회적 편견으로 인해 노동 시장에서 기회를 얻기 어렵고, 디지털 기술의 발전에 따라 금융 서비스나 의료 서비스에도 접근하기 힘들어지고 있다. 이는 노인들이 정보에서 배제되고, 일상생활에서 어려움을 겪는 주요 원인이다.

정부는 노인을 위한 복지 서비스를 제공하고 있지만, 여전히 부족하다. 기초연금, 장기요양보험, 재가 서비스 등 복지 혜택이 있지만, 많은 노인들이 적시에 적절한 서비스를 받지 못하는 경우가 많다. 특히 농촌 지역이나 소규모 지방 자치단체에서는 복지 시설의 수와 질 모두 부족하다.

한국 사회에서 노인들은 경제적 빈곤, 의료 접근성 부족, 사회적 고립 등으로 인해 생존권과 복지권이 심각하게 침해받고 있다. 이를 해결하기 위해서는 경제적 지원 확대, 주거 환경 개선, 의료 서비스 강화, 사회적 인식 변화가 필요하며, 특히 독거노인과 고독사 문제에 대한 적극적인 사회적 대응이 요구된다.

**이주 노동자 기본권**

이주노동자는 한국 사회의 어두운 자화상 중 하나이다. 2024년 현재 국내 체류 외국인 노동자는 251만 명으로 전체 인구의 약 5%에 이른다. 1994년 산업연수생 제도로 본격화된 이주노동자 유입은 노동자가 아닌 '연수생'으로 분류되어 노동법 적용에서 제외되었고, 이는 인권 침해와 임금 체불, 미등록 체류 문제로 이어졌다. 2003년 고용허가제가 도입되었으나, 여전히 이주노동자에 대한 차별적 조항들이 문제로 남아 있다.

특히 사업장 변경 제한 제도는 사업주의 동의 없이는 이주

노동자가 사업장을 옮길 수 없도록 하고, 이동 가능 횟수도 제한한다. 인권 침해 상황에서만 동의 없이 이동할 수 있지만, 기준이 높고 증명도 어려워 실질적으로 노동자가 이용하기는 힘들다. 또한 권역 내 이동제한조치는 이주노동자가 특정 지역을 벗어나지 못하게 하여 국제노동기구(ILO) 협약에 위배된다.

한국의 자본과 정부는 이주노동자를 저임금과 열악한 노동환경에 그대로 두고, 국내 노동자들의 조건을 악화시키는 전략을 취하고 있다. 이런 무분별한 이주노동자 확대는 국내 노동시장에도 부정적인 영향을 미친다. 그러나 노동력의 이동은 '인간의 이동'으로서 차별 없이 노동기본권과 복지권이 보장되어야 한다.

이주노동자는 제조업과 건설업을 넘어 서비스업과 농업까지 다양한 분야에서 활동하며 장기 거주자도 늘고 있다. 이주노동자의 노동기본권 침해와 강제노동 문제는 방치되어서는 안 되며, 그들의 가족을 위한 복지, 건강보험, 교육 지원도 차별 없이 제공되어야 한다.


2) 고용, 주거, 건강, 생명안전, 교육에 관한 기본권의 위기

**고용권**

이전까지 고용문제는 노동시장에서 개별적인 근로계약의 문제로 다루었다. 그리고 일단 고용된 조건에서 임금과 근로조건에 관한 문제를 집단적 노사관계에서 다룬다. 이를 위해 노동3권을 보장하는 노동기본권 문제가 나왔다. 그러나 이제 고용권 문제를 새롭게 국가가 책임져야 하는 기본권 문제로 보지 않으면 안되게 되었다. 헌법에서는 노동3권을 보장하고 있으나, 자본은 고용자체를 전면적으로 흔들어대면서 모든 노동자의 기본권을 외면, 무시, 박탈, 불안정하게 만들고 있기 때문이다.

자본이 노동자의 고용권을 약화시키는 방식을 다양하다. 첫

째는 일상적 구조조정과 정리해고, 희망퇴직을 통해서이다. 이로 인해 평생직장이라는 개념이 소멸하고 노동자는 도시의 유목민이 되었다. 둘째는 좀 더 값싼 인건비를 찾아 외국으로 나간다. 중국이나 베트남으로 가는 것은 그래도 말이 되는데, 최근에는 인건비가 더 비싼 미국에 집중적으로 투자한다. 한국으로는 절대 안 돌아온다. 그 결과 한국내 고용의 질은 더욱더 나빠진다. 셋째는 국내에 투자하는 자본도 많은 일자리를 외주화한다. 요즘은 비숙련 노동 뿐만 아니라 전문직 일자리도 외주화하거나 프리랜서를 통해 해결한다. 넷째는 자동화와 인공지능을 통해 더욱더 일자리를 축소한다. 다섯째는 기후위기에 대처한다면서 더욱더 기존 일자리를 방출하고 새로운 일자리는 늘리지 않는다. 이제 고용문제는 상대적 실업률의 문제가 아니라 절대적으로 일자리가 부족한 문제가 되었다. 좋은 일자리는 턱없이 부족하고, 노동자들의 고용에 관한 권리는 노예수준으로 전락하고 있다. 따라서 고용문제는 이제 국가와 사회가 책임져야 할 문제, 국민의 노동기본권 중 가장 사활적으로 중요한 기본권 문제로 되었다.

**주거권**

주거권은 모든 사람이 적절한 주거를 향유할 수 있는 기본적인 권리이다. 단순히 주거 공간을 제공받는 것을 넘어, 안정적인 주거 유지, 적절한 경제적, 사회적, 문화적 환경 향유, 강제퇴거로부터의 보호 등을 포함한다. 세계인권선언, 유엔 경제적·사회적 및 문화적 권리에 관한 국제규약 등에서 주거권을 기본적 인권으로 인정하고 있으며, 한국에서는 2015년 제정된 주거기본법을 통해 주거권의 법적 근거가 마련하였다.

그러나 현실의 주거실태는 참담하기만 하다.
청년과 노인, 도시빈민 등 저소득층은 쪽방, 고시원, 임시거주지, 반지하 등 열악한 환경에서 거주하는 경우가 많다. 월세와 관리비의 상승으로 소득 대비 주거비 비중이 커져 주거 안정이 어렵고 계절변화나 재난에 매우 취약한 상태이다. 최근 전세사기 사례가 증가하면서 청년층의 주거 불안감이 더욱 고조되고 있다. 주거빈곤은 기초보장수급가구, 차상위가구, 장애인가구, 노인가구, 아동가구, 청년가구 등 다양한 가구 유형에서 주거 빈곤 문제로 나타나고 있다. 청년층의 주거 빈곤은 향후 중장년, 노년기의 불평등으로 연장될 수 있다. 실제로 청년 1인 가구의 31.3%가 스스로를 주거 빈곤층이라고 인식하고 있다. 76.3%의 청년들이 자신의 소득만으로는 주거 마련이 불가능하다고 응답했다. 76.9%가 자가 마련 시 부모의 자금 지원이 필요하다고 답했다(일코노미뉴스. 2023.5.16.).

주택빈곤에 더해 주택난 문제도 심각하다. 서울과 수도권 집값 상승으로 무주택자가 지속적으로 늘어나고 있다. 소득 대비 주택가격비율(PIR)은 2018년 9.6에서 2022년 15.2로 급상승하였다. 이는 서울에서 일해서 번 소득을 한 푼도 안쓰고 15년을 모아야 집을 살 수 있다는 뜻이다. 저렴한 임대주택 공급은 매우 부족하다. 주택난이 더욱 심화되고, 부동산으로 인한 소득격차, 자산양극화가 더욱 벌어진다.

주거권 문제는 일차적으로 주거빈곤 문제이지만, 포괄적으로는 부동산 투기로 인한 자산불평등의 문제이다.

**건강권**

대한민국 헌법 제36조 3항은 "모든 국민은 건강하고 쾌적한 환경에서 생활할 권리를 가진다"라고 명시하여, 건강권을 기본권으로 규정한다. 그리고 국민건강보험제도(NHI)와 건강보험공단 운영을 통해 의료서비스 접근성을 보장한다. 2015년 이후 시행된 공공보건의료 강화 정책과 감염병 예방법 등은 건강권을 뒷받침하는 제도적 장치들이다.

그러나 현실에서 건강권은 충분히 보장받지 못하고 있다. 무엇보다 공공의료 비중이 매우 부족하다. 한국의 공공병원 비율은 10% 내외로, OECD 평균(70% 이상)에 비해 매우 낮다. 의료 인프라의 대부분을 민간 병원이 담당하며, 이로 인해 공공성보다 수익성이 우선되는 구조가 형성된다. 공공병원의 수가 적어 감염병, 재난 상황에 신속히 대응하기 어렵고 취약계층의 의료 접근성이 저하된다.

건강보험 보장률도 매우 미흡하다. 한국의 건강보험 보장률은 60% 수준으로, 일본(80%)이나 프랑스(90%)에 비해 낮다. 비급여 항목이 많아 의료비 본인 부담이 크다. 특히, 고가의 진료나 비보험 진료를 많이 이용할 경우 재정적 부담이 가중된다. 치과, 한방, 정신건강 등의 서비스가 충분히 보장되지 않아 국민들의 의료 사각지대가 발생하고 있다. 충치 치료, 임플란트, 교정 등의 주요 치과 서비스는 대부분 비보험 항목이거나, 보험 적용이 제한적이다. 한방 치료는 한국의 전통적 의료 영역이지만, 보험 적용은 일부 침, 뜸, 부황 등 기본적인 치료에만 해당되며, 추나요법 같은 치료는 제한적으로 보장된다. 정신건강 분야는 한국에서 여전히 낙인(stigma)이 강한 영역으로 남아 있어 적절한 시기에 치료를 받지 못하는 경우가 많고, 심리상담이나 정신건강 프로그램의 대부분은 비급여 항목이다.

의료시설과 전문의가 수도권과 대도시에 집중돼 있다. 지방 주민들은 대형 병원이나 전문의 진료를 위해 수도권으로 이동해야 하는 경우가 많다. 지방 공공의료는 예산과 인력 부족으로 인해 필수적인 의료서비스도 제대로 제공되지 못하고 있다. 게다가 민간 병원의 경쟁적 구조로 인해 과잉진료 문제가 발생하고, 불필요한 검사와 시술이 늘어나고, 의료비가 증가하는 결과를 초래한다.

한국의 의료체계는 예방보다는 치료 중심으로 운영된다. 예방의료나 1차 의료 기능이 약해 환자가 발생한 이후에만 집중적인 치료가 이루어지는 구조이다. 이러다보니 보건소 같은 1차 의료기관이 제 역할을 하지 못해 병원에 대한 의존도가 높아지고, 의료비 부담이 가중된다.

특히 이주노동자, 비정규직, 노인 등 취약계층은 의료서비스 접근에 어려움을 겪고 있다.

### 생명안전권

생명안전권은 국민이 위험으로부터 생명과 신체의 안전을 보호받을 권리를 의미한다. 헌법 제10조는 "모든 국민은 인간으로서의 존엄과 가치를 가지며, 행복을 추구할 권리를 가진다"고 규정하여 생명안전권의 기본 근거를 제공한다. 중대재해처벌법(2022), 산업안전보건법 등을 제정하고 중앙정부, 지방정부 차원에서 재난대응체계를 강화하는 것도 생명과 안전을 보장하려는 노력의 일환이다.

그러나 국민의 생명안전을 보장하기 위한 국가적 노력에는 구멍이 숭숭 뚫려있다. 먼저 한국은 OECD 국가 중 산업재해 사망률이 높은 편에 속한다. 하루 평균 6명이 산업재해로 사망하며, 연간 2000명 이상이 목숨을 잃고 있다. 2023년에도 중대재해가 반복적으로 발생하며, 기업과 정부의 안전 책임 미흡이 지적되고 있다. 쿠팡 등 생활물류와 IT산업 등에서 장시간 노동과 열악한 노동 환경으로 인한 과로사 문제가 심각하지만, 예방적 조치는 부족하다.

대형 재난과 사고 문제는 더욱 심각하다. 이태원 참사(2022), 세월호 참사(2014)와 같은 대형 재난에서 정부의 미흡한 대응과 책임 회피가 반복되고 있다. 사고 이후 재발 방지를 위한 제도가 미비하거나 제대로 집행되지 않아, 국민 생명안전에 관한 구조적 부실이 심각하다는 것을 말해준다.

환경과 기후 위기로 인한 위험이 점증하고 있다. 미세먼지와 같은 대기오염 문제는 국민 건강과 생명에 큰 위협이 되고 있다. 기후변화로 인한 폭염, 홍수, 감염병 확산은 사회적 약자와 취약계층에게 더 큰 피해를 미치며 생명안전권을 침해한다.

장애인, 노인, 아동 등 사회적 약자에 대한 안전 대책이 충분하지 않다. 아동 학대 사건, 독거노인 방치 등 개인의 생명과 안전이 보호되지 않는 사례가 빈번하다.

건축물 안전과 교통사고 예방도 부족한 상황이다. 건설 현장에서의 안전사고가 자주 발생하며, 도로와 대중교통의 안전도 완전히 보장되지 않고 있다. 특히 배달 노동자와 같은 이동형 노동자들은 교통사고에 취약하다.

층간소음, 미세먼지, 식품안전 등 일상생활에서의 안전 위협이 증가하고 있을 뿐만 아니라 개인정보 유출, 사이버 범죄 등 디지털 환경에서의 안전 문제가 심각해지고 있다. 산업과 문명의 발달에 따라 생명안전에 대한 위협은 더욱 일상화, 대형화되고 있지만, 이에 대한 국가적 대비는 취약하다.

**교육권**

대한민국 헌법이 보장하는 교육권이 심각하게 침해받고 있다. '모든 국민은 능력에 따라 균등하게 교육을 받을 권리를 가진다'는 헌법 제31조의 선언이 공허한 메아리로 전락한지 오래다.

한국은 돈이 실력이 되는 사회이다. 서울 강남의 유명 입시학원 앞에는 밤늦게까지 불이 꺼지지 않는다. 초등학교 때부터 학원에 의존해야 원하는 고등학교와 대학에 진학할 수 있는 현실이 보편화되었다. 반면, 지방과 저소득층 가정의 학생들은 꿈조차 꿀 수 없는 상황에 놓여 있다. 학교에서 배우는 것만으로는 대학에 갈 수 없고, 사교육이 없으면 뒤처질 수밖에 없는 것이 이 땅의 교육현실이다. 한국에서는 부모의 경제적 능력이 곧 성적과 미래를 좌우한다. 이러다 보니 한국 사회에서 부모는 허리가 휠 지경이다.

학생과 교사의 처지 역시 비참하다.

학생들은 입시 지옥 속에 청춘의 꿈을 접은 지 오래다. 학창 시절과 대학시절을 온통 입시와 취업 경쟁에 자신을 갈아넣어야 한다. 그런데도 성공하기가 힘들다. 재수는 필수이고, 졸업은 늦게하는게 유행이 될 정도이다. 과도한 입시 경쟁은 청소년들의 정신 건강을 위협하고 있다. 중·고등학생 10명 중 3~4명은 우울증을 경험한다. 그러나 이 무한경쟁의 결과는 역설적으로 양극화의 대물림이다. 교육이 계층 고착화의 도구가 된 지 오래이다. SKY(서울대·고려대·연세대) 합격생 중 강남 3구 출신이 30%를 넘어섰다는 것은 단순한 통계 수치가 아니다. 교육이 더 이상 계층 이동의 사다리가 아닌, 불평등을 대물림하는 도구로 전락했음을 보여주는 참담한 현실이다. 헌법이 보장하는 교육 기회의 평등을 근본적으로 무너졌다.

공교육이 무너지면서 교사들은 업무 과중과 더불어 교권 침해에 무방비로 노출되어 있다. 온 나라가 사교육에 매달리는 동안 교사들은 매일 쌓여가는 행정 업무와 학부모 민원에 시달리며, 수업 준비에 집중할 시간을 잃고 있다. 학생과 학부모의 막말과 폭력에 시달리는 교사들이 늘어나는 가운데, 교사 스스로 목숨을 끊는 사건도 발생하고 있다. 이는 단순한 사건이 아니라 교육 시스템 전반의 붕괴를 경고하는 비극이다.

교육불평등, 공교육의 붕괴는 도농의 격차, 수도권과 지방 간의 격차로 이어지며 더욱 심각해지고 있다. 농어촌 지역의 학교는 학생 수 감소와 교사 부족 문제로 문을 닫거나, 형식적으로 운영되고 있다.

교육은 국가의 미래이고, 교육권은 중요한 국민의 기본권이지만, 너무나 처참하게 무너져 내리고 있다.

## 2.위기의 대한민국

지금 한국사회는 다중적이고 복합적인 위기에 처해 있다.

기본권의 위기, 민주주의와 공공성의 위기가 중층적으로 겹쳐 있고, 전환기적 체제위기로 폭발하고 있다.

### 1) 민주주의와 공공성의 위기

기본권의 위기는 결국 한국사회의 민주주의의 위기이며 동시에 공공성의 위기와 맞물려 있다.

기본권의 위기는 무엇보다 민주주의 위기에서 온다.
기본권이 모이면 민주주의가 된다. 그런 점에서 87년 6월 항쟁과 7·8·9 노동자 대투쟁은 한국사회의 정치민주화, 노조민주화에서 획기적인 전진을 가져왔고 이와 함께 노동자 시민의 기본권에서도 커다란 전진이 있었다. 대통령 직선제, 노동조합 직선제를 포함하여 집회와 시위, 결사의 자유, 언론과 표현의 자유, 진보정당 활동 허용에 이르기까지 노동자 시민의 투쟁에 의해 민주주의적 기본권의 신장을 가져왔다. 그러나 잘 발전하던 민주주의는 IMF 외화위기 이후

'자유화'의 역풍을 맞고 후퇴하기 시작하였다. '자유화'는 곧 '시장화'였고, 권력을 노동자, 시민으로부터 빼앗아 '시장'에게 돌려주기 시작하였다. 이로부터 시장독재가 강화되기 시작하였다. 결국 민주주의와 기본권은 다시 후퇴, 왜곡되기 시작하였다.

그러나 많은 사람들은 '자유화'를 '민주화' 과정이라고 착각하였다. 특히 민주당류의 정치세력에서 심했다. 민주당은 '민주화;를 진행한다고 하였으나 결과는 '자유화의 확대'였다. 즉 신자유주의의 확대였다. 이에 따라 친미수구세력과 친미 자유주의 세력 누가 잡아도 큰 차이가 없었다. 어떤 경우에는 부동산이 폭등하며, 빈부격차가 더 심해지기도 하였다. 그 결과 시장의 힘, 다시 말해 자본의 힘이 커지고, 노동자, 시민의 힘은 약해졌다. 그에 따라 민주주의와 기본권은 왜곡되거나 후퇴하였다.

자유화와 시장독재가 강화됨에 따라 재벌, 언론, 검찰이 정치권력으로부터 독립하며 권력을 강화하였다. 민주화의 이름으로 진행된 경제의 정치로부터의 독립, 관치금융타파, 정권의 언론통제 금지, 검찰의 독립 등의 과정은 사실은 재벌, 언론, 검찰의 새로운 권력화 과정이었고, 새로운 반민주적 기득권 동맹의 형성과정이었다. 본질적으로 시장화, 자유화 과정이었다.

그 결과 재벌은 더욱 비대해지고, 시장지배력을 높여갔으며, 정리해고 남발, 비정규직 확대, 외주화, 하청화, 해외 진출, 노동조합에 대한 탄압과 통제를 강화하게 되었다. 현장에서의 노동기본권은 약화되고, 언론은 귀족노조, 집단이기주의로 노동조합을 공격하고, 검경은 노조탄압을 확대하며 기득권 동맹의 힘은 더욱 커졌다. 민주화 투쟁으로 잠시 조정되던 운동장의 기울기는 다시 더 기울어지기 시작하였다. 산별교섭은 더디고, 비정규직은 오랫동안 노동조합 사각지대로 남아야 했으며, 민주노조가 있는 현장에는 구조조정이 일상화되고 자동화가 빠르게 진행되었다.

농민의 민주주의적 투쟁은 87항쟁 이후 땅에 관한 권리, 제값 받고 농사지을 권리, 농협과 농업금융에 대해 주인답게 참가하고 접근할 수 있는 권리 등으로 발전해야만 했다. 그러나 농산물 수입정책은 이 모든 것을 붕괴시켜 놓았다. 시장화, 자유화는 6월 항쟁 이후 확대발전하던 농민의 기본권 투쟁을 모두를 거꾸로 돌리는 반민주적 과정으로 되었다. 자유화로 등장한 종편 등의 수구언론은 언론민주주의를 심각하게 후퇴시키고 표현의 자유를 왜곡 억압하는 괴물로 변질되었다.

자유화의 결과로 친미수구세력은 이명박, 박근혜 정권을 거치며 재생부활하여 다시 집권세력이 되었고, 그 정점에서 탄생한 것이 윤석열 검찰독재정권이다. 윤석열 검찰독재는 자유화의 최대 수혜자이다. 또한 촛불혁명의 타격을 받고 무너져 내리는 친미수구세력의 지배체제를 재건하는 사명도 부여받았다. 때문에 윤석열 정권은 21세기 '자유화'도 아니고 이미 망해버린 19세기·20세기 '자유민주주의'를 가지고 와 역사를 이승만 시대, 한국전쟁기로 되돌리려고 기도하다가 급기야 비상계엄이라는 친위쿠데타, 내란과 외란을 획책하는데 이르렀다 오늘날 한국사회에서 자유화, 자유민주주의는 결코 민주주의가 아니다. 오히려 역사의 반동이며, 민주주의에 대한 억압이고 후퇴이다. 이러한 민주주의 후퇴 때문에 노동자민중, 시민의 기본권은 심각하게 왜곡 후퇴하고 있다.

자유민주주의를 내건 윤석열 검찰 파시즘 독재체제에서 민주주의는 단순히 후퇴하는 정도가 아니라 노동탄압, 편파수사, 보복압수수색, 거부권 남발, 집요한 언론장악 기도, 국정농단, 정적제거, 전쟁 위험 등 민주주의 파괴, 기본권 말살로 이어졌다. 그 끝에 결국 계엄을 교과서 밖으로 끌어내고 말았다. 결국 이것을 막지 못했다면 이 땅에서 다시 전쟁과 학살의 참극이 벌어졌을 것이다.

기본권의 위기는 공공성의 위기와 관련되어 있다.
공공성이란 국가나 사회가 공동의 이익을 위해 제공해야 할 필수적인 서비스와 자원을 의미하며, 이는 모든 구성원의 기본적인 삶의 질을 보장하는 데 필수적인 요소이다. 6월 항쟁 이후 민주주의 진전 과정은 실질적 민주주의로의 진전 과정이며, 실질적 민주주의란 곧 공공성의 확대를 의미했다. 그러나 이 역시 신자유주의 세계화 논리에 따라 이미 있던 공기업마저 민영화, 시장화하는 과정으로 변질되었다. 공공성 강화는 비효율적이며 돈먹는 하마를 키우는 것이므로, 시장의 효율성, 수익성 우선 구조로 바뀌어야 한다는 '자유화' 논리에 따라 '공공성' 확대운동은 심각한 타격을 받고 축소되기 시작했으며, 결국 국민의 심각한 기본권 약화로 이어졌다.

공공성이 약화되면 시장경제 논리가 사회 전반에 확산되어 사회적 약자에 대한 배려가 줄어들고, 기본적인 삶의 질을 보장하기 위한 공공 서비스 제공이 부족해져 결과적으로 다양한 기본권 침해로 이어지게 된다.
공공성의 약화는 전력, 에너지, 가스, 철도, 4대보험 등 공기업과 공공복지행정 부문을 민영화, 시장화, 분할, 해외매각을 집요하게 추진하는 것으로 나타난다. 이로 인해 국민들은 전기와 에너지, 대중교통과 4대복지라는 기초적이고 필수적인 기본권에서 배제와 차별을 겪게 되고, 기본권이 심각하게 후퇴하게 된다. 그리고 해외투기자본과 재벌, 관료들의 탐욕만 채우는 결과로 이어진다. 민영화과정은 이에 저항하는 공공부문 노동자와 노동조합에 대한 강도 높은 탄압과 비정규직 확대로 이어지고, 공공부문에 대한 민주적 통제를 더욱 취약하게 만든다.

농업의 위기는 식량주권과 농업 공공성의 위기이자 농민 생존권상 기본권의 위기이다. 쌀 가격 폭락과 농산물 시장 개방으로 농민들이 심각한 타격을 받고 있음에도 정부는 시장 논리에 따라 농업 지원을 축소하고 있다. 농지 보전 정책의 약화로 2010년부터 2020년까지 약 10만 헥타르의 농지가 감소했다. 식량 생산은 공공재로 취급되어야 하지만, 정부는 식량 자급률을 무시하고 시장 개방을 우선시한다. 그 결과, 농업 붕괴와 식량안보위기가 심화되고 있다. 농업공공성의 위기는 농민기본권의 위기에서, 농촌소멸, 지방소멸의 위기, 나아가 국민 식량안보 위기로까지 확대되고 있다.

공공성의 위기는 노동자민중, 시민 기본권에 광범위한 위협이 되고 있다.

공공 보육과 요양 서비스의 부족으로 여성들은 직장을 떠나거나 비정규직에 머무를 수밖에 없다. 돌봄과 가사 노동은 사회의 필수적 기능임에도 개인과 가정의 책임으로 전가되고, 돌봄의 공공적 지원이 축소되면서 여성의 경제적 불평등이 심화되고 있다.

고용권 역시 국가, 공공부문이 나서서 해결해야 할 중요 사안이다. 특히 태양광, 풍력, 등 재생에너지와 공공교통, 돌봄사회서비스 영역은 국가가 나서서 질좋은 일자리를 창출할 가능성이 높은 중요한 공공영역이나 자본과 시장 주도로 비정규직 확대나 시장화, 민영화 방향으로 가고 있다.

주거는 기본적인 권리임에도 불구하고 부동산 투기와 자산가의 이익을 우선시한 결과, 공공주택 공급이 충분하지 않다. 토지와 부동산에서 공공성의 약화로 청년과 저소득층을 위한 공공임대주택 공급이 부족하고, 시장 활성화에 초점을 맞추는 주택정책으로 국민 전체의 주거권도 악화되고 있다.

의료는 공공의 영역이 되어야 하지만, 민영화와 시장화가 진행되며 의료 공공성의 위기가 심화되고 국민 건강권이 자본의 논리에 종속되고 있다. 정부는 공공의료 예산을 축소하고, 의료 민영화 정책을 추진해 건강보험의 보편적 혜택을 축소해 왔다. 2023년 간호사 인력 부족으로 여러 병원에서 환자가 제때 치료받지 못하는 일이 벌어졌다. 이를 해결하기 위해 공공의료 확대와 의료인력 증원 문제도 정부의 정치논리에 따라 일방적으로 진행함으로써 심각한 의료대란이 벌어지고 말았다.

교육은 공공재로서 누구에게나 동등하게 제공되어야 하지만, 정부는 교육을 시장 논리에 맡기고, 사교육이 그 빈자리를 채우고 있다. 정부는 대입 제도를 개혁하겠다면서도 공교육 강화를 위한 실질적 대책은 부족하다. 사교육 의존도가 높아지면서 교육 격차가 심화되고 있다. 저소득층 가정의 학생들은 사교육에 접근하기 어려워 입시 경쟁에서 불리한 위치에 놓이고 있다. 최근에는 친일친미 뉴라이트 세력이 교과서 왜곡 등으로 친일교육을 공교육체계에 집요하게 확대하는 등 위험한 작태를 보이고 있다.

공공성은 모든 사람이 동등하게 권리를 누릴 수 있도록 보장하는 사회적 가치이다. 그러나 한국 사회에서는 공공성이 점점 후퇴하면서 다양한 기본권이 침해되고 있다. 노동, 농업, 돌봄, 주거, 의료, 교육 등 모든 영역에서 공공의 역할이 축소되며, 사회적 약자들은 더욱 불리한 상황에 놓이고 있다.

요약하면 대한민국 위기의 기초에는 노동자민중, 국민의 기본권의 위기가 가로놓여 있다. 그리고 기본권의 위기는 본질상 민주주의와 공공성의 위기이다. 민주주의와 공공성의 위기는 신자유주의 세계화가 87년 이후의 '민주화' 과정을 뒤집어 업고 '자유화'로 한국사회의 궤도를 수정함으로써 발생한 역사적 후퇴의 결과이다. 이것을 한국노동자민중이 다시 촛불항쟁으로 극복해 나가기 시작하자 매우 반동적인 '자유민주주의'를 주창하는 윤석열 검찰독재가 등장함으로써 민주주의와 공공성은 이승만 시기로 후퇴할 정도로 매우 심각한 위기에 빠졌다. 그 결과 노동자민중, 국민 기본권의 심각한 약화로 이어졌다.

## 2) 전환기적 체제위기

### (1) 전환기 위기

오늘날 대한민국은 전환기 위기에 노출되어 있다.

2차 대전 이후의 미국주도 세계질서가 다극 질서로 바뀌고 있다. 불평등과 양극화 속에서 기후위기, 기술변화, 저출생 고령화 등의 전환적 문제가 인류와 한국사회의 지속가능성을 위협하는 수준에 이르고 있다.

무엇보다 세계는 미국 일극패권 시대에서 주권기반 다극화 질서로 전환하고 있다. 특히 미국 주도의 신자유주의 세계화 질서는 1980년대 이후 미국을 중심으로 전개된 경제 질서로, 자본의 자유화, 민영화, 규제 완화를 통해 국가의 공적 기능을 축소하고, 글로벌 자본 권력을 강화해왔다. 그러나 2008년 글로벌 금융위기 이후 신자유주의 질서는 쇠퇴하고, 미국의 일극패권은 약화되고 있으며, 중국과 러시아를 중심으로 한 다극화 질서가 부상하고 있다.

신자유주의 국제분업체제는 중국의 저비용 노동력을 활용한 글로벌 가치사슬(GVC)을 구축했으나 중국의 경제적 부상과 함께 신자유주의 세계화는 균열을 보이기 시작했다. 미국은 대중 디커플링, 디리스킹 전략으로 국제산업과 공급질서를 자국중심으로 재편하려고 하고 있다. 신자유주의 세계화를 이끌었던 '워싱턴 커센서스'를 버리고, '뉴 워싱턴 컨센서스'를 제시하며 대중봉쇄, 보호무역주의, 정부주도 산업전략, 경제와 안보의 통합, 동맹경제블럭화 등의 정책을 추진하고 있다. 이러한 변화는 중·미 협력 구조하에서 성장하던 한국에게도 커다란 전환기적 위협이 되고 있다.

또한 달러 패권과 금융자본주의의 위기가 심화되고 있다. 달러체제를 기반으로 한 금융세계화는 빈부격차를 확대하고, 자산 불평등을 심화시키며, 금융 시스템의 불안정성을 초래했다. 미국의 금융자본주의는 부채위기와 금융공황을 야기했고, 2008년 금융위기 이후 세계 경제는 장기적인 저성장 기조를 이어가고 있다. 이와 함께 탈달러 움직임과 브릭스 플러스(BRICS+)를 중심으로 한 새로운 경제 블록의 부상은 다극화 질서를 더욱 촉진하고 있다. 이는 수출 주도 달러종속체제의 한국경제에게 또 하나의 커다란 전환기적 리스크로 되고 있다.

요컨대 미국 일극패권의 쇠퇴와 함께 브릭스 플러스와 같은 새로운 경제 세력의 부상, 그리고 글로벌 공급망과 금융 시스템의 재편되고 있는 전환기적 위기는 어떤 선택을 하느냐에 따라 모든 국가와 계급, 정치세력의 운명을 결정짓는 중요한 시기로 되고 있다.

이와 함께 기술 발전, 기후 변화, 인구구조 변동은 현재와 미래의 경제 및 사회 구조에 심대한 영향을 미치는 중요한 요소로 부각되고 있다. 디지털 전환은 기존의 산업 구조를 급격히 변화시키고 있으며, 특히 인공지능과 자동화 기술이 노동시장, 고용과 노동기본권에 큰 영향을 미치고 있다. 기후 위기는 산업 전반에 녹색 전환을 요구하며, 각국은 이에 따른 새로운 경제 전략을 모색 중이나 대한민국은 기후악당국가, 약탈전환국가로서 이를 극복하기 위한 정의로운 전환을 준비하는 진보운동의 대응이 시급한 상황이다. 인구구조의 변동, 특히 한국에서 저출생 고령화 문제는 '속도'와 '격차' 문제로서, 종속적 신자유주의 체제의 필연적 결과로서 각종 모순을 집중적으로 드러내고 있다. 저출산고령화는 노동력 부족과 경제 성장 둔화, 수도권 과잉집중과 지방소멸, 주거, 교육, 의료 등의 각종 사회문제와 노동, 노인, 청년, 여성, 이주 노동자 등 각계각층의 기본권을 심각하게 위협하며 사회적 파급효과가 확산되는 양상이다. 특히 기술 발전, 기후 변화, 인구구조 변동은 개별적으로도 큰 영향을 미치지만, 상호작용을 통해 더욱 복잡하고 심각한 문제를 초래하고 있다.

이처럼 한국사회는 세계질서, 기술, 기후, 인구 등의 세계사적인 대전환기에 어떤 전략적 선택을 하는가에 따라 나라와 민족의 운명이 바뀔 수 있는 중대한 기로에 서 있다. 진보정당은 여기에 대안을 가지고 대전환을 준비해 가야 한다.

(2) 전쟁위기

대전환기는 신구 세력간의 격렬한 대결을 수반한다. 특히 우크라이나, 중동, 한반도와 같은 지정학적 요충지는 예외 없이 전쟁위기로 이어진 것이 역사적 경험이며, 오늘날에도 전례없는 위기가 고조되고 있다.

특히 한반도는 미국이 패권을 유지하는데 있어서 가장 사활적인 전략적 이해가 걸려 있는 지역이며, 북중러와 한미일이 직접적으로 충돌하는 공간이다. 미국은 일본을 핵심축으로 아시아판 나토를 구축하고 한미일 삼각군사동맹을 완성하여, 대북대중대러와 전쟁가능한 체제를 구축하기 위해 연일 행보를 다그치고 있다. 이를 위해 윤석열 정부는 어느 정권도 감히 해보지 못한 친일사대매국 행위를 거리낌없이 자행해 왔다.

이 땅은 미국의 핵전쟁의 전쟁기지, 전초기지로 전변되고 있고, 친미수구세력은 미일과 손잡고 북을 치자는 선제공격론을 고창하며 위험한 전쟁게임으로 한반도 정세를 몰아가고 있다. 한반도는 언제 전쟁이 터져도 이상하지 않은 매우 위험천만한 상황이 조성되고 있으며, 일단 전쟁이 터지면 핵전쟁이자 3차 세계대전이 될 수밖에 없는 매우 위험한 대결구도가 펼쳐지고 있다. 대전환기 지정학적 위기, 전쟁참화의 위기를 어떻게 타개해 나가는가 하는 문제가 그 어느 때보다도 중대사로 되어 있는 전환적 국면이다.

(3) 체제위기

기본권 위기, 민주주의와 공공성의 위기, 전환기적 위기, 전쟁위기는 총체적으로 체제위기로 전화하고 있다.

달러체제-신자유주의 국제분업체제 속에서 달러종속-수출주도-추격성장-재벌선단체제-비정규직 기반 경제는 이미 수명을 다했다.

달러종속체제는 한국 금융산업과 알짜기업의 외국인 소유

확대, 국부유출구조를 심화시키고, 금융불평등, 자산불평등을 낳는 원인으로 작용했다. 수출주도 성장체제는 주로 중국성장에 편승한 효과였으나 이제 보호무역주의 확대로 수출시장이 축소되면서 한계에 도달했다. 추격성장은 반도체, 자동차, 조선, 석유화학, 철강 등의 분야에서 중요한 성과를 내었으나 주되게는 글로벌 가치사슬의 국제분업의 효과를 본 것이었다. 탈세계화로 자국중심의 산업전략이 확대되고, 첨단산업 경쟁이 치열해지고 있으나 재벌주도의 한국 경제는 추격성장모델에서 혁신모델로 전환을 이루지 못하고 있다. 총수경영-하청계열화-비정규직 확대에 기반한 저비용 시스템이 발목을 잡고 있기 때문이다. 게다가 디지털 전환, 기후위기, 저출산고령화에 따른 지방소멸은 한국 경제가 지속가능하지 않다는 점을 말해주고 있다.

이같은 구체제의 모순의 최대 피해자는 한국 노동자민중이다. 자본과 정권이 대안이 없을 때 결국 노동자민중이 스스로 대안을 마련하고 한국사회를 바꿀 수밖에 없다. 특히 이러한 대전환의 시대에 종속적 신자유주의 체제를 온존하려고 하거나 자본·시장·기술 주도의 전환을 진행하려고 할 경우 이 땅의 노동자 민중에게는 일방적 희생이 강요될 뿐이다. 진보정당은 전환기 위기 정세에서 외세와 정권, 자본 기득권 세력에게 주도권을 뺏기고 사후 대응에 급급할 것이 아니라 스스로 대안을 제시하고 한국 사회를 바꾸어 가는 체제전환 운동을 준비해야 한다.

87항쟁 이후 세워진 6공화국 체제의 한계도 뚜렷하게 드러나고 있다.

6공화국 체제는 1987년 9차 개헌 이후 출범한 대한민국 정부 체제를 말하며, 흔히 87년 체제라고도 한다. 노태우-김영삼-김대중-노무현-박근혜-문재인-윤석열 정부로 이어지고 있는 대한민국 헌정사상 가장 길게 유지되고 있는 체제이다.

6공화국 체제의 등장은 항쟁의 산물이었다. '호헌철폐, 독재타도'의 함성으로 전국을 뒤덮었던 6월 항쟁은 노태우 대통령 후보의 '6·29선언'과 대통령직선제개헌 및 민주화조치를 약속한 대통령의 '7·1담화'를 만들어낸다. 그 결과 87년 10월12일 국회에서 개헌안이 의결되고, 10월27일 국민투표가 진행되었다. 개헌안은 총유권자 78.2%의 투표, 투표자 93.1%의 찬성으로 확정되고, 10월29일 공포되었다. 9차 개헌은 대통령 직선제뿐만 아니라, 국민의 기본권 강화, 통치권 행사의 절차적 정당성을 강조하는 내용을 보완하였다.

6공화국 체제는 군부독재와 권위주의에 저항한 민중 투쟁의 결과물이었다. 새로운 사회를 향한 민중의 열망이 만들어낸 체제라고 할 수 있다.

6공화국은 항쟁의 결과물이었지만, '6·29선언'이라는 어정쩡한 결말이 말해주듯, 한계도 명확했다.

타협적 민주주의의 탄생이었다. 대통령 직선제와 소선거구제도는 승자독식의 대결의 정치를 낳았고, 양당제 시스템을 고착화시켰다. 지지율에 비해 과도한 의석수를 받는 양상이 전개되었다.

국민분열과 대결양상도 심각해졌고, 퇴행적인 정치적 내전이 조장되고 있다. 한편 절차적 민주주의가 강화되고 제도화되면서, 민주주의 상상력과 노동자민중의 현장과 거리의 요구는 제도와 권력 질서 안으로 편입되도록 강요받았다. 정치는 정치인의 것이 되었고, 민중들은 소외되었다. 선거 때만 민주주의가 실현되는 구조가 강화되었다.

정치기능도 신자유주의 시장경제에 복무하는 형태로 전환되었다. 외환위기와 신자유주의의 전면화 속에서 국민들은 무한경쟁과 양극화에 내몰렸고, 정치는 이를 해결하지 못했다. 한때 군사독재에 항거했던 자유주의 세력은 이제 '권력은 시장으로 넘어갔다'고 공포에 떨며 놀라와 했다. 그리고 시장에 복무하는 정치로 스스로를 개량하기 시작하였다. 그 결과 오히려 민주당 정권하에서 노동시장의 다층구조가 형성, 고착화되고, 부동산 자산시장이 확대되는 역설이 발생하였다. 6공화국 체제하에서는 어느 당이 집권하든 신자유주의 체제는 날로 심화되었고, 그 결과 사회의 불평등과 양극화 체제는 더욱 심각해졌다. 정치는 이를 극복하는 것이 아니라, 학교, 기업 모든 분야에서 공정이라는 이름 아래 '능력주의'와 그 속에서 살아남는 방법을 추구하도록 하였다. 결국 전국민은 무한경쟁의 전쟁터로 내몰렸다. 민주주의 공동체는 황폐화되고, 오직 시장의 정글만 남게되었고, 청년에서 노인에 이르기까지 모든 세대에서 자살이 늘었다. 이제 6공화국 시대를 넘어설 것이 요구되고 있다.

## 3. 진보의 대안사회

### 1) 기본권 존중사회

대한민국 헌법 국민기본권조항에는 자유권적 기본권, 사회권적 기본권, 청구권적 기본권이 담겨있다. 자유권적 기본권은 사상, 양심, 표현, 언론의 자유, 집회와 결사의 자유, 직업선택의 자유 등이 규정되어 있다. 사회권적 기본권으로는 근로권, 노동3권, 교육권, 환경권 등으로 표현되어 있다.

청구권적 기본권은 국가로부터 배상과 보상, 재판을 청구할 권리를 포함한다.

자유권적 기본권은 부르주아 시민혁명의 결과로 민중이 쟁취한 역사적 투쟁의 산물이다. 사회권적 기본권은 자본계급이 노동계급을 배신한 이래 120년간의 독자적인 투쟁을 통하여 20세기 헌법에 반영한 노동3권, 복지권 등이다. 그러나 이러한 노동3권조차도 온전히 보장받지 못하고 있는 것이 대한민국의 현실이다.

신자유주의 세계화 시대가 도래하고 자본주의가 장기화되면서 이전 자본주의 시대와는 다른 새로운 사회적 모순이 발생, 증가하게 되었다. 이런 문제는 자유권적 기본권과 사회권적 기본권 모두를 심각하게 제약하고 약화시키는 요인으로 작용한다. 뿐만 아니라 이전에는 제기하지 못했던 새로운 기본권적 요구가 발생발전하게 되었다.

정규직 완전고용을 지향했던 시대의 노동기본권은 노동3권을 중심으로 제기되었다. 그러나 신자유주의 세계화 시대에 비정규직이 확대되면서 심각한 고용상의 문제가 발생하였다. 디지털 전환이 본격화되면 불안정 노동이 일상화되고, 상대적 실업이 문제가 아니라 절대적 실업이 문제가 되는 시대로 전환될 것으로 전망된다. 따라서 노동기본권에서 핵심적인 문제는 고용권에 관한 문제로 대두되었다. "일자리 이슈"가 바로 그것이다. 민주노총이 "일자리를 국가가 책임지라"는 구호는 이러한 현실을 반영한 정당한 요구이다. 이제 일자리는 민주주의 사회공동체의 총화인 국가가 책임지는 시대로 전환되고 있고, 반드시 헌법적 권리로 일자리 문제가 자리잡아야 하며, 정부의 기본임무로 설정되어야 한다. 생명안전권은 이전시기에는 산업재해나 치안이나 전쟁의 위기로부터 국민을 보호하는 내용으로 설정되었다. 신자유주의 세계화는 이 문제도 매우 심각한 수준에서 모순을 심화시키고 있다. 한편 새롭게 악화되고 있는 기후위기와 기후재난은 인류의 생명과 안전, 건강에 심각한 위협으로 되고 있다. 따라서 대전환기에 기후재난, 전쟁위기로부터 생명과 안전, 건강을 지키는 것은 그 어느 기본권 문제보다도 중요한 문제도 대두되었다.

여기에 신자유주의 세계화가 낳은 무한경쟁교육과 저출산 고령화로 인한 수도권과 지방의 양극화는 청년에게 미래를 박탈하고, 노령빈곤을 가속화하며, 한국사회를 소멸로 이끄는 수준에서 심각한 문제로 되고 있다. 이에 따라 교육권, 주거권 문제 역시 중요한 기본권적 요구로 부상하고 있다.

기본권에는 계급계층별 기본권이 있고, 의제별 기본권이 있다. 노동자, 농민, 청년, 빈민, 여성, 노인, 이주노동자의 기본권은 계급계층별 기본권이다. 농민의 경우 지난 2020년 농정협의회를 구성해 농민기본법 제정 논의를 제기한 전국농민회총연맹과 전국여성농민회총연합은 2021년 농민기본법 국민동의청원을 시작했고 2022년 1월 국민동의청원 5만명 목표까지 달성한 바 있다. 농민기본법에는 '농민'에 대한 기본규정에서부터 종자권, 농업노동자의 권리, 식량주권, 건강한 농산물 공급을 위한 국가의 책무, 여성농민의 권리, 주요농산물 공공수급제, 농민수당, 농지보전, 농촌보전, 대외통상정책에 이르기까지 포괄적으로 규정하고 입법을 촉구하는 투쟁을 벌이고 있으며, 다양한 사례를 만들기 위한 농민대중투쟁을 전개하고 있다. 교육, 보건, 생명안전, 주건권에 대한 운동도 기본권 운동 차원에서 꾸준히 전개되어 왔다.

이제 각자의 기본권운동을 정확하게 기본권 운동으로 설정하고 통일적으로 전개할 필요가 있다. 최근 민중운동의 기본약점은 다양하고 완강한 각계각층, 의제별 투쟁들이 협소한 현안투쟁으로, 각개약진방식으로 진행되고 있다는 점이다. 연대투쟁을 하는 경우에도 각자의 구호를 나열하는데 그치고 통일적 운동, 지향점이 있는 운동으로 진행되지 못한다는 점이다. 그러나 이 모든 운동은 본질에 있어서 노동자민중의 기본권을 쟁취하기 위한 투쟁이다. 따라서 모든 다양한 운동을 기본권운동으로 모아내고 기본권의 전면적 쟁취투쟁으로 지향시켜, 헌법적 권리로 쟁취하는 투쟁으로 통일적으로 강화발전시킬 필요가 있다.

이와 더불어 전통적 기본권 쟁취투쟁과 새로운 기본권 쟁취투쟁을 연계해서 진행할 필요가 있다. 한국사회는 전통적 기본권도 충분히 보장하지 못한 상태인데다 압축성장과정에서 새로운 기본권적 모순도 급격하게 양산하는 심각한 사회이기 때문에 이에 맞게 전통적 기본권 쟁취를 앞세우면서도 새로운 기본권 쟁취 투쟁을 긴밀하게 결합시켜 진행하여야 한다.

기본권투쟁은 대중이 주체가 되어 더 많은 민주주의와 더 넓은 공공성 확장을 위한 투쟁의 토대가 된다. 기본권이 모이면 민주주의와 공공성이 된다.

## 2) 더 많은 민주주의, 더 넓은 공공성

민주주의와 공공성은 기본권 보장을 위한 양날개이다. 87항쟁 이후 민주주의 진전의 핵심과제는 경제민주화였다. 직장 앞에 멈춰 선 민주주의 핵심에는 재벌대기업과 중소기업 간의 격차문제였다. 87년 이후 발생한 경제적 불평등은 주로 불평등한 원하청 관계로부터 발생하는 불평등이며, 이는 다시 노동의 양극화로, 청년의 불행으로 이어졌다. 신자유주의 세계화 이후 불평등은 비정규직 확대, 노동3권의 약화와 결합되어 나타났다. 디지털 산업전환이 진행되면서 재벌기업과 중소기업의 격차는 복잡한 양상을 띠며 더욱더 확대되고 있다. 수많은 중소기업이 좀비기업화되고 있고, 자영업자에게까지 확대되며, 중간층 몰락의 핵심요인으로 되고 있다. 이같은 토양은 기존에 쟁취한 민주주의까지 후퇴시켜 정치, 경제, 사회, 현장에 이르기까지 시장, 자본독재, 직장갑질, 원청갑질이 광범위하게 강화되는 형태로 나타난다.

따라서 진보정당은 사상, 언론, 결사, 집회 등 기본적인 민주주의 회복뿐만 아니라 경제사회에 이르는 더 많은 민주주의를 위한 노력을 더욱 배가해야 한다. 특히 민간영역에서 전통적 산업전환 뿐만 아니라 디지털 전환까지 결합하여 한국경제의 병목이자 불평등의 근원인 원하청관계의 민주화, 노동중심의 정의로운 산업전환을 위하여 노력이 필요하다.

공공성의 영역은 고용권, 주거권, 건강권, 생명안전권, 교육권 등의 영역에서 더욱 넓게 확대되어야 한다. 공공성은 사회권적 기본권의 확대영역이기도 하다.

고용권의 경우 현재의 헌법에는 국민의 기본권적 요구가 아니라 '시혜적 성격'으로 규정되어 있다. 이제는 '국가가 고용을 책임지는 것을 의무'로 삼도록 해야 한다. 특히 디지털 전환, 녹색전환 등 거대 경제전환, 산업전환과 연계하여 국가가 대규모 양질의 공공일자리 창출을 의무로 하고, 민간 영역으로의 확대를 정책화하도록 해야 한다.

주거권의 경우에도 일반적 보장을 넘어 주거권 보장을 위한 관련 정책이 통일적으로 진행되도록 해야 한다. 주택문제의 근본은 토지문제이며, 토지공개념이 필수적이다. 다음에는 주택공급, 주택개발 정책문제이다. 또한 시장에서 수요와 공급문제이다. 특히 주택개발자금과 대출을 둘러싼 주택금융의 문제이다. 이러한 문제들에 대해 체계적으로 접근해야 주거권 문제를 풀 수 있다.

건강권은 '지향적 권리(aspirational right)'에서 '보증된 권리(guaranteed right)'로 한 단계 발전시켜야 한다. 건강권 보장이 정부의 의무이기는 하지만 강제할 수는 없다고 명시하거나, 권리 행사는 국가의 자원 제약에 따라 제한되는 것이라고 한 경우 '지향적 권리'라 하고, 헌법 조항에서 건강권을 명백히 하고 이를 보장해야 할 정부의 의무를 밝힌 경우 '보증된 권리'라 한다. 대한민국 헌법에는 건강과 관련한 조항으로 "모든 국민은 보건에 관하여 국가의 보호를 받는다"는 언급이 전부다. 따라서 포괄적 건강에 대한 권리만을 명시하고 있으며, 국민의 건강권 보장을 위한 국가의 의무를 강제하지 않아 지향적 권리 수준에 머물러 있다.

생명안전권도 비슷하다. 생명안전권은 신체의 안전, 고문받지 않을 권리 등 자유권의 일부로 다루거나, 쾌적한 환경에 살 권리로 환경권의 하위개념으로 부분적으로 설정되어 있는 등 분산적으로 규정되어 있다. 그러나 국가폭력, 산업재해, 기후재난, 디지털 위험, 전쟁 위기 등 생명안전에 대해서는 보다 포괄적으로 독립적인 기본권으로 설정으로 이를 보장하기 위한 종합 체계가 필요하다. 헌법적 기본권상 요구를 분명히 하고, 중대재해처벌법, 재난 대응체계, 사회적 약자 보호를 위한 사회안전망 강화, 환경문제에 대한 적극적 대응 등의 제반 확대조치가 필요하다.

이처럼 공공성은 헌법적 규정에서부터 각종 법률체계와 국가정책, 정부기구와 사회시스템 전반에서 보다 폭넓은 확대가 전면적으로 필요한 영역이다.

국민의 기본권은 더 많은 민주주의, 더 넓은 공공성 하에서만 원만하게 보장할 수 있다.

### 3) 민중의 직접정치국가

"가난을 해결하려면 가난한 사람들에게 권력을 주라"는 말이 있다. 결국 기본권, 민주주의와 공공성, 체제전환의 문제를 해결하려면, 그 주인인 노동자민중이 권력을 가질 수 있도록 해야 한다. 이 문제는 정치개혁의 과제이다.

한국 정치개혁 과제 중 가장 우선적인 것은 노동자민중이 권력에 대한 접근성, 참정권 보장을 위한 획기적 조치가 필요하다. 대표적인 것이 교사, 공무원의 정치기본권을 보장하는 것이며, 선거권이 있더라도 사실상 투표를 할 수 없는 비정규직 등의 선거참여를 높이기 위한 다양한 조치가 필요하다.

국민투표제와 국민발안제는 직접민주주의를 구현하는 핵심적인 수단이다.
국민투표는 특정 법안이나 정책에 대해 국민이 직접 찬반을 묻는 제도이고, 국민발안제는 국민이 직접 법안을 발의할 수 있는 제도이다. 한국은 헌법에 국민투표제가 존재하지만, 주로 헌법 개정안에만 적용되며, 실제 활용 사례는 드물다. 국민발안제는 아직 도입되지 않았다. 일정 수 이상의 서명을 통해 국민이 의회에서 다뤄지지 않는 중요한 사안에 대해 직접 발의를 할 수 있는 시스템을 도입해야 한다.
국민소환제는 국민이 선출된 공직자를 임기 중에 소환해 해임할 수 있는 제도이다.

현재 한국에서는 지방자치단체장을 대상으로 한 국민소환제는 도입되어 있지만, 국회의원 등 중앙정치인에 대한 소환제는 없다. 국회의원과 같은 선출직 공직자에 대한 소환권을 국민에게 부여해, 공직자가 책임 있는 자세로 임무를 수행하게 하고, 국민이 직접 정치인을 감시하고 통제할 수 있는 구조를 마련해야 한다.

검사장 직선제 등 직선제도 더욱 강화해 검찰권력에 대한 국민의 통제를 강화해야 한다.

정당 지구당 제도를 부활하여 지역주민과 정당의 결합이 용이하도록 해야 한다. 보수양당 중심의 정당제도, 위성정당 악용을 금지하고, 비례성의 원칙을 확대하는 선거제도를 도입해야 한다. 또한 연합정치의 활성화를 위하여 선거연합당을 허용하거나 복수당적제를 열어주어야 한다. 특히 대통령 선거에서 결선 투표제를 도입하여 소수 정당의 권리를 확장하고, 투표의 대표성도 높여야 한다.

중앙 정부의 권한이 지나치게 집중된 현 체제에서 벗어나,

지방자치단체가 더 많은 권한을 가지고 지역 주민의 요구에 맞는 정책을 실행할 수 있도록 지방 분권을 강화해야 한다. 이를 통해 주민들은 중앙정부에만 의존하지 않고, 지역에서 더 직접적으로 정치에 참여할 기회를 얻을 수 있게 해야 한다.

참여 예산제는 주민들이 예산 편성과 집행 과정에 직접 참여해 자신들의 요구를 반영할 수 있도록 하는 제도이다. 현재 일부 지자체에서 제한적으로 운영되고 있지만, 중앙정부 차원에서는 아직 미흡하다. 전국적인 참여 예산제를 확대하여 중앙정부의 예산 배정에도 시민들의 참여 기회를 늘리는 것이 필요하다.

정치 참여 교육과 공론화 과정을 확대해 국민들이 정치적 사안에 대한 충분한 정보를 얻고, 그에 기반해 적극적으로 의견을 제시할 수 있도록 해야 한다. 중요한 정책이나 법안에 대해 시민 공론화 과정을 거치고, 토론을 통해 충분히 숙의된 의견을 수렴하는 시스템을 더욱 확대하고 활성화해야 한다. 또한 학교와 시민 교육 프로그램에서 정치 교육을 강화하여 직접정치에 대한 관심과 참여 의식을 높여야 한다. 디지털 기술을 활용해 더 많은 국민이 정치에 직접 참여할 수 있도록 해야 한다. 온라인 투표, 의견 수렴 플랫폼, 전자민원 시스템 등을 도입해 시간과 공간의 제약 없이 국민이 정책 결정 과정에 참여할 수 있도록 해야 한다.

이와 함께 진보정당은 스스로 정치개혁, 직접정치를 위한 독자적인 노력을 강화해야 한다.
진보정치세력은 대중적 항쟁의 성공 후에는 반드시 정치체제의 개혁으로 이어갈 수 있는 만반의 태세를 갖추어야 한다. 그래야만 진보정당이 참가하거나 주도하는 정치적 룰을 만들어 내고 그 위에서 새로운 정치게임을 진행할 수 있다. 지난 과정을 돌이켜 보면 한국사회에서 수없이 진행된 대중항쟁은 정치체제의 개혁으로 이어지지 못했다. 때문에 언제나 친미보수세력에게 유리한 정치적 룰이 만들어지고, 진보정당은 제도적으로 기울어진 운동장에서 정치에 참가할 수밖에 없었다. 이런 점에서 이제 진보정당운동은 정치체제의 개혁을 자신의 임무로 삼고 당원 및 민중과 함께 정치개혁투쟁을 전개해 나가야 한다.

또한 주민대회 등 다양한 새로운 진보정치 모델을 창조함으로써 노동자민중을 직접정치의 주역으로 세우고 스스로 권력의 주인으로 되는 경험을 확대하고, 집권역량을 키워 나가야 한다.

### 4) 자주적 민주경제

대전환기에 한국 경제의 미래에 대해서 자본과 기득권 세력은 뚜렷한 답을 가지고 있지 못하다. 중·미간 경제전쟁 틈바구니에 끼여 어정쩡한 태도를 취하거나 한미경제안보동맹에 올인하는 모험적 선택에 빠져 있다. 이런 점에서 진보운동은 자주적 민주경제라는 뚜렷한 대안을 가질 필요가 있다.

무엇보다 수출주도 성장전략에 궤도를 수정하여 수출비중을 줄이고 내수비중을 높이는 경제체제로 전환해야 한다. 수출비중의 축소는 한미동맹의 통상외교에서 벗어나 브릭스 등으로 확대하는 수출다변화 전략과 결합해서 연착륙해야 한다. 또한 내수를 강화하려면 분배를 획기적으로 강화해야 한다. 노동자민중, 국민의 소득을 높이지 않고 내수를 강화할 수는 없기 때문이다. 이는 강력한 분배정책을 진행해야 하는 만큼 강력한 경제개혁조치를 필요로 한다.
또한 남북, 중러를 연결하는 동북아 경제지대를 창설하는 길만이 항구적이고 안정적인 경제전략이 된다.

대전환기에 재벌의 대미투자 강화는 재벌의 산업경쟁력 강화가 아니라 산업경쟁력의 약화, 전략산업의 유실로 이어질 가능성이 크다. 재벌산업은 국가기간산업인 만큼 미국의 프렌드쇼어링이라는 미명아래 진행되는 동맹궁핍화 전략에 추종할 것이 아니라 국가주도 하에 국내로 유턴해야 한다. 또한 재벌의 유턴은 저출산고령화, 수도권 과밀화와 지방소멸, 일자리 창출과 연계하여 진행되어야 하며, 노사 지역별 초기업 교섭 및 지방자치체와 함께하는 노사민정 교섭 차원에서 진행되어야 한다.

달러종속 금융체제에 대해서도 전환을 시작해야 한다. 외환보유고에 달러비중을 줄이고, 시중은행에 대한 외국자본의 소유지분을 제한하며 궁극적으로 일부 시중은행은 재공영화하고 일부는 서민금융으로 전환해야 한다. 자본시장 전략도 금융세계화를 확대하는 방향이 아니라 금융이 실물경제 발전에 순기능을 할 수 있는 방향에서 재조정하고 필요한 규제를 강화해야 한다.

민영화중단, 재국영화 전략 강화, 지방경제 강화, 농업농촌 회생을 위한 조치도 강화해야 한다. 노동시간 나누기 고용창출형 디지털 전환, 공공성 기반 재생에너지 전환 전략을 채택하고 이 분야에서 대규모 질좋은 일자리를 창출해야 한다.

자주적 민주경제란 종속적 재벌중심 경제, 수출주도 신자유주의 경제, 극심한 불평등 경제구조를 극복하고, 실리적 통상국가, 내수기반 균형경제, 지속가능 공공복지로 전환해가는 새로운 진보의 경제비전이다. 해외수요의존 수출체제, 달러금융종속체제, 맹종적인 한미경제안보동맹체제, 재벌체제 전환은 진보정부가 수립되어야 추진 가능하다. 자주적 민주경제는 마음만 먹으면 한국 민중의 의지와 한국경제의 경제력으로 얼마든지 감당할 수 있는 실현가능한 전략이며, 대전환기에 지속가능한 경제체제로 체질전환을 할 수 있는 유일한 방도이다.

### 5) 주권 기반 다극화 대외 전략

미국 일국 패권 질서에 균열이 발생하고 다극화 질서로 이동하고 있는 대전환기에는 어떤 다극화인가가 중요하다. 새로운 패권질서가 아니라 공정하고 민주적인 다극화로 가려면 '주권기반 다극화'가 필요하다.

미국 일극패권의 위기는 미 군산복합체의 위기이며, 미 독점자본의 위기이다. 미국 일극패권의 위기는 미국 내부의 지배세력간 갈등과 모순을 격화시키고 있다. 미국 대선에서 나타나듯이 미국의 지배세력내 갈등은 내전양상을 띨 정도로 격화되고 있다.

미국 패권유지를 위한 대외정책은 동맹정책, 전쟁정책으로 나타나며 지구촌 곳곳에서 전쟁위기를 확대하고 있다. 미국은 세계를 민주주의 가치동맹세력과 권위주의 세력으로 나누고, 나토를 글로벌 동맹으로 확대함과 동시에 아시아판 나토를 창설하는 길로 나아가고 있다.

그러나 현실은 미국 패권이 더욱 약화되고 다극화가 촉진되는 방향으로 나아가고 있다. 무엇보다 북-중-러-이란을 연결하는 유라시아 벨트가 형성되고 있다. 이는 미국 전략가들이 미국 패권을 위협하는 가장 공포의 시나리오로 상정했던 것인데, 현실화되고 있다. 여기에 브릭스 국가들의 부상이 가세함으로써 세계질서의 다극화가 더욱더 촉진되고 있다. 브릭스는 5개국에서 10개국, 이후 추가 가입을 통해 브릭스 플러스로 확대발전하고 있다. 이미 브릭스의 GDP는 G7의 GDP를 앞질렀으며, 새로운 기축통화를 구축하는 길로 나아가고 있다. 이로 인해 세계 정치와 경제에서 미국의 독점적 영향력은 상대적으로 약화하고 있다. 브릭스 국가들은 미국이 주도해 왔던 무역, 기술, 환경 정책 등의 분야에서 대항세력으로 등장하고 있으며, 국제무대에서 영향력을 확대하고 있다.

대전환기에는 지정학적 선택이 중요하다. 지정학은 국가의 지리적 위치가 그 나라의 외교 정책과 군사 전략에 미치는 영향을 고려한다. 한국의 경우 해양과 대륙이 만나고, 남북이 분단되어 있으며, 미일한-북중러라는 신냉전구도가 형성되는 조건에 있다는 점을 고려하여 전략적 선택을 해나가야 한다. 지정학적 관점은 다극화 시대의 복잡한 국제관계 속에서 나라마다 독특한 전략을 수립하는 데서 필수적 요소이다. 이렇게 볼 때 한미동맹에 올인하는 것은 매우 위험한 선택이다.

지정학적 전략이 능동적인 선택인가, 수동적으로 외압을 수용하는 것인가 여부는 결국 얼마나 주권을 행사할 수 있는가에 달려 있다. 러·우전쟁에서는 우크라이나가 미국 대리전의 도구로 전락하는 비참한 상황을 목도하게 된다. 주권을 상실했기 때문이다. 러시아의 에너지와 자원을 바탕으로 제조업 강국, 수출강국, 유럽연합 중심국가로 성장했던 독일이 비참하게 추락하는 것 역시 독일이 미국의 군사전략, 대러시아 정책에 맹종하다가 발생한 비극이다. 지정학적 대전환기에 능동적인 전략선택이 가능하려면 주권 문제를 먼저 해결해야 한다. 오직 주권국가만이 능동적인 전략적 선택이 가능하다.

다극화를 지향하는 대전환기에는 한두 가지 정책적 변화를 추구하는 것이 아니라 정치경제사회문화 전반에 걸쳐 체제전환적 관점에서 변화를 설계해야 한다.

무엇보다 현재 세계질서에서는 신자유주의 세계화가 낳은 모순이 폭발하고 있고, 신자유주의 체제를 그대로 두고서는 어떠한 모순도 해결할 수 없기 때문이다. 신자유주의 세계화는 빈곤, 예속, 공황, 전쟁의 세계화를 낳았다. 한국사회는 신자유주의 세계화 모순의 집결점 중의 하나이다. 동맹의 위기, 디지털전환의 위기, 기후위기, 저출생고령화 등 인구구조변화의 위기가 모두 신자유주의 세계화 모순과 결합되어 나타난다. 대전환기에는 이러한 모순이 폭발적으로 나타난다. 따라서 대전환기 진보정당은 체제전환적 관점에서 진보의 대안사회를 준비하고 집권을 준비해야 한다.

대전환기 체전전환은 이전과는 다른 다양한 정치경제체제를 상상하고 설계할 것을 요구한다. 이전까지 대표적인 정치경제모델은 자본주의에는 자유민주주의, 사회민주주의, 파시즘 등이 있었고, 사회주의에서는 소련식 사회주의, 중국식 사회주의, 쿠바식, 이슬람식 사회주의 등이었다. 신자유주의 세계화 시대에는 미국식 모델을 글로벌 스탠다드로 받아들이라고 강요받았다. 최근 중미대결의 본질도 미국이 중국에게 중국식 사회주의 시장경제 모델을 부정하고 미국식 자본주의로의 변화하라고 압박하는 것에 다름 아니다. 한편 남미에게서는 나라별 차이는 있지만 새로운 21세기 사회주의에 대한 다양한 실험을 진행하고 있다. 중동과 아프리카에서는 사회체제와 종교, 문화는 다르지만, 각자의 자주적인 발전의 길을 모색하고 있다. 이처럼 미국식 정치경제 체제를 강요하던 신자유주의 세계화가 쇠퇴하고 탈세계화 다극화 시대를 살아가려면 세계 각국의 정치경제 체제에 대한 이해와 존중이 필수적이다. 뿐만 아니라 각국 정치경제체제의 장단점, 성공과 실패의 교훈을 잘 찾아내야 한다. 다극화 시대에는 많은 나라들이 자신의 독립적인 주권에 기초하여 나라의 가치체계-정치체계-경제체계를 가지고, 다양한 국가관계를 수립할 수 있다. 이걸 인정하여야 제국주의적 침략과 약탈의 국제관계가 아니라 상호 존중과 호혜의 국제관계를 수립할 수 있다. 한국사회가 대전환기, 다극화 시대에 어떤 가치체계-정치체계-경제체계-동맹체계를 갖출 것인지 대해서도 훨씬 더 개방적이고 폭넓게 사고

하여야 한다. 그렇지 않고 자유민주주의-친미보수정당체제-미국식시장경제-한미동맹이라는 틀에 갇혀서는 심각한 국가적 위기에 직면하게 될 것이다.

신자유주의 세계화로 세워진 모순된 질서는 신냉전 공급망 재편과 전쟁 위기, 디지털 산업전환과 기후위기, 저출생 고령화 등으로 발생하는 각종 재난을 노동자 민중에게 전가하는 체제이다. 또한 노동자 민중의 기본권, 민주주의와 공공성을 위협하는 체제이며, 자주적으로 미래를 설계할 수 없는 미국 주도의 한미일 군사경제안보 동맹체제이다.

신자유주의 세계화가 후퇴하고 미국 주도의 일극 체제가 약화되는 세계적인 흐름을 외면하고 있는 한국의 낡은 사회체제는 불평등과 빈곤, 주기적인 경제위기, 예속과 전쟁 위기, 기후재난과 저출생 등의 문제를 심화시키고 있다. 이러한 모순을 해소하기 위해서, 진보정당은 체제전환 운동으로 새로운 사회로의 이행을 분명한 목표로 설정하고 현안 투쟁을 체제전환과 연결해 노동자·민중의 집권을 지향해야 한다.

아래 표는 대전환기 진보의 과제를 간단히 정리한 것이다.

| 대전환의 내용 | 주요 시사점 | |
|---|---|---|
| | 주요 의제 | 운동 방향 |
| 신자유주의 세계화 → 다극화 | · 국제공급망의 재편<br>· 탈달러와 금융자본주의 약화<br>· 신흥대안세력의 등장<br>· 동맹재편과 전쟁위기 - 반제반전평화<br>→ 지정학적 관점 + 체제전환적 관점 | 주권 기반 다극화 |
| 디지털 전환 | · 일자리와 노동기본권의 위기<br>· 인간, 노동중심 디지털 전환<br>· 재벌과 중소기업 격차 해소<br>→ 민간영역 주도 보편적 노동권과 민주주의를 위한 운동 | 기본권<br><br>민주주의<br>·<br>공공성<br>·<br>차별과 격차 해소 |
| 녹색 전환 | · 기후악당국가 - 약탈전환 정책 극복<br>· 체제전환적 정의로운 녹색전환 담론<br>· 에너지 전환을 핵심으로 도로교통, 돌봄, 의료, 교육 분야 병행<br>→ 공공부문 주도 정의로운 전환과 민주적 통제 확대를 위한 운동 | |
| 인구구조 변동 | · 심각한 저출생·고령화 속도<br>· 수도권 인구 집중과 지방소멸의 위기<br>· 노동, 청년, 노인, 여성, 이주노동자 등 각계각층 문제 심화<br>· 일자리, 주거, 교육 등 기본권 문제 심화<br>· 한국 종속적 신자유주의 체제 모순의 집결점<br>→ 지역사회와 연계한 인구변화 대응 운동 | |
| 사회적 변화 | 노동 중심의 새로운 공화국(예시) | 체제 전환 운동 |

2016-17년의 촛불항쟁은 시대로 사회를 향한 민중들의 열망이 터져나오는 신호탄이었다. 촛불항쟁의 시대정신. 노동자민중의 기본권의 확장, 실질적 민주주의. 불평등체제의 극복, 시장에서 공공으로의 전환을 요구하였다. 나아가 주권과 평화, 통일번영에 대한 강렬한 열망을 표출하였다. 그러나 촛불의 힘으로 당선된 문재인 정부는 이러한 과제를 수행할 수 없었다. 촛불항쟁의 대중적 열망, 친미수구세력의 붕괴, 북미대화, 남북대화, 압도적 의석수 확보 등 그 어느 때보다도 유리한 조건이었지만, 문재인 정부는 결국 미국의 벽, 시장의 벽을 넘지 못했다. 문재인 정부의 실책은 결과적으로 윤석열 정부를 탄생시켰지만, 그 말로는 비참하다. 윤석열정부를 쓰러뜨리는 과정에서 마침내 2030이 광장으로 뛰쳐 나왔다. 오랜기간 모이지 않는 곳에서 외롭게 투쟁했던 이들이 '광장의 연대'로 '민주주의 공동체'를 경험하여 '빛의 혁명'을 열어가고 있다. 그리고 그 과정은 새로운 공화국으로 전진하는 과정이 될 것이다.

## 토론주제

1. 자기가 속한 단위에서 기본권 문제는 어떠한 것들이 있는지 말해 봅시다.

2. 왜 기본권 문제가 민주주의와 공공성, 체제의 문제인지 토론해 봅시다.

3. 기본권, 민주주의, 공공성 문제가 왜 주권 문제와 관련되어 있는지 말해 봅시다.

**366** 가장 유능한 정치인은 민중

# 보론. 남미 핑크타이드 사례

라틴아메리카 핑크타이드의 주요 특징

중남미 신좌파 운동 : 베네수엘라, 볼리비아, 에콰도르

칠레와 브라질 : 사회정치적 노동조합주의와 신노조운동

쿠바와 니카라과 : 전통 혁명노선의 성공과 좌절

남미사례를 살펴보는 이유는 진보집권에 대한 여러 유형의 모델을 모아서 살펴볼 수 있기 때문이다. 첫째 유형은 21세기 사회주의로 알려진 베네수엘라, 볼리비아, 에콰도르이다. 이들 나라는 지도자의 강력한 지도력과 대중의 역동성이 결합되어, 선거공간에서 지속적인 승리를 만들어가고, 선거승리 후 매우 급진적인 개혁을 통하여 진보정치를 밀고 나가는 유형이다. 대외정책에서도 반미노선이 선명하다. 둘째 유형은 칠레와 브라질을 살펴본다. 이 두 나라는 강력한 노동운동에 기반하여 진보정치를 하고 있다는 점에서 공통점이 있다. 두 나라의 차이점은 칠레는 노동운동 역사가 오래되었고, 브라질은 80년대부터 본격화하였다는 점이다. 칠레는 과거 집권실패 후 최근 급진적 성향을 띤다. 브라질은 온건한 사회주의 노선이나 최근 이점에 대해 깊은 성찰을 하고 있다. 셋째 유형은 쿠바와 니카라과이다. 둘 다 무장투쟁을 통해서 집권하였다. 미국 안마당에서 무장투쟁을 해서 집권했으니 우여곡절이 없을 수 없다. 그러나 쿠바는 상대적으로 굳건하게 버티고 있는 반면, 니카라과는 한때 정권을 다시 빼앗기기도 하였다. 이렇게 3가지 유형을 연구해보면 우리 진보정치를 발전시켜 가는데서도 참고가 되리라 믿는다.

## 1. 라틴아메리카 핑크타이드의 주요 특징

### 1) 라틴아메리카 경제 및 정치의 역사적 흐름

**식민시대와 독립**

1492년 콜럼버스의 아메리카 대륙 도착 이후 스페인과 포르투갈의 식민 통치가 시작되었으며, 이는 라틴아메리카에 큰 변화를 초래했다. 프랑스혁명과 프랑스의 스페인공격은 라틴아메리카의 독립의 기회를 제공하였다. 독립운동이 활성화되고 19세기 초 라틴아메리카 대다수국가가 독립을 쟁취했지만, 이후 혼란과 분열을 겪는다. 19세기 중반 이후 정치적으로 안정되고, 유럽으로부터의 이민과 근대화가 시작되어, 라틴아메리카는 유럽의 산업화에 따른 수출 증가로 경제가 활성화되었다.

## 수입대체산업화

1929년 대공황 이후 라틴아메리카는 종속이론에 기반하여 수입대체산업화를 통해 경제를 발전시키려 했다. 이 과정에서 국가 주도의 중앙계획, 국영기업 육성 등이 이루어졌다. 이는 브라질, 멕시코 등에서 2차 산업의 성장을 가져왔다. 그러나 부정적 효과도 나타났다. 시간이 지나면서 경제적 종속, 외채 위기, 공공부문의 비대화와 비효율성, 산업 간 불균형, 그리고 경제적 불안정을 초래했다. 사실 이것은 미국의 제국주의적 침략과 간섭 때문이었다. 제국에 의한 수입대체화의 시련은 라틴아메리카 국가들이 신자유주의적 경제 정책을 도입하게 되는 배경이 되었다.

**외채위기와 신자유주의 그리고 민주화**

1970년대 말 스태그플레이션, 미국 고금리의 영향으로 남미는 외채위기에 빠졌다. 1985년 볼리비아는 연 8,000% 이상, 1989년 아르헨티나는 3,000% 이상 그리고 브라질은 1,200% 이상의 하이퍼 인플레이션을 경험하였다. 라틴아메리카는 신자유주의적 구조조정을 받아들였다. 이는 경제 안정화에는 기여했으나 빈부격차 해소에는 실패했다. 수입대체산업화는 최종 폐기되고, 탈산업화와 일차산품 수출 중심으로 회귀하였다. 중국, 인도의 진출과 결합된 신자유주의 세계화는 원자재 가격을 상승을 가져왔고, 남미의 새로운 성장동력이 되었으며, 이 결과는 1990년대 이후 라틴아메리카 민주화로 이어졌다.

## 2) 라틴아메리카 정치제도의 특징

## 포퓰리즘[1]과 대통령제 중심

세계대공황 이전 자유주의 정책에 반대하는 저항은 1910년 멕시코 혁명으로 분출되어 경제민족주의와 포퓰리즘 정권의 등장으로 이어졌다. 수입대체산업화 역시 산업노동자가 주도하는 포퓰리즘 정치와 긴밀히 연결되었다. 포퓰리스트 지도자로는 아르헨티나의 페론(Juan Domingo Perón)과 브라질의 바르가스(Getúlio Vargas)를 들 수 있다.

19세기 초 독립한 라틴아메리카 국가들은 200년의 공화정 역사를 가지고 있지만, 1970년대까지 제도민주주의를 확립하지 못한 경우가 많았다. 이는 대농장을 소유한 지주 등 식민시대 기득권자들이 정치와 경제 권력을 독점하고, 선거보다는 강제와 폭력, 경제력을 통한 권력 획득이 일반적이

---

[1] 남미포퓰리즘에 대해서는 재조명할 필요가 있다. 남미의 진보성향의 정권이 민중에게 이익이 되는 정책을 수행한 것을 미국과 서구진영에서 포퓰리즘으로 매도하는 왜곡된 담론을 반영하고 있는 개념이기 때문이다. 남미 진보정책의 실패는 미국 등 제국주의적 경제침략과 간섭, 신자유주의 정책 대문에 발생한 경우가 더 많다. 그러나 포퓰리즘을 대체할 특별한 용어를 발견하지 못해 우선 포퓰리즘이라는 용어를 그대로 사용한다.

었기 때문이다. 민주주의 혁명의 부재가 이러한 상황의 주된 원인으로 꼽힌다. 멕시코(1910-1920), 볼리비아(1952) 등 소수 국가만이 민주주의 혁명을 경험했다.

라틴아메리카 정치제도의 큰 특징은 대통령제이다. 모든 국가가 직선으로 선출되고 의회와 권력이 분리된 대통령제를 채택하고 있으며, 이는 강력한 지도력의 원천이자 여러 제도적 문제의 원인이 된다. 대통령의 재선 금지는 독재에 대한 기억과 민주주의 회복의 상징으로 채택되었으나, 헌법개정 등을 통해 임기 연장을 시도하는 경우가 많다. 현재 대부분 국가의 대통령 임기는 4년 또는 5년이며, 재선을 허용하는 국가도 많다. 베네수엘라와 니카라과는 대통령의 무제한 연임을 허용한다.

라틴아메리카 의회는 대통령과 비교하여 정책 과정에서 중대한 역할을 하기보다는, 대통령 권력에 대한 견제를 주요 역할로 삼는 경우가 많다. 1980년대 민주화 이후 정당과 함께 의회의 중요성은 점점 커지고 있다. 인구가 많고 국토가 넓은 국가, 연방제 국가들은 양원제를, 인구가 적고 면적이 작은 국가들은 단원제를 채택하고 있다.

### 노동운동사

라틴아메리카의 노동운동은 초기부터 정치 정당과 밀접한 관계를 맺고 발전해 왔다. 민주화 과정에서 중요한 역할을 하였으며, 최근에는 신자유주의 구조조정으로 영향력이 감소하였으나 여전히 중요한 정치세력으로 존재한다.

3) 라틴아메리카 좌파 정치의 역사적 현황

### 초기 좌파 운동

19세기 말부터 유럽 사회주의의 영향을 받은 라틴아메리카 좌파 운동은 아나키즘과 마르크스주의의 영향을 받아 발전했다. 1959년 쿠바 혁명은 라틴아메리카 좌파 운동에 큰 영향을 미쳤다.

| 세대 | 유형 | 정권 | 특징 |
|------|------|------|------|
| 제1세대 | 마르크스주의 혁명 좌파 (MarxistRevolutionaryLeft) | 쿠바(Castro) 칠레(Allende) 니카라과(Ortega) | 혁명, 게릴라 운동 기반 정통좌파(경제국가개입, 사회주의이념표방) 반미 |
| 제2세대 | 21세기 사회주의 좌파 (RadicalPopulistLeft) | 베네수엘라 (Chávez) 볼리비아(Morales) 에콰도르(Correa) | 대중 참여와 동원 정치 기존정당이 아닌 카리스마있는 새로운 지도자에 의한 정치운동 헌법개정을 통한 권력구조개편 급진적 사회경제개혁 반미 |
| 제3세대 | 온건 민주주의 좌파 (ModerateDemocraticLeft) | 칠레 (Concertación) 브라질(Lula) 우루과이(Vázquez) 코스타리카 | 기존 정당, 기존 정치엘리트 중심 신자유주의 기조 유지 복지확대, 재분배 정책 위주 친미 또는 중립 |
| 제4세대 | 급진 민주주의 좌파 (RadicalDemocraticLeft) | 칠레 (Boric) 콜롬비아(Petro) | 기존 정당이 아닌 새로운 정치운동 특히 신사회운동기반 분배정책 뿐만 아니라 정체성 정치중시 이념적 지향이 실용적, 다원적, 민주주의 존중 |

### 1차 핑크타이드

1990년대 말부터 2000년대 초까지 중남미 12개국 중 10개국에서 중도좌파 정당이 정권을 잡았다. 2007년말 남미

| 국가 | 집권 연도 | 지도자 | 집권 세력 |
|---|---|---|---|
| 칠레 | 2000<br>2006 | 리카르도 라고스<br>미첼 바첼렛 | 사회당(PS) 주도, 중도-좌파 연합 |
| 우루과이 | 2005 | 타바레 바스께즈<br>루이스 이나시우 | 좌파연합 진보도전-대연합-신디수<br>(EncuentroProgresista-FrenteAmplio) |
| 브라질 | 2003 | 룰라 다 실바 | 노동자당(PT) 주도, 좌파 연합 |
| 볼리비아 | 2006 | 에보 모랄레스 | 사회주의운동(MAS) 주도, 좌파 연합 |
| 에콰도르 | 2007 | 라파엘 코레아 | 국가연합(Alianza PAIS) 주도, 좌파 연합 |

의 주요 10개국 중에 6개국에서 좌파 정당 또는 좌파 연합이 집권 또는 재집권하여 좌파 정부 전성시대를 맞았다.

**2차 핑크타이드**

2018년부터 멕시코, 아르헨티나, 페루, 칠레, 콜롬비아, 브라질 등 중남미 경제 규모 상위 6개국에서 좌파 또는 중도좌파의 정부가 들어섰다. 이는 사상 처음으로 모든 주요 국가에 좌파 정권이 들어선 것을 의미한다.

이러한 변화는 코로나19 대유행, 기후변화, 성소수자 권리 등의 이슈에 대한 사회적 변화에 민첩하게 대응한 좌파 세력의 노력과 더불어, 미국의 남미에 대한 영향력 축소 등이 주요 요인으로 작용하였다.

| 국가 | 집권 연도 | 지도자 | 집권 세력 |
| --- | --- | --- | --- |
| 멕시코 | 2018 | 안드레스 마누엘 로페스오브라도르 | 모레나 (MORENA) 주도, 좌파 연합 |
| 아르헨티나 | 2019 | 알베르토 페르난데스 | 페론주의 (Justicialist Party) 주도, 좌파 연합 |
| 페루 | 2021 | 페드로 카스티요 | 자유 페루 (Perú Libre) 주도, 좌파 연합 |
| 칠레 | 2021 | 가브리엘 보리치 | 광역전선 (Broad Front) 주도, 좌파 연합 |
| 콜롬비아 | 2022 | 구스타보 페트로 | 콜롬비아 인류 (Colombia Humana) 주도 좌파연합 |
| 브라질 | 2023 | 루이스 이나시우 룰라다실바 | 노동자당(PT) 주도, 좌파 연합 |
| 볼리비아 | 2020 | 루이스 아르세 | 운동사회주의 (MovimientoalSocialismo,MAS)주도 좌파연합 |

## 2. 중남미 신좌파 운동
: 베네수엘라, 볼리비아, 에콰도르

핑크타이드는 크게 보면 차베스식 사회주의 정책을 채택하는 경우와 브라질처럼 기존 시장경제를 존중하며 온건개혁을 추진하는 방식으로 나뉜다.

차베스(베네수엘라), 모랄레스(볼리비아), 코레아(에콰도르) 정부는 전임 정부의 시장지향적 경제개혁을 부분적으로 중단시키고 국가 주도의 사회주의적 정책을 채택했다. 이들은 복지뿐만 아니라 생산 부문에서 국가의 적극적 역할을 확대했다. 특히 민영화 기업의 국유화, 자원 국유화, 외국인 투자 규제 등 시장경제 질서를 부분적으로 와해시키는 조치를 취했다.

반면 룰라(브라질), 바스께스(아르헨티나) 정부는 기존의 시장경제 개혁을 존중하는 시장지향적 경제정책을 추진했다.

바첼렛(칠레) 정부 역시 시장질서 유지에 한정된 정책을 펼쳤다. 이들 나라는 시장경제 체제를 대체로 유지하면서 복지정책과 재분배정책 등 온건한 수준의 개혁을 추진했다.

이중 베네수엘라, 볼리비아, 에콰도르를 신좌파운동이라고 부르는데 그 특징은 다음과 같다.
'21세기 사회주의'를 표방하며 라틴아메리카의 실정과 조건에 맞게 정치적으로는 민중참여, 경제적으로는 혼합경제, 사회적으로는 서민복지, 문화적으로는 민족정체성, 대외적으로는 대미자주와 중남미 통합을 강력히 추진한다.
반면 아르헨티나, 브라질, 우루과이 등은 비사회주의적 중도좌파 정부로서 정치적 갈등이 덜 첨예하고 미국과의 관계가 덜 대립적이며 사회주의를 궁극적인 목표로 설정하지 않는 경향이 있다.

1) 정치적 특징 : 대중동원에 의한 급진적 민주주의

무엇보다 카리스마적 지도자와 결합하여 광범위한 대중이 참여하는 급진적 민주주의 정치가 진행된다. 정치적 주도세력 역시 전통적인 노동계급 보다 정치투쟁에 더 주도적 역할을 해온 지역공동체, 원주민 조직 등의 역할이 높다.

세 나라 모두 첨예한 정치적 긴장과 극단적인 갈등에 직면해 정권의 합법성을 인정받는 수단으로 잦은 선거 전략을 구사했다.

베네수엘라의 경우 대통령이 발의한 제헌의회 선거에서 압도적으로 승리했다. 그리고 2009년 12월 볼리비아 모랄레스는 64%의 지지로 대통령에 재선되었고, 의회 양원에서도 2/3 의석을 확보했다. 차베스와 모랄레스는 국민소환 투표에서도 각각 58%와 67%의 지지를 받아 승리했다. 1970년 36%의 지지로 당선된 칠레의 아옌데나 2006년 38%의 지지로 당선된 니콰라과의 다니엘 오르테가의 사례에 비추어

보면 압도적 승리이다. 따라서 이들 세 나라는 압도적 다수 유권자들의 지지와 의회 다수당을 기반으로 권력을 행사하고 전략적, 장기적 개혁 목표를 실현하는 진보적 민주주의의 길을 걸어가는 장점이 있다. 역동적인 대중참여에 의한 정치개혁을 추진한다는 점에서는 한국과 유사한 면도 있다. 다만 카리스마적 진보 정치지도자의 존재, 이를 밑받침하는 급진적 대중단체의 구성이 그 원동력이다.

이들 나라는 급진적 민주주의를 옹호하고 자유민주주의를 거부한다. 자유민주주의는 대의정치, 견제와 균형을 강조함에 비해, 이들 나라의 급진적 민주주의는 국민투표, 국민소환 등 직접 참여 정치를 강조하고, 모든 문제를 과반수로 결정하는 다수 지배의 원칙을 강하게 적용한다. 반동적 저항세력들은 '주요 안건에 대한 2/3 특별결의'를 요구하고 있으나 이들 나라의 진보정치세력은 '과반 다수결'로 밀어붙이는 경향이 높다. 상호갈등과정에서 반혁명, 반개혁 세력의 저항을 국민소환제도로 청산하고 해결한다. 진보 다수파는 정치적 분열갈등의 현장을 거리에서 선거로 이동시키고, 선거를 통한 심판으로 위기를 수습하는 효과적인 메커니즘으로 선거정치를 적극 활용하였다.

대규모적이고 지속적인 대중 동원과 참여도 특징적이다. 에콰도르의 강력한 원주민운동단체(CONAIE)는 코레아 후보의 강력한 기반이었다. 2010년 9월 30일 수천 명의 에콰도르 국민들이 길거리로 쏟아져 나와 코레아 대통령을 사실상 납치한 쿠데타 반란군 부대를 저지하였다. 베네수엘라 역시 2002년 4월 13일 수많은 빈민들이 결집하여 쿠데타 세력에 의해 밀려난 대통령을 이틀 만에 복귀시켰다. 볼리비아의 경우 농민들과 광부들이 준군사조직의 위협에 처한 제헌의회 의원들의 안전을 위해 수크레시에 집결하기도 하였다. 요약하면, 이들 나라는 급진적 민주주의와 대의민주주의가 결합된 신흥 정치 모델로서 대중의 직접 참여를 촉진하는 역동적 방식의 민주주의를 지향한다.

정당운동과 정부와 의회의 관계에서도 특징이 나타난다.

이들 나라는 카리스마적 지도자와 대중의 결합을 기본으로 하기 때문에 정치방식과 정당운영에서도 중앙집중적 양상을 띤다. 나라별로 살펴본다.

**베네수엘라**

　*주요 진보정당 : 통합사회당(PSUV, Partido Socialista Unido de Venezuela)

　*운영방식 : PSUV는 2007년 우고 차베스 대통령의 주도로 여러 좌파 정당이 합쳐져 탄생했다. 중앙집권적 운영 방식을 채택하고 있으며, 당의 주요 결정은 상위 지도부에서 내려지는 경우가 많다.

　*활동방식의 특징 : PSUV는 차베스주의를 기반으로 사회주의 정책을 추진하고 있다. 주요 정책으로는 빈곤 퇴치, 교육과 의료의 무상 제공, 석유산업 국유화 등이 있다. 또한, 당원과 지지자들 간의 결속을 강화하기 위해 정기적인 집회와 커뮤니티 활동을 활발히 조직한다.

## 볼리비아

*주요 진보정당 : 사회주의운동당(MAS, Movimiento al Socialismo)

*운영방식 : MAS는 에보 모랄레스 전 대통령에 의해 주도된 정당으로, 광범위한 농민, 노동자, 원주민 조직들이 참여하는 구조를 가지고 있다. 당의 결정은 비교적 민주적으로 이루어지며, 지역 단위 조직의 의견이 반영된다.

*활동방식의 특징 : MAS는 원주민 권리 확대, 농민 지원, 천연자원 국유화 등을 주요 정책으로 삼고 있다. 당의 활동은 주로 농촌 지역과 원주민 공동체에서 이루어지며, 풀뿌리 조직을 통한 정치 참여를 강조한다. 또한, 대규모 시위와 집회를 통해 대중의 정치적 요구를 반영하려고 한다.

## 에콰도르

*주요 진보정당 : PAIS연합(Alianza PAIS, Patria Altiva i Soberana)

*운영방식 : PAIS연합은 라파엘 코레아 전 대통령이 창설한 정당으로, 당의 운영 방식은 비교적 중앙집중적이며, 주요 결정은 당 지도부에 의해 이루어진다. 코레아 대통령의 재임기간동안 이 당은 강력한 리더십을 중심으로 운영되었다.

*활동방식의 특징 : PAIS연합은 주로 사회적 불평등 해소, 교육 및 의료 서비스 확대, 인프라 투자 등을 중점으로 하는 진보적인 정책을 추진해 왔다. 또한, 헌법개정을 통해 사회 정의와 환경 보호를 강화하려고 시도했다. PAIS연합의 활동은 도시와 농촌 지역 모두에서 이루어지며, 다양한 사회계층의 지지를 얻기 위해 노력하고 있다. 주요 활동 방식 중 하나는 대중 동원을 통한 정책 지지 확보이며, 정기적인 국민투표와 같은 직접 민주주의 요소를 활용한다.

## 2) 사회경제개혁, 외교전략의 특징

이들 나라의 집권과 개혁과정의 특징을 한 마디로 요약하면, 집권전 선거는 '온건하게', 집권후 개혁은 '급진적으로' 이다.

처음 집권을 위한 선거에서 대선 공약은 장기적인 사회경제적 변화를 덜 강조하고, 보다 온건한 목표에 초점을 두었다. 선거캠페인 핵심 공약은 '민중 참여에 기초한 민주주의의 재구성을 위한 제헌의회 소집'이었고 차베스의 경우, 핵심사안으로 '외채문제 협상 해결'에 두었다. 외채탕감(모라토리움)이 아니었다.

그러나 선거 승리를 곧바로 급진화의 계기로 활용하기 시작하였다. '선거승리'를 '사회주의를 지향하는 민중들의 명령' 이라고 해석하고 명분을 세웠다. 모랄레스는 취임 몇 개월 만에 국유화 법률을 통과시켜 56개 가스시설과 2개 정유기관 인수하도록 군에 명령하였다. 정책대결의 핵심은 기간산업 '민영화' 여부였다. 진보집권세력은 민영화 계획을 중단하고 반신자유주의, 국유화를 단행했다. 그리고 관료주의 특권을 뿌리 뽑는 '혁명 안의 혁명'으로 전진했다.

자원 및 기업 국유화, 외국인 투자 규제, 반자본주의 정책 등을 강력하게 추진할 수 있었던 사회경제적 배경에도 주목해야 한다. 이들 세 나라는 자원 수출에 의존하는 단순한 경제구조를 가져 자원 국유화 등 소유관계를 변경하는 급진정책이 가능했다. 그러나 브라질, 아르헨티나, 칠레 등은 상대적으로 경제구조가 복잡한 편이었다. 이들 나라는 소유관계보다는 복지강화, 부의 재분배에 집중했다. 이러한 특징은 진보세력이 집권한다 하더라도 사회경제개혁을 아무렇게나 추진하는 것이 아니라, 자기 나라의 사회경제적 특징, 주객관적 조건에 맞게 추진해야 한다는 점을 보여준다.

이들 나라는 외교관계에서도 선명했다.

'다극화 세계'라는 지향을 뚜렷하게 내걸고, 반미의 기치를 분명히 했다. 남미세계에 대해서는 한편으로는 '아메리카 인민을 위한 볼리비안 대안(ALBA)'을 제창하여 남미공동체를 제안했고, 다른 한편으로는 '라틴아메리카, 카리브 국가들의 공동체(CELAC)'를 통해 브라질, 아르헨티나 정부 등 중도 온건 세력과도 함께했다. 자주성에 기초한 다양성을 다극화시대 대외전략으로 보았기 때문이다. 이 과정에서 브라질, 아르헨티나 정부는 2006년 모랄레스의 탄화수소 산업 국유화로 인한 국가 간의 갈등을 중재하기도 하였다.

### 3) 이념과 운동의 특징

2005년 이후 자본주의의 대안으로서 21세기 사회주의라는 공통적인 개념을 주창했다. 2009년 1월 모랄레스는 지역자율성을 명문화한 '공동체 사회주의'의 탄생을 선포했다. 그러면서도 사회주의가 시장경제의 존재를 배제하지 않으며 자본가들과도 대화하길 원한다고 밝혔다. 선거에서의 압도적 동원력 때문인지, 이들 세 나라에서는 정책은 급진적이나 저항세력, 반혁명 세력에게는 의외로 관용적이고 공존하는 편이다.

21세기 사회주의하에서 경제형태는 국영기업과 민간기업의 혼합형태를 띤다. 베네수엘라는 사회주의를 주창했지만, 화려한 소비, 개인주의 등의 자본주의사회의 가치, 소비자 중심의 사회를 유지하고 있다. 이들 세 나라의 보수정당들은 민간언론, 성당, 미국의 역할을 포함하는 총체적인 동맹에 의지하고 버티고 있다.

21세기 사회주의는 노동계급 전위적 역할보다는 광범한 민중 통합력에 의거한다. 이들 나라에서 노동계급의 영도적 역할은 높지 않다. 노동계급이 도시빈민, 비공식 부문, 지역공동체, 원주민, 아프리카 후손, 여성 등 광범한 민중을 통합시키는 능력 역시 의문시된다. 실제로 조직된 노동계급은 진보세력이 집권하는 투쟁에서 전위대나 사회적 중심세력이 되지 못했다. 오히려 비 프롤레타리아, 혜택을 못 받는 계급들이 주도적 역할을 했고 볼리비아와 에콰도르에서 강력한 사회운동을 전개하였다. 심지어 석유산업을 핵으로 조직된 베네수엘라 노총(CTV)은 차베스 대통령을 퇴진시키려는 주요 기업조직과 결탁해 2001년부터 2003년까지 반동적 총파업을 벌이기까지 하였다. 모랄레스는, 볼리비아 노총(COB)의 조직노동자들과 원주민들의 힘 관계의 변화를 재평가하였다. 전투적 노조주의 노선을 걸어온 볼리비아의 광산노련과 노총이 1980년대 중반부터 시작된 신자유주의 정부하의 민영화와 자동화로 인해 현저히 약화되었기 때문이다.

21세기 사회주의는 기존 사회주의와도, 사회민주주의와도 다른 정치운동모델이다. 사회프로그램 참여와 정부의 지도력을 지지하는 대중의 대규모 정치적 동원에 근거한 운동이다. 때문에 정치과정에서 다양성, 복잡성, 내부 긴장이 발생하기도 한다. 예를 들어 비슷한 뿌리임에도 불구하고 원주민그룹과 농민조합이 별개의 패러다임을 준수하면서 충돌하기도 했다.

남미 21세기 사회주의는 남미 혁명전통에 대한 계승이기도 하다. 21세기 사회주의는 라틴아메리카의 역사, 정치현실, 사회문화적 경험으로부터 상상력을 얻고 있다. 스페인으로부터 남미독립운동의 지도자 시몬 볼리바르의 정신을 이어나가고 있다. 베네수엘라는 볼리바르 헌법 제정운동을 전개하여 혁명의 원천으로 삼았다. 에콰도르에서는 시몬 볼리바르의 연인이자 동지였던 독립운동 지도자 마누엘라 사엔즈에 대한 재평가 작업을 진행했다. 마리아테귀(전 페루 총리, 혁명가, 문필가)는 인디아 아메리카 사회주의를 제안하면서 노동계급의 중요성을 인정하지만, 더 광범위한 민중투쟁과 민족해방투쟁의 일환으로 원주민과 농촌공동체의 결합을 추진했다. 21세기 사회주의는 가톨릭과 심지어 해방신학으로부터도 영감을 그려내고 있다.

## 3. 칠레와 브라질
## : 사회정치적 노동조합주의와 신노조운동

칠레와 브라질은 강력한 노동운동에 기반했다는 점에서 공통점이 있다. 칠레는 초기부터 유럽노동운동의 영향을 받아 오랜 역사를 가지고, 성공과 실패의 우여곡절을 겪은 반면 브라질은 1980년대 이후 노동운동이 본격화되어 집권에 성공한 사례이다.

### 1) 칠레 : 사회정치적 노동조합주의

#### (1) 아옌데 집권과 실패

칠레는 1922년 공산당, 1933년 사회당을 창당하며 오랜 진보정당운동 역사를 가지고 있다. 1970년 공산당, 사회당은 '양당과 노동계급만의 배타적 연합'에서 벗어나 '급진당 등 6개 좌파운동 조직을 포함한 중산층과 소상공인 그리고 광범위한 진보 진영을 포함하는 더 넓은 연합을 추진'하여 '인민의 단결(Unidad Popular)'을 결성하고 아옌데를 대통령에 당선시킨다. 그러나 1973년 피노체트의 군사 쿠데타로 아옌데 정부는 무너졌다.

당시 칠레공산당지도부는 소련공산당의 수정주의 노선인 '평화적 이행'을 믿었으며, 칠레사회당 온건파는 유럽식 사회민주주의의 '평화적 이행전략'을 모방하려 하였다. 쿠바혁명의 영향을 받은 좌익혁명운동(MIR) 등은 점진적 개혁보다 급진적 개혁을 추진하고자 하였으나 혁명정세를 이끌어가지는 못하였다.

아옌데 정부는 구리광산을 포함 270여 개의 대기업을 국유화하였다. 사실 이 시기 국유화는 점진적 개혁방식이었고, 그 수준도 정부 관리를 파견하는 국영화(국가경영화)에 불과했다. 토지개혁도 쉽지 않았다. 급진적 농민들은 대지주 토지를 점거하는 '농장점거투쟁'을 벌였으나 아옌데 정부는 농장점거투쟁 중지를 호소하였고, 농민투쟁의 에너지를 토지개혁투쟁으로 이끌지 못했다.

미 닉슨 행정부는 키신저가 주관하는 40위원회를 꾸리고, 아옌데 정부를 무너뜨릴 33건의 비밀공작을 추진했다. 미국의 아옌데정부 전복공작은 크게 5가지로 진행되었다. 칠레경제 파탄, 사회적 불안 조성을 위한 준군사적 행동(paramilitary action) 촉진, 반동언론을 매수하여 반혁명 선동을 지속, 수구반동세력에 대한 재정지원 확대, 혁명세력을 분열, 약화시키는 것 등이 그것이다. 노동계급은 노동자대표회의, 가격 및 공급위원회, 인민회의를 건설하고, 쿠바에서 지원한 무기로 스스로 무장하기에 이르렀으나 아옌데는 이를 만류하였다. 쿠데타가 임박했음에도 아옌데와 '인민의 단결'은 인민들에게 무장을 촉구한 것이 아니라 반란군에 저항하지 말고 귀가할 것을 호소하고 말았다. 그 결과는 비참했다. 칠레 민주주의혁명의 역사적 경험은, 강력한 기층의 통일전선, 이를 이끌 단일노선으로 일치된 지도부가 없으면 실패한다는 교훈, '사회주의로의 평화적 이행'은 쉽지 않다는 교훈을 남겼다.

## (2) 칠레 노동운동의 부활과 사회정치적 노동조합주의

쿠데타로 아옌데 정권을 전복하고 등장한 피노체트 친미독재정권은 노동조합을 탄압하고 신자유주의 정책을 도입했다. 이는 노동조합의 힘을 약화시키고, 노동자들의 권리를 제한했다. 그러나 이러한 탄압 속에서도 칠레 노동운동은 '사회정치적 노동조합운동'이라는 전략을 채택하고, 민주화 투쟁의 주역으로 나섰다. 특히 구리노조는 중요한 역할을 하였으며, 1983년 전국 총파업을 통해 민주화운동을 주도하였다. 그리고 마침내 2019년 사회개혁 요구 시위를 통해 노동운동과 다양한 사회운동의 연대를 구축하고 보리치 정권의 탄생에 결정적 역할을 하였다. 2019년 시위는 지하철 요금 인상에서 시작되었으나, 곧 신자유주의 정책 전반에 대한 반대로 확산되었다. CUT(칠레노동자연맹)는 시위의 중심에서 시민사회와 연대하여 시위를 조직하고, 정부와의 협상을 주도하였다. 이 과정에서 피노체트 헌법의 개정 요구가 제기되었고, 이는 이후 사회변화의 중요한 전환점이 되었다.

칠레 노동운동은 '사회정치적 노동조합주의(Sindicalismo Socio-Político)'이다.
사회정치적 노동운동은 아르헨티나의 훌리오 고디오(Julio Godio)와 같은 이론가들에 의해 제안되었으며, 라틴아메리카 전반에서 채택되었다. 사회정치적 노동조합주의는 신자유주의 세계화와 그에 따른 노동조합의 약화에 대응하기 위해 등장했다. CUT(칠레노동자연맹)는 노동조합이 생산 분야에서 잃어버린 권력을 회복하기 위해, 일터의 문제가 사회적 문제임을 자각하고, 노동조합이 사회적 소통과 법률 제·개정을 촉진하는 매개체가 되어야 한다는 주장을 담고 전면적인 조합원 교육을 실시하였다.

사회정치적 노동조합주의는 노동조합이 특정 정당에 종속되지 않고 독립적으로 활동해야 한다고 주장했다. 칠레노동조합은 칠레 공산당과 사회당의 강력한 영향 아래 있었고,

당원 비중도 높았다. 양당의 경쟁은 칠레 노동조합을 강화하는데 도움을 주기도 했지만 일정하게 부정적 영향도 끼쳤다. 때문에 노동조합은 정당에 독립적으로 운영되어야 한다는 주장이 나오게 되었다. 그러나 이러한 주장을 반정치주의로 오해하면 안된다. 칠레노동조합역사에서 사회정치적 노동조합주의는 노동조합 집행부를 정당원들이 다시 장악하고 피노체트 정권하에서 육성된 어용노조를 분쇄하기 시작하면서 본격화되었다. 이런 점에서 개별정당의 이익보다는 노동조합과 진보양당간의 새로운 차원의 더 높은 전략동맹관계를 정립하는 과정이었다고 보는 것이 정확하다.

사회정치적 노동조합은 노동조합의 역할을 재정의하였다. 그 핵심가치는 '봉사하는 노동조합', '가치중심 노동조합', '조직강화', '노동조합전략'에서 뚜렷하게 나타났다. 노동조합은 노동자들의 경제적 이익뿐만 아니라 사회적 요구도 충족시키고, 신자유주의로 축소된 국가의 복지 기능을 대체하는 역할을 해야 한다고 규정했다. 또한 노동조합은 윤리적이고 도덕적인 원칙을 기반으로 운영되어야 하며, 부정부패를 경계할 것을 강조했다. 또한 노동조합이 노동자들의 민원해결 수준을 넘어 노동자들이 노동운동에 자발적으로 참여하도록 하는 것을 노조활동의 기본으로 삼았다.

CUT(칠레노동자연맹)은 사회정치적 노동조합주의를 바탕으로 다양한 사회 세력과 연대하였다. 2019년 사회개혁 요구 시위에서 CUT는 시민사회 조직들과 연대하여 시위를 주도하였고, 피노체트 헌법의 개정을 요구하였다. 이는 노동조합이 단순한 경제적 요구를 넘어 사회적 변화를 추구하는 데 중요한 역할을 하였다.

사회정치적 노동조합주의는 사회운동적 노동조합주의와 비슷하면서도 차이점을 가진다.

사회운동적 노동조합주의는 노동조합과 정당과의 관계보다는 노동조합과 사회운동단체 간의 협력을 중시한다. 또한 노동조합 조직내의 민주화, 노동자들의 풀뿌리 차원에서 국제적인 연대를 강화하는 것을 중시한다. 반면 사회정치적 노동조합주의는 노동조합 내 다양한 이념의 공존을 인정하며, 정당과의 민주적 소통을 중시하고, 정당과의 관계 및 현실 정치에의 참여를 강조한다. 그리고 조직내 민주주의와 함께, 노동자뿐만 아니라, 여성, 원주민, 이주민, 도시빈민 등 다양한 정체성을 가진 사람들의 문제를 해결하기 위해 노력한다. 사회운동적 노동조합주의는 상대적으로 비정치적 사회운동으로서의 성격을 강조한다면, 사회정치적 노동조합주의는 정치, 정당과의 관계를 핵심으로 사회적 연대를 강화하는 것을 강조한다.

## 2) 브라질 : 신노조운동

브라질은 민주노조운동을 중심으로 노동자 정치세력화를 추진한 대표적인 나라이다. 노동자당(PT)은 여러 선거를 통해 지방정부와 의회에 진출했고, 2002년 룰라 대통령 당선에서 2016년 지우마 대통령 탄핵까지 약 14년간 집권했다.

잠깐 우익 정부에 정권을 내주었다가 2022년 대통령 선거에서 룰라 후보가 당선되면서 남미 좌파 정치세력의 중심에 섰다.

(1) 신노동조합운동 성장과 노동자당 정치세력화

브라질은 1534년~1922년 포르투갈 식민 지배 이후 다양한 정치 변동을 겪었다. 1964년~1984년 군사독재 정권 이후 1985년 민간정부가 들어섰고, 1988년 헌법개정으로 대통령 직선제를 시행하였다.

1978년 파업 이후 신노동조합운동이 등장했다. 이 운동은 코포라티즘 체제를 거부하고 노동계급의 이익을 보호하기 위한 독자적 목소리를 내기 시작했다. 1980년 노동자당(PT)이 창당되었고, 노동조합운동의 고양을 배경으로 성장했다.

1982년 공직선거에 처음 출마한 PT는 전국 득표율 3.1%를 기록했다. 1988년 시장 선거에서는 36개 시장과 1천 명 이상의 시의원을 당선시켜 정당의 위상이 높아졌다. PT는 참여민주주의를 강조하며, 뽀르뚜 알레그리시 지방정부에서 참여예산제를 시행했다.

(2) 노동자당 집권과 사회변혁의 딜레마

1989년 대통령 선거에서 룰라 후보는 2차 결선투표에서 47%를 득표하며 패배했지만, PT의 정치적 위상을 급상승시켰다. 2002년 대통령 선거에서 룰라가 당선된 이후 2016년 지우마 대통령 탄핵까지 약 14년 동안 노동자당이 집권했다.

룰라 정부는 안정적인 거시경제 관리와 빈곤 및 불평등 해소를 위한 사회정책을 추진했다. 하지만 신자유주의 경제정책을 유지하면서 사회적 합의 기구를 통한 자본통제적 개입주의 경제정책은 성공하지 못했다.

(3) 우익 쿠데타, 그리고 PT와 CUT의 대항 전략

2014년 지우마 대통령 집권 2기를 전후로 경기 침체와 부패 스캔들로 인해 PT에 대한 지지율이 하락했고, 2016년 브라질 석유공사 부패 사건으로 탄핵당하였다.
2016년 미셰우 테메르가 대통령이 되었다. 테메르 반동정부는 공공 예산 증가율 상한선 도입과 노동법 개악을 추진하며 국가의 구조적 축소와 규제 완화를 추진했다.
2018년 대통령 선거에서 보우소나루가 당선되며 극우 정치가 부상했다. 보우소나루 정부는 노동조합과 사회운동을 탄압하며 신자유주의 경제정책을 강화했다. 그러나 2022년 룰라가 재선에 성공하며 2차 핑크타이드가 시작되었다.
브라질의 좌파 정치 세력은 신노동조합운동과 노동자당을 중심으로 성장하며, 사회변혁을 추구해왔다. 그러나 신자유주의 체제와의 타협, 경제 위기, 부패 스캔들 등으로 딜레마

를 겪었다.

### (4) 노동자당(PT당) 정당운동의 특징과 CUT와의 관계

노동자당은 1979년 3월 상베르나르두에서 폭발한 금속 노동자들의 총파업 투쟁에서 비롯됐다. 당시 군사독재 타도가 급선무이고, 보수정치세력과 연합하는 것을 중요시했기 때문에, 독자적인 진보정당 건설을 반대하는 입장이 있었지만, 룰라를 비롯한 노동운동 지도자들은 1980년 2월 창당을 결행했다.

1982년의 첫 총선에서 비록 8명의 의원을 당선시키긴 했지만, 전국 유효득표는 3.1%에 불과했다. 노동자당 지도부는 이 난관을 해결하기 위하여 새로운 전략적 선택을 단행한다. 바로 노동조합운동 강화, 대중운동 강화전략으로 당의 기반을 확대하는데 힘을 집중하였다. 이 과정에서 브라질의 민주노총인 CUT가 건설됐고, 86년 총선에서는 당의 득표율이 6.5%로 늘었다. 결정적으로 88년 지방자치 선거에서 상파울로 같은 주요 도시의 시장직을 획득하면서 비약적인 성장이 시작됐고, 89년 대통령 선거에서 룰라가 보수연합 후보에게 10% 차이로 아깝게 패하는 선전을 벌임으로써 노동자당은 브라질 사회의 대안적 정치세력으로 완전히 자리를 잡았다.

노동자당은 80년대 내내 힘겹지만, 새로운 당 운영을 실험하고 개척하며 착실한 성장을 거듭했다. 그 중 대표적인 것이 '누클레오(핵이란 뜻)'라 불리는 당의 기초조직이다. 이는 가톨릭 해방신학에 입각한 빈민운동이 주로 지역 단위를 기반으로 만들어낸 활동가 모임에서 발전한 것이다. 노동자당은 이러한 모임 형태를 받아들이면서 이를 당원의 적극성을 이끌어내려는 레닌의 당운동 구상을 대중정당이라는 조건에 맞게 응용한 것으로 이해했다. 노동자당의 당헌에 따르면 직장이나 지역의 누클레오에 가입해야만 노동자당의 당원 자격을 얻을 수 있다. 정기적으로 개최되는 누클레오 모임에서는 쟁점이 되는 모든 당 문서가 회람, 토론되며, 당의 정치활동과 정치교육은 바로 이 모임을 기초로 이뤄진다. 노동자당의 창의적인 제도 중 또 하나 주목되는 것은 예비회의인데, 이 예비회의도 누클레오라는 조직체계가 없으면 불가능한 것이다. 즉, 노동자당에서는 공식적 당대회 이전에 당의 각 수준에서 예비회의를 거침으로써 일선 당원들의 의견이 당의 정책 결정이나 후보 선출에 충실히 반영되도록 하고 있는데, 이 예비회의가 이뤄지는 기본 단위가 또한 누클레오인 것이다.

물론 당헌상에 누클레오 활동이 의무화되어 있다고 해서 모든 당원들이 다 실제로 누클레오 활동을 하고 있는 것은 아니다. 하지만 노동자당은 당헌에 이러한 요구사항을 계속 명문화함으로써 당원들의 참여를 최대한 북돋으려는 정치적 의지를 견지하고 있다. 노동자당의 각 지구당 중에서도 보다 활발한 활동을 벌이는 지구당일수록 누클레오가 활성화되어 있다는 점을 주목할 필요가 있다.

당의 단합을 위해서도 특별한 제도를 도입하였다. 노동자당은 특정한 지도자나 분파가 당을 주도하는 게 아니라 열심히 활동하는 일선 당원들이 당의 행로를 결정하는 구조를 정착시켰다. 덕분에 녹색당파, 가톨릭 급진파, 좌파 사회민주주의, 레닌주의, 트로츠키주의, 마오주의, 카스트로주의 등 다양한 분파가 공존하고 노동운동, 토지없는 농민들의 운동, 환경운동, 가톨릭 주민운동 등이 함께 할 수 있는 풍토도 가능해졌다. 노동자당 안에서는 신자유주의에 대한 투쟁의 강도를 둘러싸고 치열한 비판이 오고 가지만 이것이 당을 깨는 사태로까지 이어지지는 않는다. 지금도 노동자당의 중앙집행위원회는 각 분파들이 당대회의 비례대표식 선거에서 얻은 지지율에 따라 구성되고 있다.

(5) 우익 쿠데타와 PT와 CUT의 대항 전략

### 우익 보우소나루 정부와 과거로의 회귀

지우마 대통령 탄핵의 원인은 세 가지이다. 첫째, 대규모 부패 스캔들, 특히 PT 인사들이 연루된 부패 사건, 둘째, 경기 침체, 셋째, 재정 위기였다. 재정적자는 2014년 이후 급증해 2015년에는 총 공공부채가 국내총생산의 65.5%로 증가했다.

우파 정치세력은 부패 사건을 빌미로 지우마 대통령과 PT를 공격하고 국가 역할 축소와 규제 완화를 추진했다. 그리고 공공 예산 상한선을 도입하고 노동법을 개악했다. 이러한 조치들은 단체교섭을 약화시키고 노동조합의 영향력을 크게 감소시켰다.

### PT와 CUT의 대항 전략

PT의 대항 전략의 핵심은 '직접 민주주의를 기반으로 한 민주적 사회주의'이다. PT는 2015년 이후 자신들의 집권 경험을 평가하며 대항 전략을 재수립했다. 주요 비판 대상은 선거 승리를 위한 '실용주의 전략'과 '의회주의로의 변질'이었다. 이러한 변화는 노동계급 중심의 사회변혁보다는 다른 계급과의 타협주의를 심화시켰다.

2017년, PT는 당원들이 참여하는 예비회의를 통해 대항 전략을 토론하고, '민주적 사회주의'를 기반으로 한 새로운 전략을 수립했다. 이는 노동계급의 사회적 정치화를 목표로,

직접 민주주의를 강화하고 사회주의로의 구조적 변화를 추구하는 것이다.

CUT의 대항 전략의 핵심은 '정치적 힘과 사회적 힘을 결합하기 위한 노동조합운동 강화'이다. CUT는 2017년 중앙위원회를 통해 노동조합운동 평가와 대항 전략을 수립했다. CUT는 지우마 대통령의 탄핵을 우파의 쿠데타로 진단하며, 테메르 정부의 노동법 개악 이후 노동조합 조직력 약화와 비공식 고용 증가 문제를 진단했다. 이에 대응하여 민주주의 수호와 자본주의 체제에 대항하기 위한 전략을 구체화했다.

2019년 CUT는 제13차 대의원대회에서 대항 전략을 확정했다. 이 전략은 신자유주의와 쿠데타 연합세력에 대한 저항을 목표로 하며, 노동계급의 정치적, 사회적 힘을 결합해 구조적 개혁을 추진하는 것이었다. 또한 노동조합 조직과 단체교섭 역량 강화를 목표로 삼고, 노동자 교육을 통해 노동조합의 미래에 대한 토론을 조직했다.

브라질 좌파는 실용주의 전략의 한계를 인식하고 구조적 변화를 위한 새로운 사회적, 정치적 프로젝트를 구체화하고 있다. PT와 CUT는 노동계급을 중심으로 한 사회적 세력의 성장을 통해 민주적 사회주의를 실현하고자 한다. 이 과정에서 노동조합과 정당의 긴밀한 관계와 연대 전략이 중요하게 작용하고 있다.

## 4. 쿠바와 니카라과
: 전통 혁명노선의 성공과 좌절

쿠바 혁명과 니카라과 산디니스타 혁명은 각각 20세기 중반과 후반에 일어난 중요한 사회주의 혁명으로, 그 진행 경과와 혁명 주도 세력, 정치적 기반, 정권 형태, 정치경제사회적 개혁 내용, 그리고 혁명 이후의 차이점을 중심으로 살펴본다.

## 1) 쿠바 혁명

(1) 진행 경과

쿠바 혁명은 1953년 7월 26일, 피델 카스트로가 이끄는 소규모의 혁명군이 몬카다 병영을 공격하면서 시작되었다. 비록 이 첫 번째 시도는 실패로 끝났으나, 카스트로는 혁명 운동을 지속했다. 1956년, 카스트로와 동료들이 멕시코에서 그란마호를 타고 쿠바에 상륙한 후 게릴라 전투를 통해 점차 세력을 확대하였다. 1959년 1월 1일, 혁명군이 수도 아바나를 점령하면서 독재자 풀헨시오 바티스타는 도망쳤고, 카스트로는 쿠바의 새로운 지도자가 되었다.

(2) 혁명 주도 세력과 주요 정치적 기반

쿠바 혁명의 주도 세력은 피델 카스트로와 그의 동생 라울 카스트로, 그리고 체 게바라 등으로 구성된 26일 운동이었다. 이들은 반(反)제국주의와 사회주의를 지향하는 혁명가들로, 주로 노동자와 농민, 도시의 빈곤층을 기반으로 했다.

(3) 정권 형태

쿠바 혁명 이후 쿠바는 사회주의 공화국이 되었다. 카스트로는 쿠바 공산당을 조직하고 강력한 집권체제를 구축하였다. 정권 초기에는 소련과 밀접한 관계를 유지하면서 중앙집권적 계획 경제를 도입했다.

(4) 정치경제사회적 개혁 내용

혁명 이후 카스트로 정부는 광범위한 사회적 개혁을 실시했다. 토지개혁을 통해 대규모 농장을 소유한 지주들의 토지를 몰수하여 농민들에게 분배했고, 산업과 은행을 국유화했다. 또한 교육과 의료 시스템을 대폭 확충하여 전 국민에게 무료로 제공하였다. 문맹률이 급격히 감소하고, 의료 서비스가 전국적으로 확대되었다.

(5) 혁명 이후

쿠바는 혁명 이후 사회주의 노선을 견지하며, 미국의 경제 봉쇄에도 불구하고 소련과 동맹을 맺고 경제적 지원을 받았다. 소련 붕괴 이후 경제 위기를 겪었으나, 관광 산업과 외국 투자 유치를 통해 경제를 유지하고 있다. 현재까지도 사회주의 체제가 유지되고 있으며, 카스트로 형제의 지도력이 지속되고 있다.

## 2) 니카라과 산디니스타 혁명

(1) 진행 경과

니카라과 산디니스타 혁명은 1961년에 결성된 산디니스타 민족해방전선(FSLN)이 주도한 혁명이다. 이 혁명은 1970

년대에 들어 소모사 독재 정권에 대한 대중적 저항이 격화되면서 본격화되었다. 1979년 7월 19일, 산디니스타가 수도 마나과를 점령하고 소모사 정권을 무너뜨렸다.

(2) 혁명 주도 세력과 주요 정치적 기반

혁명 주도 세력은 산디니스타 민족해방전선(FSLN)으로, 다니엘 오르테가(Daniel Ortega)를 포함한 혁명 지도자들이 중심이었다. 이들은 주로 사회주의와 민족주의 이념을 따랐으며, 농민, 노동자, 청년, 여성 등 다양한 사회계층을 기반으로 했다.

(3) 정권 형태

산디니스타 혁명 이후 니카라과는 사회주의적 성향을 가진 혼합경제체제를 도입했다. FSLN은 과도정부를 구성하여 권력을 장악했으나, 여러 차례의 선거를 통해 정권을 유지했다.

(4) 정치경제사회적 개혁 내용

산디니스타 정권은 광범위한 개혁을 실시했다. 토지개혁을 통해 대규모 농지를 몰수하여 협동농장으로 전환했고, 교육과 의료 시스템을 강화하여 문맹률을 낮추고 기본적인 의료 서비스를 제공했다. 또한 여성의 권리 신장과 빈곤층을 위한 복지 정책을 추진했다.

(5) 혁명의 좌절과 재건 과정

니카라과는 1980년대 미국의 지원을 받은 콘트라 반군과의 내전으로 인해 큰 혼란을 겪었다. 1985년에 처음으로 실시한 선거에서 산디니스타 민족해방전선은 압도적인 지지로 승리하였다.
레이건 행정부는 '콘트라 반군'의 저강도전쟁을 지원하고,

집요한 경제봉쇄를 통해 전쟁과 궁핍으로 자주적 민주정부에 대한 대중적 지지와 신뢰를 감소시켰다.

산디니스타는 1988년 콘트라반군과 에스뀌풀라스 제2협약 체결하고 쌍방 전투 중지, 표현의 자유 보장, 국민투표 실시에 합의했다. 1990년 2월 26일 선거에서 산디니스타 지도자 다니엘 오르테가는 14개 정당들의 선거공조체제인 전국반대연합의 대선후보 비올레타 바리오스에게 패배했다. 89년 12월 파나마를 침공한 미국은 전국반대연합의 대선후보가 당선되지 않을 경우, 니카라과도 무사하지 못할 것이라고 협박하여 공포감을 조성하면서 우익의 선거를 군사적, 정치적, 재정적으로 지원하였다. 천주교 교권세력 역시 여기에 합세했다.

니카라과 혁명의 좌절 요인은 무엇보다 제국주의 미국과의 대결 회피하고, 투철한 반제변혁노선을 견지하지 못했기 때문이다.

소모사 시절, 대중항쟁을 전개하면서도 마나과에 있는 미국

대사관 공격하지 않았고, 74년 12월27일 무장습격시에도, 미국대사가 떠나기를 기다렸다가 공격하는 등 대미노선이 취약했다.

집권 후에는 79년 9월 워싱턴 방문하여 카터에게 미국과의 선린관계 제안하고, 경제지원을 요청하기도 하였다. 그러나 미제국주의는 '저강도전쟁'으로 응답했다.

산디니스타는 제국주의와의 대결 속에서 무력침공과 경제봉쇄, 전복공작이라는 3중 포위공격에 휩싸였다. 이를 이겨낼 수 있는 힘은 투철한 반미투쟁노선으로 민중을 무장시키는 방법밖에 없었다.

다음으로 민중을 조직하는 자력노선을 전략적으로 밀고 나가지 못했다.

산디니스타 무장대오를 주축으로 하고 훔베르또 오르테가를 총사령관으로 하는 산디니스타 인민군(Ejercito Popular Sandinista/EPS)은 5만 명의 병력으로 조직하였고, 민병대(Milicias Populares/MP)도 조직하였다. 병력수와 무장장비가 훨씬 우세하였던 소모사 반동정부의 방위군 정규무력을 제압한 산디니스타들에게는 집권 후 5만 명이나 정규무력이 조직되어 있었다. 산디니스타 인민군이 그것이다. 그런데도 1만5천 명밖에 되지 않는 비정규무력인 콘트라와 벌인 전쟁에서 승리하지 못하였다. 그 까닭은 콘트라의 반동무력이 강했기 때문이 아니라, 뒤에 그들을 움직이는 제국주의 전쟁광들이 있었기 때문이다. 니카라과는 현대무기를 위해 소련과 프랑스에게 무기공급을 요청하였으나 결국 실패했고, 리비아의 지원은 미국과 친미브라질정권의 방해로 차단되었다. 그러나 전쟁은 무기로 하는 것이 아니라 사람이 하는 것이다. 특히 3중 포위공격을 막아내고 민주주의혁명의 성과를 지켜내고, 다음 단계 변혁으로 이행하려면, 무엇보다도 군대를 사상정신적으로, 자력노선, 반미노선으로 튼튼히 무장시켜야 했는데, 그러지 못했다.

사회경제개혁에서도 미비한 점이 있었다. 제국주의독점자본과 그에 예속된 국내매판자본을 무상몰수하여 국유화하는 경제강령을 실시하지 않았다. 전통적인 반제민주주의혁명에서는 제국주의독점자본과 그에 예속된 국내독점자본을 무상몰수하여 국유화하는 것이 필요했다. 니카라과에서는 국내독점자본이 성숙되지 못하였기 때문에 제국주의독점자본을 몰수하면 중요산업의 국유화강령을 실현할 수 있었다. 그러나 니카라과 정부는 소모사와 그 일당이 소유한 기업체들을 몰수하면서도 제국주의독점자본들인 엑슨(Exxon)과 제너럴 밀스(General Mills)가 소유한 생산수단은 몰수하지 않았다. 쿠바가 혁명 승리 이듬해, 1960년에 제국주의독점자본과 그에 예속된 국내독점자본의 생산수단을 무상몰수하여 중요산업의 사회주의적 국유화를 실현하였던 역사적 경험과 비교된다.

니카라과 산디니스타 정부가 제국주의독점자본을 용인한 것은, 변혁을 완성하는데서 결정적 차질을 빚었다. 제국주의독점자본을 용인하고, 노동자민중에 대한 대량착취, 대량수탈을 방치한 조건에서, 민주주의 개혁을 완성할 수는 없었다. 니카라과는 무장투쟁으로 권력을 잡고서도 중요산업의 국유화를 외면하고 평화적 장기이행전략에 따른 개량주의적 사회민주주의(social democracy) 정책을 고수했다. 외세자본의 국유화강령을 외면한 온건한 사회민주주의 정책은 오히려 산디니스타 정부의 물적 기반을 약화시키고, 친미예속세력의 재집권과 신자유주의경제체제의 복귀라는 역사의 비극으로 이어졌다.

산디니스타 민족해방전선은 노동계급적 중심과 광범위한 대중적 기반을 가진 진보정당을 건설하지 못하였다. 1981년에 산디니스타 민족해방전선의 당원수는 500명이었고, 전성기의 당원수도 1만2천 명에 불과했다. 강력한 진보정당이 빠진 채, 체질이 약한 통일전선을 유지하자, 기회주의, 분파주의가 좌파정당의 간판을 들고 전선을 분열시키기 시작했다.

산디니스타 민족해방전선에 맞서 대립각을 세우고 전선을 분열시켰던 좌파정당들은 니카라과 공산당과 니카라과 사회당이었다. 두 당은 1990년에 미국 중앙정보국의 원격조종으로 출현하여 산디니스타 민족해방전선에 맞선 전국반대연합에 참가함으로써 제국주의선거공작에 놀아났다. 일부 좌파세력들은 전국반대연합에 들어가지는 않았으나, 대중행동운동-맑스레닌주의, 니카라과 맑스레닌주의당, 노동자혁명당으로 분산, 분열되어 있었다. 기회주의와 분파주의에 사로잡힌 좌파정당들은 노동계급과 근로대중으로부터 유리된 채, 간판만 내세우며 갈라져서 싸웠다. 그 뒤에는 언제나 미 중앙정보부가 있다는 것이 역사적 교훈이다.

산디니스타 민족해방전선은 이른바 정치적 다원주의, 좌파 다당제, 부르주아 다당제를 극복하지 못하고, 이 다당제로 인하여 1990년 선거에서 다니엘 오르테가가 패배함으로써 니카라과 민주주의혁명은 일시 좌절되었다.

1990년 비올레타 차모로(Violeta Chamorro)의 당선으로 산디니스타 민족해방전선(FSLN)이 퇴각했지만, 산디니스타 민족해방전선은 제1야당 지위를 유지했다. 차모로는 소모사에게 살해당한 페드로 호아킨 차모로의 부인으로 산디니스타와 함께 반소모사 혁명에 참가했다가 이탈한 보수정치인이다. 차모로 정부는 신자유주의 경제 개혁을 추진했지만, 결과는 사회적 고통과 불평등의 심화였다. 오르테가는 계속 대선에 출마했지만, 1996년 콘트라 출신 알레만, 2001년 엔리케 볼라뇨스(Enrique Bolaños)에게 연속 패배하였다. 볼라뇨스 정부는 부패 척결과 경제개혁을 주장하며 알레만을 구속시키는 바람에 우익세력이 크게 분열하였다.

2006년 마침내 11월 대선에서 다니엘 오르테가 당선되어 16년 만에 재집권하였다. 그러나 재집권 요인은 주체역량이 강화되었기 때문이 아니라, 우익정치세력이 분열하여 약화되었고, 다니엘 오르테가가 우파후보와 선거공조체제를 형성해서 지지표를 모았기 때문이었다. 산디니스타 민족해방전선의 역량은 1980년대 전성기 역량에 비해 취약해졌다. 니카라과 노동계급은 산디니스타 민족해방전선계열의 혁명적 노동운동, 중도파계열의 노동운동, 보수우익계열의 노동운동으로 분열되어 있고, 제국주의무력침공을 막아줄 군대도 무력화된 지 오래였다. 그럼에도 오르테가의 복귀는 산디니스타의 사회 정의와 평등에 대한 약속의 귀환으로 여겨졌다. 산디니스타 정부는 다시 빈곤 퇴치와 교육, 보건 분야에서 사회적 프로그램을 강화했다.

2011년 대선에서 재선, 2021년에는 4선까지 연속집권에 성공해서 현재에 이르고 있다.

산디니스타는 재선 후 빈곤 감소와 경제 성장을 이루었다. 특히 베네수엘라와의 연대를 통해 저소득 가정에 혜택을 제공하고, 지역 경제를 활성화하는 프로그램을 추진했다. 2014년 헌법 개정으로 대통령 연임 제한이 폐지되었다. 이를 통해 오르테가는 사회주의적 정책을 지속적으로 추진할 수 있는 기반을 마련했다. 2016년에는 부인 로사리오 무리요(Rosario Murillo)가 부통령으로서 사회적 프로그램을 관리하며 여성의 정치 참여를 증진시켰다. 그러나 2018년 4월, 연금 개혁을 둘러싼 유혈사태가 발생하였는데, 제국주의의 개입이 존재하였다. 정부는 시위에 강경하게 대응했다.

산디니스타 민족해방전선은 노동자민중의 조직역량을 통

일전선으로 결집시키는 사업을 강화하고 있다. 니카라과는 여전히 경제적 어려움에 직면해 있지만, 정부는 지속 가능한 발전과 자립 경제를 목표로 하고 있다.

남미진보정치운동의 다양한 경험 속에서 많은 교훈과 시사점을 찾을 수 있다. 이모저모 다양한 측면에서 배울거리를 찾아보는 계기가 되기를 바란다. 그러나 혁명을 수출할 수 없듯이 진보정당운동 역시 수출할 수 없다. 다른 나라 진보정치운동의 경험을 참고는 하되, 자기 나라 진보정치운동의 길은 결국 스스로 찾아가야 한다.

## 토론주제

1. 남미 진보정치 3가지 유형의 특징을 비교하여 평가토론을 해 봅시다.

2. 남미 진보정치의 유형이 한국 진보정치에 주는 시사점에 대해 토론해 봅시다.

## 가장 유능한 정치인은 민중
: 진보의 정치학 강좌

ⓒ 민플러스, 2024
초판 제1쇄 인쇄 2025년 1월 2일
초판 제1쇄 발행 2025년 1월 8일

**글쓴이**　　교육원 민플러스
**펴낸곳**　　도서출판 민플러스
**펴낸이**　　김재하

등록　　　2017년 9월 1일 제300-2017-118호
주소　　　서울시 종로구 삼일대로 446-22, 1층
전화　　　02-707-0665
팩스　　　02-846-0615
전자우편　minplus5.1@gmail.com
저자와의 협의에 의해 인지를 생략함.

ISBN 979-11-91593-17-4